法律人核心素养丛书

民法典总则编及司法解释

对照解读与实务问答

杜月秋　孙　政◎编　著

中国法制出版社
CHINA LEGAL PUBLISHING HOUSE

序

《中华人民共和国民法典》（以下简称民法典）已于2021年1月1日开始施行，其重要价值与开创性意义不言而喻。民法典编纂采用了“总—分”结构模式，“总”即民法典总则编，“分”即民法典其余各分编。作为民法典的开篇之作，民法典总则编起着重要的统领作用。从立法技术上看，总则编采用“提取公因式”的方法，对民事法律制度中具有引领性与普遍适用性的内容作出规定。从内容上看，民法典总则编是关于民法一般性规则的内容，是民法典中最基础、最通用、最抽象的部分，普遍适用于各分编及民商事单行法律。

民法典总则编不仅亮点内容众多（如“社会主义核心价值观入典”“强化胎儿权益保护”“健全监护体系”“科学划分法人类型”“完善诉讼时效制度”等），其逻辑体例也非常科学。它依次规定了民法最基本的内容：基本原则、民事主体、民事权利、民事法律行为、民事责任，并专章规定了诉讼时效、期间计算、代理。可以说，民法典总则编在总结数十年民事司法实践并创设诸多新制度的基础上，纲举目张，将民事法律制度中具有普遍适用性与引领性的内容进行系统科学的规定，构建了完整的民事权利体系，奠定了民法典的基调与框架。

2022年2月24日，《最高人民法院关于适用〈中华人民共和国民法典〉总则编若干问题的解释》（该部分以下简称总则编司法解释）出台，并于2022年3月1日开始施行。总则编司法解释的颁布与实施，对法院正确审理相关案件、统一裁判标准、确保民法典统一正确实施，实现高质量司法具有重要而现实的意义。

基于民法典总则编之于民法典乃至整个民法体系的重要意义，学习、掌握总则编及总则编司法解释，无疑是学好、用好民法典的重要前提与必要条件。为便于更好更快掌握民法典总则编及总则编司法解释内容，我们特编写了《民法典总则编及司法解释对照解读与实务问答》一书。根据以往经验并结合受众需求，该书在体例、内容上作了相应创新，针对性与实用性也更为突出：

1. 上下两篇，体例科学。整体上看，本书分上、下两部分。第一部分（上篇），采用表格对照的方式，以总则编司法解释条文为基础，进行逐条对照与解读。通过表格，将与总则编司法解释密切相关的知识体系尽可能全面直观呈现出来。表格左栏为总则编司法解释规定，右栏为对应的民法典等关联规定，下面是对总则编司法解释条文的解读。第二部分（下篇），则以民法典总则编条文为基础，逐条作要点提示并附重要的关联规定。同时紧密结合司法实务，总结提炼疑难问题，以问答形式呈现。如此，既节省空间，又便于查学，科学合理，方便使用。

2. 解读提示，详略得当。考虑到总则编司法解释属于新内容，故对其作要点解读时，秉持密切结合民法典立法精神并立足司法实践的原则，进行了较为详实的解读，且每条的解读一般在1000字左右，既保证将条文涉及的要点、重点、难点内容及新增或修改之处尽可能囊括，又避免篇幅过长。而由于民法典总则编系在吸收原有规定尤其承继民法总则基础上而来，故对总则编条文，并未作详细解读，而仅就条文涉及的重要内容作较为精练的提示，以便于快速掌握重点内容。繁简结合，详略得当，满足不同需求。

3. 关联内容，更新更重要。“徒法不足以自行”，民法典的施行必然离不开其他配套的法律法规、司法解释，民法典总则编亦是如此。由于民法典特殊的统领地位以及内容的抽象性，相关配套规定对其而言，重要性或许更甚。为此，在总则编条文的关联规定部分，将现行有效的规定进行梳理并有针对性地列出，以助力全面、系统学习。当然，列出的并非所有的关联规定，而是更重要、联系更密切且直接的规定。此外，对关联规定的检索梳理，不仅包括最高法院在2020年12月针对民商事司法解释废、改、立时公布的一系列司法解释内容，也涉及2020年12月以来至今（2022年4月）新出台或修订的民商事司法解释、条例等内容。

4. 实务问答，观点专业。案例具有释法、补法、统法、明法的功能。本书结合民法典总则编规定的内容，对实务中存在的疑难问题，基于典型案例或裁判观点，结合新规定进行提炼、概括、简化，并以问答形式展现。涉及的相关参考资料绝大部分为近年来最高法院发布的指导性案例、公报案例、典型案例及其他权威载体（如《人民法院案例选》《法律适用》《人民司法·案例》《人民法院报》

《民事审判指导与参考》等）刊载的案例，另有部分为中国裁判文书网所载裁判文书。可以说，该部分内容具有很强的实务性、针对性与专业性，对司法实务有较强的参考价值。需说明的是，实务问答部分在适用过程中仅为类似案件的办理提供参考。

虽有上述优势与特点，但由于时间仓促，本书疏漏之处在所难免。若有不当或错误之处，敬请指正。另，对本书编写过程中给予支持与帮助的诸位朋友，深表谢意。

杜月秋　孙政

二〇二二年四月

目 录

Contents

上篇 总则编司法解释及关联规定对照解读

一、一般规定

二、民事权利能力和民事行为能力

三、监 护

四、宣告失踪和宣告死亡

五、民事法律行为

六、代　理

七、民事责任

八、诉讼时效

九、附　则

下篇　民法典总则编要点提示与实务问答

第一章　基本规定

第二章 自然人

第三章　法　人

第四章　非法人组织

第五章 民事权利

第六章 民事法律行为

第七章 代 理

第八章 民事责任

第九章　诉讼时效

第十章 期间计算

上　篇

总则编司法解释及关联规定对照解读

总则编司法解释	民法典等关联规定
一、一般规定	
第一条　民法典第二编至第七编对民事关系有规定的，人民法院直接适用该规定；民法典第二编至第七编没有规定的，适用民法典第一编的规定，但是根据其性质不能适用的除外。 就同一民事关系，其他民事法律的规定属于对民法典相应规定的细化的，应当适用该民事法律的规定。民法典规定适用其他法律的，适用该法律的规定。 民法典及其他法律对民事关系没有具体规定的，可以遵循民法典关于基本原则的规定。	**《民法典》** **第11条　【优先适用特别法】**其他法律对民事关系有特别规定的，依照其规定。 **第10条　【习惯作为处理民事纠纷依据】**处理民事纠纷，应当依照法律；法律没有规定的，可以适用习惯，但是不得违背公序良俗。 **《立法法》** **第92条**　同一机关制定的法律、行政法规、地方性法规、自治条例和单行条例、规章，特别规定与一般规定不一致的，适用特别规定；新的规定与旧的规定不一致的，适用新的规定。 **第94条第1款**　法律之间对同一事项的新的一般规定与旧的特别规定不一致，不能确定如何适用时，由全国人民代表大会常务委员会裁决。

要点解读

《最高人民法院关于适用〈中华人民共和国民法典〉总则编若干问题的解释》（上篇要点解读部分以下简称解释）第1条是关于民法适用的规定。

该条规定共有三款，分别就民法典分编与总则编的适用、民法典与其他民事法律的适用、民法基本原则与具体规则的适用进行了明确。

第1款规定了各分编规定优先于总则编规定适用，简言之便是“特别规定优先”。这不仅是民法典立法采用“提取公因式”方式的当然结果，同时也符合通常的法律适用模式。民法典第二编至第七编分别为物权、合同、人格权、婚姻家庭、继承、侵权责任。关于该款“根据其性质不能适用的除外”，如总则编第六章关于民事法律行为的规定，主要侧重财产行为。因此，就某些身份行为而言，即使各分编未有规定，也不能当然适用总则编第六章的规定，而应在对该身份行为具体性质判断的基础上再行确定是否适用。

第2款规定了其他民事法律具体规定优先于民法典适用，可称为“特别法优先”。需注意，该款所谓的“民法典规定”，并非限于民法典总则编的规定，也包括各分编

续表

的规定。由于民法典是民事法律关系的基本法，其侧重就最基本、最重要的领域、内容作出较为原则的规定，不可能囊括民事法律关系的方方面面，也不能就某一领域、某一问题作出非常详实具体的规定。为此，民法典第 11 条规定了优先适用特别法。有观点认为我国立法法已经就一般法与特别法的关系作出规定，民法典无须重复规定，但考虑到我国制定了诸多单行民商事法律法规，民法典实施后，尽管原《物权法》《合同法》等 9 部民事法律同时废止，但没有纳入民法典的《著作权法》《专利法》《涉外民事关系法律适用法》等继续存在和适用，大量商事法律的效力也没有变化，为减少认识上的分歧，统一法律适用顺序和标准，民法典第 11 条仍有规定的必要。解释第 1 条第 2 款即对该条的进一步细化。但需注意，适用该款需满足于下述条件：一是属于同一民事法律关系。若并非同一民事法律关系，则不属于是否排除民法典适用的问题，不同民事法律关系分别适用即可。二是其他民事法律属对民法典相应规定的细化。若并非具体规定，仍属较为原则或与民法典规定详实程度大体相当或者属于不一致的规定，则不应作为特别法的细化规定来看待。应予说明的是，这里的“民事法律”应是指民商事法律。 此外，需注意对该款最后一句“民法典规定适用其他法律的，适用该法律的规定”的理解。该内容主要指民法典在就某一问题作出一般规定后又规定其他法律另有规定除外的情形。民法典作出这样的规定，表明就该问题的特别适用立法时即已作出判断。可以说，该问题下的法律冲突在立法时已被解决，直接按照民法典规定的其他法律适用即可。 第 3 款明确了民法基本原则与具体规则的适用关系。在有具体规则的情形下，不宜绕过具体规则而径行适用基本原则，这是法律适用的重要要求，以防止过大裁量权的出现，防止具体法律制度被架空。关于民法典明确的基本原则，主要体现在总则编第一章第 4 条至第 9 条，分别规定了平等原则、自愿原则、公平原则、诚信原则、守法和公序良俗原则、绿色原则。此外，总则编第 131 条、第 132 条也明确了权利与义务相统一、禁止权利滥用的原则。另需注意，民法典第 10 条还规定了“法律没有规定的，可以适用习惯”。那就产生了在没有法律明确规定的情形下，究竟是适用习惯还是适用民法基本原则的问题。我们认为，解决这一问题，应在基本原则与具体规则范畴下来理解习惯。此时，应将习惯理解为一种具体规则。因此，习惯一般优先于基本原则适用，但不符合公序良俗原则的除外。同时，为避免出现法院应对当事人主张的一切习惯进行查明与适用作出回应，民法典并未就此作出规定。	
总则编司法解释	**民法典等关联规定**
第二条 在一定地域、行业范围内长期为一般人从事民事活动时普遍遵守的民间习俗、惯常做法等，可以认定为民法典	《民法典》 **第 10 条** 【法律适用】处理民事纠纷，应当依照法律；法律没有规定的，可

续表

总则编司法解释	民法典等关联规定
第十条规定的习惯。 当事人主张适用习惯的，应当就习惯及其具体内容提供相应证据；必要时，人民法院可以依职权查明。 适用习惯，不得违背社会主义核心价值观，不得违背公序良俗。	以适用习惯，但是不得违背公序良俗。 **第1条　【立法目的】**为了保护民事主体的合法权益，调整民事关系，维护社会和经济秩序，适应中国特色社会主义发展要求，弘扬社会主义核心价值观，根据宪法，制定本法。 **《关于深入推进社会主义核心价值观融入裁判文书释法说理的指导意见》** **第4条**　下列案件的裁判文书，应当强化运用社会主义核心价值观释法说理： （一）涉及国家利益、重大公共利益，社会广泛关注的案件； （二）涉及疫情防控、抢险救灾、英烈保护、见义勇为、正当防卫、紧急避险、助人为乐等，可能引发社会道德评价的案件； （三）涉及老年人、妇女、儿童、残疾人等弱势群体以及特殊群体保护，诉讼各方存在较大争议且可能引发社会广泛关注的案件； （四）涉及公序良俗、风俗习惯、权利平等、民族宗教等，诉讼各方存在较大争议且可能引发社会广泛关注的案件； （五）涉及新情况、新问题，需要对法律规定、司法政策等进行深入阐释，引领社会风尚、树立价值导向的案件； （六）其他应当强化运用社会主义核心价值观释法说理的案件。 **第5条**　有规范性法律文件作为裁判依据的，法官应当结合案情，先行释明规范性法律文件的相关规定，再结合法律原意，运用社会主义核心价值观进一步明晰法律内涵、阐明立法目的、论述裁判理由。

续表

要点解读

解释第2条是关于习惯适用的规定。

该条共三款，分别就民法领域的习惯的概念、习惯的证明、习惯的排除适用作出规定。

第1款就民法范畴下（民法典第10条）习惯的概念进行了较为明确的界定。作为民法法源的“习惯”，并非包括所有的民间习俗和惯常做法，而仅限于国家认可的民事习惯，即在一定区域、行业范围内，基于长期的生产生活实践而为多数人所知悉并普遍遵守的民间习俗、惯常做法等。它是在人们长期的生产生活实践中形成的一些行为规则，特定的群体具有将其作为行为规则、约束自身行为的内心确信，从而自觉或不自觉受其约束。简言之，一方面要求具有恒定性、长期性、内心确信性；另一方面要求具有具体行为规则属性，可具体引导一定群体的行为。

第2款就习惯的证明作出规定。实践中，适用习惯处理民事纠纷一般需满足三个条件：一是法律没有规定；二是该习惯不违背公序良俗；三是当事人主张适用习惯的，应当就习惯及其具体内容提供相应证据。法院只有在必要的情况下才可以依职权查明。习惯的证明虽然较为困难，但仍是可以被证明的。若是地域习惯，可通过该地域多数人们是否知晓并遵守来了解；若是行业习惯，可通过该行业中多数的具体从业者来了解。具体的方式，可以采用样本随机抽选等方式。从习惯形式而言，如果可以称为习惯甚至习惯法，无疑应存在某种具体的规则形式，可从这方面探究或了解。由谁来证明习惯的问题，按照《民事诉讼法》“谁主张，谁举证”的原则，一般应由主张适用习惯的当事人就习惯的存在及相应内容举证。当然，由于习惯一经认定将作为裁判的法律依据甚至法律渊源，这对当事人相关权益影响很大，因此法院在必要时可依职权查明。而关于“必要”的判读，若当事人已初步证明习惯客观存在且与案件审理存在关联性，但习惯的内容尚不清晰具体的，可认为属于“必要”的情形。此外，若习惯内容可能涉嫌违反法律法规强制性规定，可能损害国家、社会、他人合法权益的，也应认为属于“必要”的情形。

第3款就习惯的排除适用作出规定。不适用习惯的情形有不少，该款主要就违背社会主义核心价值观或公序良俗时不适用习惯作了明确。民法典第1条将“弘扬社会主义核心价值观”作为民法典的立法目的之一进行了规定。第8条也将守法与公序良俗明确为民法基本原则。从我国国情来看，社会主义核心价值观与公序良俗虽有一定区别，但本质上都是弘扬社会公德与倡导社会正能量的。由于公序良俗原则在总则编解释中另有涉及，此处不再对公序良俗进行赘述而仅就社会主义核心价值观进行阐述。其他法律是成文的道德，道德是内心的法律。社会主义核心价值观本身属于意识形态范畴，并不具有规范效力和强制约束力，但被写入民法典后则具有了明确的指引意义。虽然民法典第1条属立法目的条款，一般情况下并不能直接作为裁判条款，但

续表

关于社会主义核心价值观的内涵、精神等却可作为释法说理的内容得到强化，以发挥其对民事活动、公共秩序、民事权利行使等的规范、引领、保护作用，对强化规则意识、引领社会风尚、维护公共秩序具有重大意义。最高人民法院也于2021年初出台了《关于深入推进社会主义核心价值观融入裁判文书释法说理的指导意见》，要求强化运用社会主义核心价值观在裁判文书中的释法说理，并就应当运用的情形及案件类型进行了明确。需注意，该意见虽然明确了应当强化社会主义核心价值观释法说理的案件类型（第4条），但若有规范性法律文件作为裁判依据的，应先释明规范性法律文件的规定，再运用社会主义核心价值观进一步释法明理（第5条）。

总则编司法解释	民法典等关联规定
第三条　对于民法典第一百三十二条所称的滥用民事权利，人民法院可以根据权利行使的对象、目的、时间、方式、造成当事人之间利益失衡的程度等因素作出认定。 行为人以损害国家利益、社会公共利益、他人合法权益为主要目的行使民事权利的，人民法院应当认定构成滥用民事权利。 构成滥用民事权利的，人民法院应当认定该滥用行为不发生相应的法律效力。滥用民事权利造成损害的，依照民法典第七编等有关规定处理。	**《民法典》** **第132条　【民事权利不得滥用】**民事主体不得滥用民事权利损害国家利益、社会公共利益或者他人合法权益。 **《全国法院贯彻实施民法典工作会议纪要》** **第1条**　申请宣告失踪或宣告死亡的利害关系人，包括被申请宣告失踪或宣告死亡人的配偶、父母、子女、兄弟姐妹、祖父母、外祖父母、孙子女、外孙子女以及其他与被申请人有民事权利义务关系的民事主体。宣告失踪不是宣告死亡的必经程序，利害关系人可以不经申请宣告失踪而直接申请宣告死亡。但是，为了确保各方当事人权益的平衡保护，对于配偶、父母、子女以外的其他利害关系人申请宣告死亡，人民法院审查后认为申请人通过申请宣告失踪足以保护其权利，其申请宣告死亡违背民法典第一百三十二条关于不得滥用民事权利的规定的，不予支持。

要点解读

解释第3条是关于滥用民事权利的规定。

该条分为三款，分别就认定构成滥用民事权利时需考量的因素、行为目的为损害利益的民事权利滥用、滥用民事权利的法律后果进行了规定。

续表

民法典第132条确立了“不得滥用民事权利”的原则，该原则的适用须满足以下条件：一是须有权利的存在。如无权利而施加损害于他人，则属侵权行为，而非权利滥用。二是须权利人有与权利行使相关的行为。此种行为可为积极行为，亦可为消极行为。三是须权利人的行为有堪称滥用的违法性，即有造成损害国家利益、社会公共利益或他人合法权益的后果。

如何判断是否构成滥用民事权利，民法典并未作出明确规定，为此，解释第3条第1款进行了明确，即人民法院可以根据权利行使的对象、目的、时间、方式、造成当事人之间利益失衡的程度等因素作出认定。权利具有社会性，权利人行使权利的自由是相对的自由，超越这一自由的权利行使即超出了权利的正当界限，具体需根据个案综合考量权利行使的时间、方式、对象、造成的利益失衡程度等因素，综合评判权利的形式是否在当事人之间造成了利益严重失衡。

此外，第2款还明确了“以损害国家利益、社会公共利益、他人合法权益为主要目的行使民事权利的”，应认定构成滥用民事权利。该款不仅有目的上的限定（损害利益），同时也明确了对象（国家、社会、他人）。需注意，该款仅针对“主要目的”的情形，若并非以损害国家利益、社会公共利益、他人合法权益为主要目的而以其他合法目的行使权利但客观上出现了损害国家利益、社会公共利益、他人合法权益的结果，则并非一定构成权利滥用。

就滥用民事权利行为的法律后果而言，应给予否定性法律评价，第3款即明确该滥用行为不发生相应的法律效力。但需注意，此时的效力否定仅限于滥用行为本身，并不包括权利合理行使的部分。除此之外，若权利滥用造成了他人损害，一般情形下，受害人有权按照民法典侵权责任编（第七编）规定请求行为人承担侵权责任。当然，若滥用权利构成违约，相对人也可请求行为人按照合同编规定承担违约责任，如买卖合同加害给付的情形。

总则编司法解释	民法典等关联规定
二、民事权利能力和民事行为能力	
第四条　涉及遗产继承、接受赠与等胎儿利益保护，父母在胎儿娩出前作为法定代理人主张相应权利的，人民法院依法予以支持。	《民法典》 **第16条　【胎儿利益特殊保护】**涉及遗产继承、接受赠与等胎儿利益保护的，胎儿视为具有民事权利能力。但是，胎儿娩出时为死体的，其民事权利能力自始不存在。 **第23条　【法定代理人】**无民事行为能力人、限制民事行为能力人的监护人是其法定代理人。

续表

总则编司法解释	民法典等关联规定
	《最高人民法院关于适用〈中华人民共和国民法典〉继承编的解释（一）》 **第31条** 应当为胎儿保留的遗产份额没有保留的，应从继承人所继承的遗产中扣回。 为胎儿保留的遗产份额，如胎儿出生后死亡的，由其继承人继承；如胎儿娩出时是死体的，由被继承人的继承人继承。 **《最高人民法院关于适用〈中华人民共和国民事诉讼法〉的解释》**[①] **第83条** 在诉讼中，无民事行为能力人、限制民事行为能力人的监护人是他的法定代理人。事先没有确定监护人的，可以由有监护资格的人协商确定；协商不成的，由人民法院在他们之中指定诉讼中的法定代理人。当事人没有民法典第二十七条、第二十八条规定的监护人的，可以指定民法典第三十二条规定的有关组织担任诉讼中的法定代理人。

要点解读

解释第4条是关于胎儿利益保护具体方式的规定。

根据民法典第23条的规定，无民事行为能力人、限制民事行为能力人的监护人是其法定代理人。基于此，法定代理人的设立以存在无民事行为能力人或限制民事行为能力人为前提，即只有在世的自然人才可能存在法定代理人。但民法典第16条在胎儿利益特殊保护方面创设性地规定了“涉及遗产继承、接受赠与等胎儿利益保护的，胎儿视为具有民事权利能力”。在特定情形下“赋予”胎儿民事权利能力，其相较作为无民事行为能力人的未满8周岁的未成年人而言，民事权利能力更弱，其利益保护（权利行使）无疑更需要由法定代理人进行。在民法典并未明确规定的情况下，为解决实践中的问题，解释第4条对此作了规定，允许父母在胎儿娩出前作为法定代理人主张相应权利。此外，需注意，关于胎儿利益特殊保护除遗产继承、接受赠与外，

① 本书所引用《最高人民法院关于适用〈中华人民共和国民事诉讼法〉的解释》为2022年修正后的最新条文。以下不再逐条说明。

续表

还有其他涉胎儿利益保护的情况。因此，民法典第16条用了一个“等”字来兜底。但是否包括独立的损害赔偿请求权在内，存在一定争议，但实践已出现了认可胎儿赔偿请求权的案例。在《最高人民法院公报》2006年第3期刊载的“王某钦诉杨某胜、某市汽车二队交通事故损害赔偿纠纷案”中，法院判决加害人对遗腹子承担抚养费。

总则编司法解释	民法典等关联规定
第五条 限制民事行为能力人实施的民事法律行为是否与其年龄、智力、精神健康状况相适应，人民法院可以从行为与本人生活相关联的程度，本人的智力、精神健康状况能否理解其行为并预见相应的后果，以及标的、数量、价款或者报酬等方面认定。	**《民法典》** **第19条 【限制民事行为能力的未成年人】**八周岁以上的未成年人为限制民事行为能力人，实施民事法律行为由其法定代理人代理或者经其法定代理人同意、追认；但是，可以独立实施纯获利益的民事法律行为或者与其年龄、智力相适应的民事法律行为。 **第22条 【限制民事行为能力的成年人】**不能完全辨认自己行为的成年人为限制民事行为能力人，实施民事法律行为由其法定代理人代理或者经其法定代理人同意、追认；但是，可以独立实施纯获利益的民事法律行为或者与其智力、精神健康状况相适应的民事法律行为。 **第35条第3款** 成年人的监护人履行监护职责，应当最大程度地尊重被监护人的真实意愿，保障并协助被监护人实施与其智力、精神健康状况相适应的民事法律行为。对被监护人有能力独立处理的事务，监护人不得干涉。 **《未成年人保护法》** **第19条** 未成年人的父母或者其他监护人应当根据未成年人的年龄和智力发展状况，在作出与未成年人权益有关的决定前，听取未成年人的意见，充分考虑其真实意愿。

要点解读

解释第5条是关于如何判断限制民事行为能力人行为是否与年龄、智力、精神健康

续表

状况相适应的规定。

民法典第19条、第22条明确了限制民事行为能力的未成年人、限制民事行为能力人的成年人可以独立实施纯获利益的民事法律行为或者与其年龄、智力、精神健康状况相适应的民事法律行为。但如何判断限制民事行为能力人实施的民事法律行为是否与其年龄、智力、精神健康状况相适应，民法典并未作出具体规定。

为此，解释第5条作出明确规定，即可从行为与该限制民事行为能力人生活相关联的程度，包括智力、精神健康状况能否理解其行为并预见相应后果，以及标的、数量、价款或报酬等方面予以认定。就行为与生活的关联性方面，不应否认的是，由于时代的发展，生活方式也出现显著变化，个人认知能力又与经济社会发展及生活方式密切相关。因此，实践中，法官不能仅以自己年幼时的情况来判断当下儿童对特定事物的认知以及与行为人生活相关联的程度，如在信息化社会的当下，很多儿童在年幼时期就知晓甚至熟练使用手机、平板电脑等电子设备，而部分法官尤其年长一些的法官自己儿童时期很少接触此类信息化产品更别说熟练使用，因此，不能以此来否认作为限制民事行为能力人的当下部分未成年人实施的与电子产品有关的行为与其生活不具有关联性或关联性不高。

总则编司法解释	民法典等关联规定
三、监护	
第六条　人民法院认定自然人的监护能力，应当根据其年龄、身心健康状况、经济条件等因素确定；认定有关组织的监护能力，应当根据其资质、信用、财产状况等因素确定。	《民法典》 **第39条　【监护关系终止的情形】**有下列情形之一的，监护关系终止： （一）被监护人取得或者恢复完全民事行为能力； （二）监护人丧失监护能力； （三）被监护人或者监护人死亡； （四）人民法院认定监护关系终止的其他情形。 监护关系终止后，被监护人仍然需要监护的，应当依法另行确定监护人。

要点解读

解释第6条是关于认定自然人、有关组织的监护能力时考虑因素的规定。

监护能力是自然人、有关组织作为监护人必须具备的条件。不具有监护能力，无法担任监护人，包括通过法定监护、指定监护（包括遗嘱指定监护）、意定监护、临时监护、公职监护等各种方式或途径产生的监护人。此外，被确定为监护人时虽具有

续表

监护能力，但在担任期间因各种原因不再具有监护能力的，按照民法典第39条第1款第2项的规定，监护人一旦丧失监护能力，原有的监护关系终止。关于监护能力的认定，民法典并无具体规定。为此，解释第6条按照监护主体的不同，分别就认定自然人、有关组织监护能力需考虑的因素作出规定。

按照该条，自然人监护能力的认定，应根据其年龄、身心健康状况、经济条件等因素确定。全国人大法工委编写的《民法总则释义》对“监护能力”论述如下：经研究认为，具有监护能力首先要具有完全民事行为能力，至于如何判断是否具有监护能力的其他条件，在实践中情况较为复杂，需要综合考虑多种因素，法律可不一一作出界定，需在实践中根据具体情况进行判断。就实践而言，自然人没有监护能力多以下述三种情况为主：一是不具有完全民事行为能力；二是被剥夺人身自由；三是下落不明。被监护人的父母不具有监护能力，多表现为不具备履行监护职责的身体健康要求或相应经济条件，与未成年子女分离较远且时间较长，生活联系少等；除父母外的其他自然人没有监护能力，多表现为年龄较大、身体不佳、与未成年人相隔较远、自身工作生活负担繁重，无暇承担监护责任或已负担较重监护任务无法承担新监护任务等。①

按照该条，有关组织监护能力的认定，应根据其资质、信用、财产状况等因素确定。不同于自然人，有关组织不存在年龄与身体健康的问题，评价其是否具有监护能力主要体现在资质、信用、财产状况等方面。有关组织没有监护能力，多表现为：信用状况不佳、缺乏相应人员和财产、无法对被监护人实施生活照护和人身财产保护、无法提供相应学习条件、无法代理被监护人实施法律行为、无法对被监护人的侵权行为承担责任等。

当然，在个案处理中，就某一自然人或组织是否真正具备监护能力而言，能否切实维护被监护人的合法权益，除需按照该条对监护人相关因素考量外，还需被监护人住所地的居民委员会、村民委员会、民政部门或相关法院结合被监护人的具体情况审查确定。

总则编司法解释	民法典等关联规定
第七条　担任监护人的被监护人父母通过遗嘱指定监护人，遗嘱生效时被指定的人不同意担任监护人的，人民法院应当适用民法典第二十七条、第二十八条的规定确定监护人。 未成年人由父母担任监护人，父母中的一方通过遗嘱指定监护人，另一方在遗嘱生效时有监护能力，有关当事人对监护	《民法典》 **第29条　【遗嘱指定监护人】**被监护人的父母担任监护人的，可以通过遗嘱指定监护人。 **第27条　【未成年人的监护人】**父母是未成年子女的监护人。 未成年人的父母已经死亡或者没有监护能力的，由下列有监护能力的人按顺序

① 李适时主编：《中华人民共和国民法总则释义》，法律出版社2017年版，第76页。

续表

总则编司法解释	民法典等关联规定
人的确定有争议的，人民法院应当适用民法典第二十七条第一款的规定确定监护人。	担任监护人： （一）祖父母、外祖父母； （二）兄、姐； （三）其他愿意担任监护人的个人或者组织，但是须经未成年人住所地的居民委员会、村民委员会或者民政部门同意。 **第28条　【无、限制民事行为能力的成年人的监护人】**无民事行为能力或者限制民事行为能力的成年人，由下列有监护能力的人按顺序担任监护人： （一）配偶； （二）父母、子女； （三）其他近亲属； （四）其他愿意担任监护人的个人或者组织，但是须经被监护人住所地的居民委员会、村民委员会或者民政部门同意。

要点解读

解释第7条是关于遗嘱指定监护人中相关争议解决的规定。

遗嘱指定监护，是指被监护人的父母通过订立遗嘱为处于自己监护之下的子女指定监护人的法律行为。民法典第29条对遗嘱指定监护作了原则性规定。作为以指定监护人为主要内容的遗嘱，同样应符合一般遗嘱的形式要件和实质要件。在遗嘱指定监护中，被监护人既可以是未成年人，也可以是无民事行为能力或限制民事行为能力的成年人，但前提均是被监护人的父母在立遗嘱指定监护人时正担任着监护人。就遗嘱指定监护而言，实践中也经常出现一些较为棘手的问题，较为典型的如遗嘱生效时被监护人不同意担任监护人时如何处理、父母一方通过遗嘱为未成年人指定监护人但另一方在遗嘱生效时有监护能力时如何处理。为此，解释第7条通过两款分别就上述两个问题作了规定。

针对遗嘱生效时被监护人不同意担任监护人的问题。由于遗嘱指定监护毕竟属于遗嘱行为的一种，其主要基于遗嘱人的单方意愿。若被指定的人并无担任监护人的意愿，强制要求其担任监护人不仅有违民法的自愿原则，也不利于监护职责的履行，甚至有害于被监护人利益的保护。为此，在出现遗嘱生效时被监护人不同意担任监护人情形时，应视为没有遗嘱指定监护人，此时应按照民法典关于法定监护即民法典第27条、第28条的规定确定监护人。解释第7条第1款即对此进行了明确。被监护人为未成年人，遗嘱生效时被监护人不同意担任监护人的，解决途径为适用民法典第27条的

续表

<table>
<tr><td colspan="2">规定确定监护人，即由下列有监护能力的人按顺序担任监护人：（1）祖父母、外祖父母；（2）兄、姐；（3）其他愿意担任监护人的个人或者组织，但是须经未成年人住所地的居民委员会、村民委员会或者民政部门同意。被监护人为成年人的，遗嘱生效时被监护人不同意担任监护人的，解决途径为适用民法典第28条的规定确定监护人，即由下列有监护能力的人按顺序担任监护人：（1）配偶；（2）父母、子女；（3）其他近亲属；（4）其他愿意担任监护人的个人或者组织，但是须经被监护人住所地的居民委员会、村民委员会或者民政部门同意。
　　针对父母一方通过遗嘱为未成年人指定监护人但另一方在遗嘱生效时有监护能力的问题。父母担任未成年人的监护人一般是无条件的，基于父母作为未成年子女的法定性及优先性，其监护资格在没有法定情形且未经法定程序的情况下，不应被剥夺。父母作为未成年子女的法定监护人，一方无权直接否定另一方的法定监护权。因此，即使一方通过遗嘱为未成年子女指定了监护人，但另一方在遗嘱生效时具备监护能力人并因此出现争议的，应优先保护父母一方的监护权。为此，解释第7条第2款针对该问题明确了应适用民法典第27条第1款的规定确定监护人，即由遗嘱生效时仍具备监护能力的父亲或母亲担任未成年子女的监护人。但需注意，该款仅针对被监护人为未成年人的情形（笔者认为，这可能是考虑到未成年人父母较成年人父母，在年龄、身体健康等方面更有优势），在被监护人为无民事行为能力或限制民事行为能力的成年人时，出现此类争议时如何解决，该款并未作出明确规定。</td></tr>
<tr><th>总则编司法解释</th><th>民法典等关联规定</th></tr>
<tr><td>　　第八条　未成年人的父母与其他依法具有监护资格的人订立协议，约定免除具有监护能力的父母的监护职责的，人民法院不予支持。协议约定在未成年人的父母丧失监护能力时由该具有监护资格的人担任监护人的，人民法院依法予以支持。
　　依法具有监护资格的人之间依据民法典第三十条的规定，约定由民法典第二十七条第二款、第二十八条规定的不同顺序的人共同担任监护人，或者由顺序在后的人担任监护人的，人民法院依法予以支持。</td><td>　　《民法典》
　　第30条　【协议确定监护人】依法具有监护资格的人之间可以协议确定监护人。协议确定监护人应当尊重被监护人的真实意愿。
　　第29条　【遗嘱指定监护】被监护人的父母担任监护人的，可以通过遗嘱指定监护人。
　　第33条　【意定监护】具有完全民事行为能力的成年人，可以与其近亲属、其他愿意担任监护人的个人或者组织事先协商，以书面形式确定自己的监护人，在自己丧失或者部分丧失民事行为能力时，由该监护人履行监护职责。
　　第27条第2款　【未成年人的监护人</td></tr>
</table>

续表

总则编司法解释	民法典等关联规定
	顺序】 未成年人的父母已经死亡或者没有监护能力的，由下列有监护能力的人按顺序担任监护人： （一）祖父母、外祖父母； （二）兄、姐； （三）其他愿意担任监护人的个人或者组织，但是须经未成年人住所地的居民委员会、村民委员会或者民政部门同意。 **第 28 条　【成年人监护】** 无民事行为能力或者限制民事行为能力的成年人，由下列有监护能力的人按顺序担任监护人： （一）配偶； （二）父母、子女； （三）其他近亲属； （四）其他愿意担任监护人的个人或者组织，但是须经被监护人住所地的居民委员会、村民委员会或者民政部门同意。

要点解读

解释第 8 条是关于协议确定监护人中相关问题解决的规定。

协议监护是确定监护人的方式之一，原《最高人民法院关于贯彻执行〈中华人民共和国民法通则〉若干问题的意见（试行）》（已失效）第 15 条规定："有监护资格的人之间协议确定监护人的，应当由协议确定的监护人对被监护人承担监护责任。"民法典在吸收该规定并总结实践经验的基础上，通过第 30 条规定了协议监护制度。民法典第 27 条、第 28 条规定了法定监护人及其确定的顺序，以避免出现监护人缺失、具有监护资格的监护人推卸责任等情形。而协议监护制度则允许不按照民法典第 27 条、第 28 条规定的顺序确定监护人。具有监护资格的人之间可结合各自与被监护人生活联系状况、经济条件、教育条件、生活照料措施等因素，在尊重被监护人意愿的基础上，经充分协商进而确定合适的监护人。在法律对具有监护资格的人进行较为严格限定的条件下，允许具有监护资格的人之间通过协议来确定具体的监护人，一般不会损害被监护人合法权益。可以说，协议监护是对法定监护的有益补充，也是适应社会发展需要而出现的监护制度。但具体实践中，由协议监护制度引申出几个问题，较为典型的如未成年人的父母与其他具有监护资格的人订立的相关协议效力如何？协议能否约定由不同顺位的主体共同担任监护人或后顺位的主体担任监护人？

续表

就未成年人的父母与其他具有监护资格的人订立的相关协议效力而言，应区分不同情形看待。一般而言，未成年人作为被监护人时，确定监护人的协议订立主体只能是父母之外的祖父母、外祖父母、兄姐、经未成年人住所地的居委会（村委会）或民政部门同意的其他愿意担任监护人的个人或组织。换言之，未成年人的父母有监护能力的，不得通过协议确定其他主体担任监护人的形式来免除自己的监护职责。因此，解释第8条第1款前半部分明确了“未成年人的父母与其他依法具有监护资格的人订立协议，约定免除具有监护能力的父母的监护职责的，人民法院不予支持”。但不可否认的是，对子女了解最多且付出最为无私的往往也是父母。为了更好地维护未成年人的权益，并尊重父母为其选择监护人的权利，在其父母并未通过协议免除自己的监护职责的情况下，应允许其父母通过协议约定“在未成年人的父母丧失监护能力时由该具有监护资格的人担任监护人的”，该款后半部分即对此作了明确。实际上，该款后半部分既可以认为部分借鉴了民法典第29条关于遗嘱指定监护的内容，也可以认为部分借鉴了民法典第33条关于意见监护的内容。 就协议能否约定由民法典第27条、第28条中不同顺位的主体共同担任监护人或后顺位的主体担任监护人而言，由于民法典以及本解释仅规定协议的主体为具有监护资格的人，并未就协议主体的顺位问题作出限制。因此，一般情形下，民法典第27条第2款、第28条规定的主体均有参与协商的资格，也都有经协商被确定为监护人的权利，即应允许顺序在后的主体经协议确定为监护人。若严格按照法定监护顺序，不允许后位的主体在协议监护制度下被确定为监护人，无疑将大大弱化协议监护制度的作用与效果。此外，由于法律并未明确排斥共同监护的存在，在充分保障具有监护资格的人的协商权及尊重被监护人意愿的情形下，应允许不同顺序的监护人共同担任监护人，以更好地发挥协议监护制度对保障被监护人合法权益的作用。为此，解释第8条第2款就协议能否约定由民法典第27条、第28条中不同顺位的主体共同担任监护人或后顺位的主体担任监护人，给予了肯定回答。	
总则编司法解释	**民法典等关联规定**
第九条 人民法院依据民法典第三十一条第二款、第三十六条第一款的规定指定监护人时，应当尊重被监护人的真实意愿，按照最有利于被监护人的原则指定，具体参考以下因素： （一）与被监护人生活、情感联系的密切程度； （二）依法具有监护资格的人的监护顺序；	**《民法典》** **第31条第1款** 对监护人的确定有争议的，由被监护人住所地的居民委员会、村民委员会或者民政部门指定监护人，有关当事人对指定不服的，可以向人民法院申请指定监护人；有关当事人也可以直接向人民法院申请指定监护人。 **第31条第2款** 居民委员会、村民委员会、民政部门或者人民法院应当尊重

续表

总则编司法解释	民法典等关联规定
（三）是否有不利于履行监护职责的违法犯罪等情形； （四）依法具有监护资格的人的监护能力、意愿、品行等。 人民法院依法指定的监护人一般应当是一人，由数人共同担任监护人更有利于保护被监护人利益的，也可以是数人。	被监护人的真实意愿，按照最有利于被监护人的原则在依法具有监护资格的人中指定监护人。 **第36条第1款** 监护人有下列情形之一的，人民法院根据有关个人或者组织的申请，撤销其监护人资格，安排必要的临时监护措施，并按照最有利于被监护人的原则依法指定监护人： （一）实施严重损害被监护人身心健康的行为； （二）怠于履行监护职责，或者无法履行监护职责且拒绝将监护职责部分或者全部委托给他人，导致被监护人处于危困状态； （三）实施严重侵害被监护人合法权益的其他行为。 **《未成年人保护法》** **第108条第1款** 未成年人的父母或者其他监护人不依法履行监护职责或者严重侵犯被监护的未成年人合法权益的，人民法院可以根据有关人员或者单位的申请，依法作出人身安全保护令或者撤销监护人资格。 **《反家庭暴力法》** **第21条第1款** 监护人实施家庭暴力严重侵害被监护人合法权益的，人民法院可以根据被监护人的近亲属、居民委员会、村民委员会、县级人民政府民政部门等有关人员或者单位的申请，依法撤销其监护人资格，另行指定监护人。 **《关于依法处理监护人侵害未成年人权益行为若干问题的意见》** **第36条第1款** 判决撤销监护人资

续表

总则编司法解释	民法典等关联规定
	格，未成年人有其他监护人的，应当由其他监护人承担监护职责。其他监护人应当采取措施避免未成年人继续受到侵害。 **第 36 条第 2 款** 没有其他监护人的，人民法院根据最有利于未成年人的原则，在民法通则第十六条第二款、第四款规定的人员和单位中指定监护人。指定个人担任监护人的，应当综合考虑其意愿、品行、身体状况、经济条件、与未成年人的生活情感联系以及有表达能力的未成年人的意愿等。

要点解读

解释第 9 条第 1 款是关于人民法院指定监护人时需具体参考的因素的规定。

贯彻尊重被监护人的真实意愿与最有利于被监护人原则，是指定监护人时需遵循的基本要求。无论是在一般的指定监护程序中（民法典第 31 条），还是在监护资格撤销后另行指定监护人（民法典第 36 条）的情形下，法律都明确了应按照最有利于监护人的原则进行指定，这符合监护制度的设立目的，也是指定监护制度的必然要求，法院指定监护人也应遵守上述要求。虽然民法典明确要求指定监护时需按照最有利于被监护人的原则进行（民法典第 31 条第 1 款还规定应当尊重被监护人的真实意愿），但由于“尊重被监护人的真实意愿”“最有利于被监护人”本身具有很大的抽象性，在民法典并未就其进行具体细化的情况下，实践中的操作与落实就需要注意几个问题。一般而言，与被监护人生活、情感联系越密切或者法定监护顺位越靠前的主体，对被监护人的生活越关心，其作为监护人对被监护人就越有利，也越符合被监护人的意愿。当然，若部分主体出现过不利于履行监护职责的违法犯罪或其监护能力、意愿、品行不适合担任监护人，即使与被监护人生活、情感密切或顺位靠前，也不宜被指定为监护人。为此，解释第 9 条第 1 款作了细化规定，对此进行了明确，其规定了具体参考的因素包括与被监护人生活、情感联系的密切程度；依法具有监护资格的人的监护顺序；是否有不利于履行监护职责的违法犯罪等情形；依法具有监护资格的人的监护能力、意愿、品行等。

解释第 9 条第 2 款就法院指定监护人的人数作了规定，即原则上为一人，但特殊情形下也可由数人共同担任监护人。当数人共同担任监护人更有利于保护被监护人利益时，即可由数人共同担任监护人。如原监护人因实施严重损害被监护人身心健康的行为而被撤销监护人资格，此时被监护人由于身心健康遭受重大损害，为更好保护被

续表

<table>
<tr><td colspan="2">监护人，此时法院便可以指定多人作为监护人共同履行监护职责。如此规定，也是最有利于保护被监护人利益的体现。</td></tr>
<tr><th>总则编司法解释</th><th>民法典等关联规定</th></tr>
<tr><td>第十条　有关当事人不服居民委员会、村民委员会或者民政部门的指定，在接到指定通知之日起三十日内向人民法院申请指定监护人的，人民法院经审理认为指定并无不当，依法裁定驳回申请；认为指定不当，依法判决撤销指定并另行指定监护人。
有关当事人在接到指定通知之日起三十日后提出申请的，人民法院应当按照变更监护关系处理。</td><td>《民法典》
第 31 条第 1 款　对监护人的确定有争议的，由被监护人住所地的居民委员会、村民委员会或者民政部门指定监护人，有关当事人对指定不服的，可以向人民法院申请指定监护人；有关当事人也可以直接向人民法院申请指定监护人。
《最高人民法院关于适用〈中华人民共和国民事诉讼法〉的解释》
第 349 条第 1 款　被指定的监护人不服居民委员会、村民委员会或者民政部门指定，应当自接到通知之日起三十日内向人民法院提出异议。经审理，认为指定并无不当的，裁定驳回异议；指定不当的，判决撤销指定，同时另行指定监护人。判决书应当送达异议人、原指定单位及判决指定的监护人。</td></tr>
<tr><td colspan="2">要点解读
解释第 10 条是关于有关当事人不服指定监护时救济方式的细化规定。
民法典第 31 条第 1 款虽然规定了居民委员会、村民委员会或者民政部门指定监护人后，有关当事人对指定不服的，可以向法院申请指定监护人。但并未规定向法院申请的时间限制。由于监护人对被监护人人身、财产等权益的维护有着重要意义，监护人不应长期缺位。如果有关当事人对居民委员会、村民委员会或者民政部门指定监护人不服，法律虽然允许其向法院申请指定监护人，但其申请的时间不能没有限制，否则不利于监护人身份的固定及其责任承担。
为此，解释第 10 条第 1 款与《最高人民法院关于适用〈中华人民共和国民事诉讼法〉的解释》有相似之处，对有关当事人向法院申请的时间作了规定，不服居民委员会、村民委员会或者民政部门指定监护的有关当事人，应在接到指定通知之日起 30 日内向人民法院申请指定监护人。该 30 日的时间要求，既可以保证有关当事人充分了解指定的监护人的情况，为向法院申请作出一定准备，也避免了过长时间对被监护</td></tr>
</table>

续表

人利益的影响。对有关当事人的申请，法院认为指定并无不当，应依法裁定驳回申请；认为指定不当，应依法判决撤销指定并另行指定监护人。

另需注意，按照解释第10条第2款的规定，若有关当事人在接到指定通知之日起30日后才提出申请的，法院虽仍需受理，但此时不应再按照该条第1款的规定处理，而是按照变更监护关系处理。变更监护关系，说明原指定的监护关系已经固定下来，这无疑有助于强化监护人职责的履行，不因有关当事人的不服造成监护关系不稳定而影响监护人履职心态。可以说，解释第10条以30日为标准，通过两款规定就不同时间提起的申请，明确法院不同的处理路径，有助于强化此类案件的准确处理，更好地保护被监护人利益。

总则编司法解释	民法典等关联规定
第十一条 具有完全民事行为能力的成年人与他人依据民法典第三十三条的规定订立书面协议事先确定自己的监护人后，协议的任何一方在该成年人丧失或者部分丧失民事行为能力前请求解除协议的，人民法院依法予以支持。该成年人丧失或者部分丧失民事行为能力后，协议确定的监护人无正当理由请求解除协议的，人民法院不予支持。 该成年人丧失或者部分丧失民事行为能力后，协议确定的监护人有民法典第三十六条第一款规定的情形之一，该条第二款规定的有关个人、组织申请撤销其监护人资格的，人民法院依法予以支持。	**《民法典》** **第33条 【意定监护】** 具有完全民事行为能力的成年人，可以与其近亲属、其他愿意担任监护人的个人或者组织事先协商，以书面形式确定自己的监护人，在自己丧失或者部分丧失民事行为能力时，由该监护人履行监护职责。 **第36条 【撤销监护人资格】** 监护人有下列情形之一的，人民法院根据有关个人或者组织的申请，撤销其监护人资格，安排必要的临时监护措施，并按照最有利于被监护人的原则依法指定监护人： （一）实施严重损害被监护人身心健康的行为； （二）怠于履行监护职责，或者无法履行监护职责且拒绝将监护职责部分或者全部委托给他人，导致被监护人处于危困状态； （三）实施严重侵害被监护人合法权益的其他行为。 本条规定的有关个人、组织包括：其他依法具有监护资格的人，居民委员会、村民委员会、学校、医疗机构、妇女联合

续表

总则编司法解释	民法典等关联规定
	会、残疾人联合会、未成年人保护组织、依法设立的老年人组织、民政部门等。 前款规定的个人和民政部门以外的组织未及时向人民法院申请撤销监护人资格的，民政部门应当向人民法院申请。 **《老年人权益保障法》** **第26条** 具备完全民事行为能力的老年人，可以在近亲属或者其他与自己关系密切、愿意承担监护责任的个人、组织中协商确定自己的监护人。监护人在老年人丧失或者部分丧失民事行为能力时，依法承担监护责任。 老年人未事先确定监护人的，其丧失或者部分丧失民事行为能力时，依照有关法律的规定确定监护人。

要点解读

解释第11条是关于意定监护中解除权与监护人资格撤销的规定。

民法典第33条明确了意定监护制度。简言之，意定监护就是当事人通过意定形式为自己确定监护人。可以设立意定监护的主体为具有完全民事行为能力的成年人，且要求采用书面形式。基于监护关系的成立将涉及重大利益关系和法律责任，不仅直接影响被监护人利益，很大程度上也将影响监护人的个人生活。就设立意定监护行为的性质而言，由于意定监护协议一般是在双方自愿的基础上达成的，故意定监护宜理解为双方法律行为。在此基础上，解释第11条第1款赋予了意定监护协议双方的任意解除权，即“协议的任何一方在该成年人丧失或者部分丧失民事行为能力前请求解除协议的，人民法院依法予以支持”。由于意定监护本身具有的身份关系属性较强，且具有一定特殊性，体现在意定监护协议约定该成年人丧失或者部分丧失民事行为能力时协议确定的监护人才履行监护职责，且意定监护优先于法定监护适用。这就意味着一旦该成年人丧失或者部分丧失民事行为能力，再赋予协议确定的监护人完全的任意解除权将明显不利于监护人权益的保护，容易造成权利保护的不对等。因此，该款也对协议确定监护人的任意解除权进行了适当限制（时间方面），即“该成年人丧失或者部分丧失民事行为能力后，协议确定的监护人无正当理由请求解除协议的，人民法院不予支持”。当然，若协议确定的监护人有正当理由请求解除协议，仍应支持。

续表

此外，由于意定监护优先于法定监护，且该成年人虽然基于自己意愿与他人约定由其担任自己的监护人，但并不意味着协议确定的监护人就不会损害被监护人利益。该成年人丧失或部分丧失民事行为能力后，协议确定的监护人若作出有害于被监护人特定行为，此时该成年人不便甚至不能申请解除协议。为此，应赋予一定主体通过监护监督规则来监督监护人。解释第11条第2款赋予了特定主体申请撤销对意定监护人资格的权利。所谓的特定主体即民法典第36条第2款规定的“其他依法具有监护资格的人，居民委员会、村民委员会、学校、医疗机构、妇女联合会、残疾人联合会、未成年人保护组织、依法设立的老年人组织、民政部门等”。当然，基于维护监护关系的稳定性以及尊重意定监护协议的自愿性，撤销事由也是有一定限制的，即只有出现民法典第36条第1款规定的几种严重损害被监护人权益的情形时才允许撤销。

总则编司法解释	民法典等关联规定
第十二条 监护人、其他依法具有监护资格的人之间就监护人是否有民法典第三十九条第一款第二项、第四项规定的应当终止监护关系的情形发生争议，申请变更监护人的，人民法院应当依法受理。经审理认为理由成立的，人民法院依法予以支持。 被依法指定的监护人与其他具有监护资格的人之间协议变更监护人的，人民法院应当尊重被监护人的真实意愿，按照最有利于被监护人的原则作出裁判。	《民法典》 **第39条 【监护关系终止的情形】** 有下列情形之一的，监护关系终止： （一）被监护人取得或者恢复完全民事行为能力； （二）监护人丧失监护能力； （三）被监护人或者监护人死亡； （四）人民法院认定监护关系终止的其他情形。 监护关系终止后，被监护人仍然需要监护的，应当依法另行确定监护人。 **第30条 【协议确定监护人】** 依法具有监护资格的人之间可以协议确定监护人。协议确定监护人应当尊重被监护人的真实意愿。

要点解读

解释第12条是关于特定情形下监护人变更的规定。

民法典第39条第1款就监护人关系的终止规定了四个事由，即“（一）被监护人取得或者恢复完全民事行为能力；（二）监护人丧失监护能力；（三）被监护人或者监护人死亡；（四）人民法院认定监护关系终止的其他情形”。其中，第1项、第3项的事由属于绝对终止事由（第3项中的监护人死亡虽不意味着被监护人不再需要监护，

续表

<table>
<tr><td colspan="2">但该情形仍然会当然终止原监护关系），一般不会就此出现争议。但第 2 项、第 4 项的事由并非绝对事由，实践中难免出现监护人、其他依法具有监护资格的人之间因监护人是否具有该两项规定的情形的争议。若监护人、其他依法具有监护资格的人之间围绕这两项事由是否存在进而是否终止监护关系发生争议，并申请变更监护人的，法院应予受理。申请变更理由成立的，法院应依法确认原监护关系终止，并按照民法典第 39 条第 2 款的规定依法支持。解释第 12 条第 1 款对此进行了明确。
此外，民法典第 30 条就协议确定监护人作了规定，即“依法具有监护资格的人之间可以协议确定监护人。协议确定监护人应当尊重被监护人的真实意愿”。但民法典并未明确是否可以通过协议来变更监护人。从对监护人利益影响程度而言，协议确定监护人是“从无到有”的过程，而协议变更监护人则是“从一个到另一个”的过程，协议变更较协议确定而言，对监护人利益影响程度较小。举重以明轻，既然影响较大的情形都允许相关主体通过协议进行，那么，影响较小的情形也应允许相关主体通过协议进行。为此，解释第 12 条第 2 款明确了被依法指定的监护人与其他具有监护资格的人之间可以通过协议变更监护人。需注意，这里的协议主体包括“被依法指定的监护人与其他具有监护资格的人”，而不仅仅是其他具有监护资格的人之间协议即可。为防止不当变更、随意变更，影响监护关系的稳定，损害被监护人利益，应同时对协议变更监护人进行适当限制，即该款规定的“人民法院应当尊重被监护人的真实意愿，按照最有利于被监护人的原则作出裁判”。</td></tr>
<tr><th>总则编司法解释</th><th>民法典等关联规定</th></tr>
<tr><td>第十三条　监护人因患病、外出务工等原因在一定期限内不能完全履行监护职责，将全部或者部分监护职责委托给他人，当事人主张受托人因此成为监护人的，人民法院不予支持。</td><td>《民法典》
第 34 条第 4 款　因发生突发事件等紧急情况，监护人暂时无法履行监护职责，被监护人的生活处于无人照料状态的，被监护人住所地的居民委员会、村民委员会或者民政部门应当为被监护人安排必要的临时生活照料措施。
《未成年人保护法》
第 22 条　未成年人的父母或者其他监护人因外出务工等原因在一定期限内不能完全履行监护职责的，应当委托具有照护能力的完全民事行为能力人代为照护；无正当理由的，不得委托他人代为照护。
未成年人的父母或者其他监护人在确定被委托人时，应当综合考虑其道德品质、</td></tr>
</table>

续表

总则编司法解释	民法典等关联规定
	家庭状况、身心健康状况、与未成年人生活情感上的联系等情况，并听取有表达意愿能力未成年人的意见。 具有下列情形之一的，不得作为被委托人： （一）曾实施性侵害、虐待、遗弃、拐卖、暴力伤害等违法犯罪行为； （二）有吸毒、酗酒、赌博等恶习； （三）曾拒不履行或者长期怠于履行监护、照护职责； （四）其他不适宜担任被委托人的情形。

要点解读

解释第13条是关于监护职责委托行使的规定。

一方面，监护职责的委托行使与学理上的委托监护并不相同，监护职责的委托行使并不意味着监护权发生转移或变更。因此，对当事人主张受托人因此成为监护人的主张，解释第12条明确规定法院不予支持。另一方面，解释第12条规定的监护职责的委托行使也不同于民法典第34条第4款规定的居民委员会、村民委员会或者民政部门的临时照料义务。监护职责的委托行使是基于监护人的委托而产生，事由为监护人因患病、外出务工等原因在一定期限内不能完全履行监护职责，被委托主体的范围也较广；而民法典第34条第4款规定的临时照料义务源于法律的直接规定，由于发生突发事件等紧急情况致监护人暂时无法履行监护职责，义务主体特定，为居民委员会、村民委员会或民政部门。

此外，就民法典第34条第4款，再补充说明一点：该款系民法典较《民法总则》增加的内容，它明确了居民委员会、村民委员会、民政部门的临时生活照料义务。该临时生活照料与临时监护不同。临时监护的设立前提是因为没有监护人（如民法典第31条第3款），而临时生活照料是因突发紧急情况监护人暂时无法履行监护职责。临时生活照料较临时监护所享有的权利、承担的义务均较少且较轻。

总则编司法解释	民法典等关联规定
四、宣告失踪和宣告死亡	
第十四条　人民法院审理宣告失踪案件时，下列人员应当认定为民法典第四十	**《民法典》** **第40条　【宣告失踪的条件】**自然

续表

总则编司法解释	民法典等关联规定
条规定的利害关系人： （一）被申请人的近亲属； （二）依据民法典第一千一百二十八条、第一千一百二十九条规定对被申请人有继承权的亲属； （三）债权人、债务人、合伙人等与被申请人有民事权利义务关系的民事主体，但是不申请宣告失踪不影响其权利行使、义务履行的除外。	人下落不明满二年的，利害关系人可以向人民法院申请宣告该自然人为失踪人。 **第1045条第2款　【近亲属】**配偶、父母、子女、兄弟姐妹、祖父母、外祖父母、孙子女、外孙子女为近亲属。 **第1128条　【代位继承】**被继承人的子女先于被继承人死亡的，由被继承人的子女的直系晚辈血亲代位继承。 被继承人的兄弟姐妹先于被继承人死亡的，由被继承人的兄弟姐妹的子女代位继承。 代位继承人一般只能继承被代位继承人有权继承的遗产份额。 **第1129条　【丧偶儿媳、丧偶女婿的继承权】**丧偶儿媳对公婆，丧偶女婿对岳父母，尽了主要赡养义务的，作为第一顺序继承人。 **《全国法院贯彻实施民法典工作会议纪要》** **第1条**　申请宣告失踪或宣告死亡的利害关系人，包括被申请宣告失踪或宣告死亡人的配偶、父母、子女、兄弟姐妹、祖父母、外祖父母、孙子女、外孙子女以及其他与被申请人有民事权利义务关系的民事主体。宣告失踪不是宣告死亡的必经程序，利害关系人可以不经申请宣告失踪而直接申请宣告死亡。但是，为了确保各方当事人权益的平衡保护，对于配偶、父母、子女以外的其他利害关系人申请宣告死亡，人民法院审查后认为申请人通过申请宣告失踪足以保护其权利，其申请宣告死亡违背民法典第一百三十二条关于不得滥用民事权利的规定的，不予支持。

续表

总则编司法解释	民法典等关联规定
	《最高人民法院关于适用〈中华人民共和国民事诉讼法〉的解释》 **第 344 条** 符合法律规定的多个利害关系人提出宣告失踪、宣告死亡申请的，列为共同申请人。 **《最高人民法院关于适用〈中华人民共和国民法典〉继承编的解释（一）》** **第 19 条** 对被继承人生活提供了主要经济来源，或者在劳务等方面给予了主要扶助的，应当认定其尽了主要赡养义务或主要扶养义务。

要点解读

解释第 14 条是关于申请宣告失踪的利害关系人范围的规定。

民法典第 40 条规定了宣告失踪的条件，即“自然人下落不明满二年的，利害关系人可以向人民法院申请宣告该自然人为失踪人”。该条虽规定了利害关系人可以申请宣告失踪，但并未就利害关系人的具体范围作出明确。为统一司法实践，解释第 14 条就宣告失踪制度下的利害关系人的范围作了具体的界定。原《最高人民法院关于贯彻执行〈中华人民共和国民法通则〉若干问题的意见（试行）》第 24 条规定的申请宣告失踪的利害关系人，包括被申请宣告失踪人的配偶、父母、子女、兄弟姐妹、祖父母、外祖父母、孙子女、外孙子女以及其他与被申请人有民事权利义务关系的人。解释第 14 条不仅扩充了利害关系人范围，同时还区分不同类型作出了更为明确的规定。

该条将此处的利害关系人范围分为三种：一是失踪人的近亲属。根据民法典第 1045 条第 2 款的规定，近亲属包括配偶、父母、子女、兄弟姐妹、祖父母、外祖父母、孙子女、外孙子女。二是有继承权的代位继承人及丧偶儿媳（丧偶女婿）。需注意，民法典第 1128 条扩张了代位继承人的范围，不仅包括被继承人的子女的直系晚辈血亲，也包括被继承人的兄弟姐妹的子女。另外，并非所有的丧偶儿媳（丧偶女婿）都属利害关系人，而是享有继承权的丧偶儿媳（丧偶女婿），即符合民法典第 1129 条规定的对公婆、岳父母，尽了主要赡养义务的丧偶儿媳（丧偶女婿）。三是债权人、债务人、合伙人等与被申请人有民事权利义务关系的民事主体。需注意，由于宣告失踪对被宣告人及相关主体影响很大，因此，并非所有的债权人、债务人、合伙人等与被申请人有民事权利义务关系的民事主体均可申请宣告失踪，在有其他救济渠道或方式的情形下，债权人、债务人、合伙人等应优先通过其他救济渠道或方式维护

续表

<table>
<tr><td colspan="2">权利而不应直接申请宣告失踪。即对该项主体而言，只有那些不申请宣告失踪将会影响其权利行使、义务履行的债权人、债务人、合伙人等与被申请人有民事权利义务关系的民事主体，才可申请宣告失踪，以防止申请宣告制度的滥用。</td></tr>
<tr><th>总则编司法解释</th><th>民法典等关联规定</th></tr>
<tr><td>第十五条　失踪人的财产代管人向失踪人的债务人请求偿还债务的，人民法院应当将财产代管人列为原告。
债权人提起诉讼，请求失踪人的财产代管人支付失踪人所欠的债务和其他费用的，人民法院应当将财产代管人列为被告。经审理认为债权人的诉讼请求成立的，人民法院应当判决财产代管人从失踪人的财产中支付失踪人所欠的债务和其他费用。</td><td>《民法典》
第 43 条　【财产代管人职责】财产代管人应当妥善管理失踪人的财产，维护其财产权益。
失踪人所欠税款、债务和应付的其他费用，由财产代管人从失踪人的财产中支付。
财产代管人因故意或者重大过失造成失踪人财产损失的，应当承担赔偿责任。
《最高人民法院关于民事执行中变更、追加当事人若干问题的规定》
第 2 条第 2 款　作为申请执行人的自然人被宣告失踪，该自然人的财产代管人申请变更、追加其为申请执行人的，人民法院应予支持。</td></tr>
<tr><td colspan="2">要点解读
解释第 15 条是关于失踪人的财产代管人诉讼地位的规定。
就其本质而言，本条内容属程序法范畴，但基于司法解释兼有实体、程序的功能，放在解释中也未尝不可，且解释在制定目的与依据中已将《民事诉讼法》明确写入。按照民法典第 43 条的规定，财产代管人职责既包括维护失踪人财产权益，也包括代失踪人履行义务，如从其代管的财产中支付失踪人所欠的税款、债务和应付的其他费用。因此，财产代管人在相关诉讼中不仅有提起诉讼的可能，也有应诉的可能。虽然宣告失踪的法律后果会产生财产代管人，但不同于宣告死亡，被宣告失踪人的民事主体资格并不会因此丧失。在此情况下，财产代管人应以自己的名义还是失踪人的名义起诉或者应诉？理论界有不同看法，实践中也有不同做法。为统一司法实践，解释第 15 条分两款就上述两种情形下的财产代管人诉讼地位作了明确，即肯定了财产代管人直接以自己的名义作为原告起诉或作为被告应诉的观点。
具体而言，解释第 15 条第 1 款就财产代管人向失踪人的债务人请求偿还债务的情况，明确将财产代管人列为原告。第 2 款就债权人起诉请求失踪人的财产代管人支</td></tr>
</table>

续表

<table>
<tr><td colspan="2">付失踪人所欠的债务和其他费用的，明确将财产代管人列为被告。当然，此时财产代管人虽作为被告，但原则上仍以失踪人的财产来承担责任。除非出现民法典第 43 条第 3 款“财产代管人因故意或者重大过失造成失踪人财产损失”且失踪人财产不足以承担责任的，才能以代管人的财产承担相应责任。</td></tr>
<tr><th>总则编司法解释</th><th>民法典等关联规定</th></tr>
<tr><td>第十六条　人民法院审理宣告死亡案件时，被申请人的配偶、父母、子女，以及依据民法典第一千一百二十九条规定对被申请人有继承权的亲属应当认定为民法典第四十六条规定的利害关系人。
符合下列情形之一的，被申请人的其他近亲属，以及依据民法典第一千一百二十八条规定对被申请人有继承权的亲属应当认定为民法典第四十六条规定的利害关系人：
（一）被申请人的配偶、父母、子女均已死亡或者下落不明的；
（二）不申请宣告死亡不能保护其相应合法权益的。
被申请人的债权人、债务人、合伙人等民事主体不能认定为民法典第四十六条规定的利害关系人，但是不申请宣告死亡不能保护其相应合法权益的除外。</td><td>《民法典》
第 46 条　【宣告死亡的条件】自然人有下列情形之一的，利害关系人可以向人民法院申请宣告该自然人死亡：
（一）下落不明满四年；
（二）因意外事件，下落不明满二年。
因意外事件下落不明，经有关机关证明该自然人不可能生存的，申请宣告死亡不受二年时间的限制。
第 1045 条第 2 款　【近亲属】配偶、父母、子女、兄弟姐妹、祖父母、外祖父母、孙子女、外孙子女为近亲属。
第 1128 条　【代位继承】被继承人的子女先于被继承人死亡的，由被继承人的子女的直系晚辈血亲代位继承。
被继承人的兄弟姐妹先于被继承人死亡的，由被继承人的兄弟姐妹的子女代位继承。
代位继承人一般只能继承被代位继承人有权继承的遗产份额。
第 1129 条　【丧偶儿媳、丧偶女婿的继承权】丧偶儿媳对公婆，丧偶女婿对岳父母，尽了主要赡养义务的，作为第一顺序继承人。
《全国法院贯彻实施民法典工作会议纪要》
第 1 条　申请宣告失踪或宣告死亡的利害关系人，包括被申请宣告失踪或宣告</td></tr>
</table>

续表

总则编司法解释	民法典等关联规定
	死亡人的配偶、父母、子女、兄弟姐妹、祖父母、外祖父母、孙子女、外孙子女以及其他与被申请人有民事权利义务关系的民事主体。宣告失踪不是宣告死亡的必经程序，利害关系人可以不经申请宣告失踪而直接申请宣告死亡。但是，为了确保各方当事人权益的平衡保护，对于配偶、父母、子女以外的其他利害关系人申请宣告死亡，人民法院审查后认为申请人通过申请宣告失踪足以保护其权利，其申请宣告死亡违背民法典第一百三十二条关于不得滥用民事权利的规定的，不予支持。 **《最高人民法院关于适用〈中华人民共和国民事诉讼法〉的解释》** **第344条**　符合法律规定的多个利害关系人提出宣告失踪、宣告死亡申请的，列为共同申请人。 **《最高人民法院关于适用〈中华人民共和国民法典〉继承编的解释（一）》** **第19条**　对被继承人生活提供了主要经济来源，或者在劳务等方面给予了主要扶助的，应当认定其尽了主要赡养义务或主要扶养义务。

要点解读

解释第16条是关于申请宣告死亡的利害关系人范围的规定。

民法典第46条就宣告死亡的条件作了规定。同宣告失踪类似，民法典第46条虽规定了利害关系人可以申请宣告死亡，但并未就利害关系人的具体范围作出明确。为统一司法实践，解释第16条就宣告死亡制度下的利害关系人的范围作了具体的界定。原《最高人民法院关于贯彻执行〈中华人民共和国民法通则〉若干问题的意见（试行）》第25条规定的申请宣告死亡的利害关系人包括被申请宣告死亡人的配偶；父母、子女；兄弟姐妹、祖父母、外祖父母、孙子女、外孙子女；其他有民事权利义务关系的人。解释第16条不仅扩充了利害关系人范围，同时还区分不同类型作出了更

续表

为明确的规定。

首先，该条第 1 款规定了申请宣告死亡制度中一般情形下的利害关系人，即被申请人的配偶、父母、子女，以及民法典第 1129 条规定的对被申请人有继承权的亲属（丧偶儿媳、丧偶女婿）。

其次，该条第 2 款规定了特定情形下的利害关系人。该类利害关系人的范围包括近亲属及民法典第 1128 条规定的有继承权的代位继承人，但需满足该款规定的特定条件之一，即被申请人的配偶、父母、子女均已死亡或者下落不明的；不申请宣告死亡不能保护其相应合法权益的。为防止出现顺序在先人不申请影响顺序在后人的利益的情形，民法典并未规定利害关系人申请宣告死亡的顺序。但基于解释第 16 条第 2 款的规定可知，该规定实际上在配偶、父母、子女与其他近亲属间还是区分了一定顺序的。

最后，该条第 3 款明确利害关系人一般不包括被申请人的债权人、债务人、合伙人等民事主体，但不申请宣告死亡不能保护其相应合法权益的除外。由于宣告死亡相较宣告失踪对被申请人及其相关主体的影响更重大，且债权人、债务人、合伙人等的权益保护一般可通过财产权益保护制度解决的，不宜以申请宣告死亡为主要的权益保护渠道。因此，该款并未采取类似解释第 14 条第 3 项“原则上可申请，特殊情形下除外”的表述，而是规定为“原则上不可申请，特殊情形下除外”的模式。

总则编司法解释	民法典等关联规定
第十七条 自然人在战争期间下落不明的，利害关系人申请宣告死亡的期间适用民法典第四十六条第一款第一项的规定，自战争结束之日或者有关机关确定的下落不明之日起计算。	《民法典》 **第 46 条 【宣告死亡的条件】** 自然人有下列情形之一的，利害关系人可以向人民法院申请宣告该自然人死亡： （一）下落不明满四年； （二）因意外事件，下落不明满二年。 因意外事件下落不明，经有关机关证明该自然人不可能生存的，申请宣告死亡不受二年时间的限制。 **第 41 条 【下落不明时间的起算】** 自然人下落不明的时间自其失去音讯之日起计算。战争期间下落不明的，下落不明的时间自战争结束之日或者有关机关确定的下落不明之日起计算。

要点解读

解释第 17 条是关于战争期间下落不明申请宣告死亡的期间要求及时间起算的规定。

续表

宣告死亡是自然人下落不明达到法定期限，经利害关系人申请，人民法院经过法定程序在法律上推定失踪人死亡的一项民事制度。民法典第46条就宣告死亡的条件作了规定，根据该条可知宣告死亡有三种情形：(1) 下落不明满四年的情况。(2) 因意外事件下落不明满两年的情况。(3) 因意外事件下落不明被有关机关证明不可能生存的情况，此种情况下对下落不明的期间并无要求。

但需注意的是，对因在战争期间下落不明而申请宣告死亡的，是适用下落不明满四年的要求还是适用因意外事件下落不明满两年的要求。由于“战争期间”与意外事件有很大不同，“战争期间”这一概念无论是在空间还是时间上都较为抽象。且在立法中，很多情况下都将战争与意外事件并列，也说明二者并无包含关系。故解释第17条明确宣告死亡制度中因战争期间下落不明的，不适用意外事件下落不明的两年期间，而是适用普通的四年期间。

此外，关于申请宣告死亡情形下因战争期间下落不明的起算，民法典在第46条虽未作规定，但在第41条进行了规定，即“自然人下落不明的时间自其失去音讯之日起计算。战争期间下落不明的，下落不明的时间自战争结束之日或者有关机关确定的下落不明之日起计算”。虽然民法典第41条前后条文都属“宣告失踪”制度的条文，但该条对下落不明时间起算的规定并未明确只适用宣告失踪而不适用宣告死亡。基于宣告失踪、宣告死亡制度在下落不明概念上的同质性，无论是从文义上还是体系上而言，民法典第41条关于下落不明时间起算规定不仅适用于宣告失踪的情形，也适用于宣告死亡的情形，这也决定了民法典在宣告死亡制度部分无须再就此重复规定，故解释第17条后半部分“自战争结束之日或者有关机关确定的下落不明之日起计算”的规定，再次明确了上述内容。

总则编司法解释	民法典等关联规定
五、民事法律行为	
第十八条 当事人未采用书面形式或者口头形式，但是实施的行为本身表明已经作出相应意思表示，并符合民事法律行为成立条件的，人民法院可以认定为民法典第一百三十五条规定的采用其他形式实施的民事法律行为。	**《民法典》** **第135条 【民事法律行为的形式】** 民事法律行为可以采用书面形式、口头形式或者其他形式；法律、行政法规规定或者当事人约定采用特定形式的，应当采用特定形式。

要点解读

解释第18条是关于民事法律行为形式中其他形式含义的规定。

民事法律行为制度是民法典总则编的重要制度，民法典通过第135条就民事法律行为的形式作了规定。其明确了民事法律行为的形式包括书面形式、口头形式、其他

续表

形式以及法律、行政法规规定或者当事人约定的特定形式。从鼓励交易的角度出发，若法律、行政法规只明确要求或当事人约定采用特殊形式，但并未明确未采用该形式的后果，原则上不宜轻易否定民事法律行为的效力。该条规定的书面形式、口头形式不难理解，所谓的“特殊形式”原则上也需要法律、行政法规规定或者当事人明确约定。但就该条规定的“其他形式”而言，民法典并未明确如何认定。 按照最高人民法院相关人员编写的《民法典总则编理解与适用》一书的理解，所谓其他形式，是指当事人没有采用书面、口头形式成立民事法律行为，但采取其他的能够认定当事人之间的民事法律行为成立的形式。如合同领域，可根据当事人的行为或者特定情形推定合同的成立。此类合同，当事人并未用语言或文字明确表示成立，但根据当事人的行为可推定合同成立。如租赁期满后，承租人继续交房租，出租人继续接受，可推定租赁合同继续有效。① 为进一步强化对民法典第135条规定的“其他形式”的理解与把握，解释第18条就其的认定进行了明确，即“当事人未采用书面形式或者口头形式，但是实施的行为本身表明已经作出相应意思表示，并符合民事法律行为成立条件的”，可认定为民法典第135条中的“其他形式”。需注意，此处涉及民事法律行为成立的问题。关于民事法律行为的成立，民法典第134条有明确规定，即“民事法律行为可以基于双方或者多方的意思表示一致成立，也可以基于单方的意思表示成立。法人、非法人组织依照法律或者章程规定的议事方式和表决程序作出决议的，该决议行为成立”。而关于民事法律行为的有效要件，民法典则通过第143条作了规定，即“（一）行为人具有相应的民事行为能力；（二）意思表示真实；（三）不违反法律、行政法规的强制性规定，不违背公序良俗”。

总则编司法解释	民法典等关联规定
第十九条 行为人对行为的性质、对方当事人或者标的物的品种、质量、规格、价格、数量等产生错误认识，按照通常理解如果不发生该错误认识行为人就不会作出相应意思表示的，人民法院可以认定为民法典第一百四十七条规定的重大误解。 行为人能够证明自己实施民事法律行为时存在重大误解，并请求撤销该民事法	**《民法典》** **第147条 【基于重大误解实施的民事法律行为可撤销】**基于重大误解实施的民事法律行为，行为人有权请求人民法院或者仲裁机构予以撤销。 **《全国法院贯彻实施民法典工作会议纪要》** **第2条** 行为人因对行为的性质、对方当事人、标的物的品种、质量、规格和

① 最高人民法院民法典贯彻实施工作领导小组主编：《中华人民共和国民法典总则编理解与适用》（下），人民法院出版社2020年版，第602页。

续表

总则编司法解释	民法典等关联规定
律行为的，人民法院依法予以支持；但是，根据交易习惯等认定行为人无权请求撤销的除外。	数量等的错误认识，使行为的后果与自己的意思相悖，并造成较大损失的，人民法院可以认定为民法典第一百四十七条、第一百五十二条规定的重大误解。

要点解读

解释第19条是关于重大误解认定及排除适用的规定。

民法典第147条规定了基于重大误解实施的民事法律行为可撤销。值得一提的是，民法典（《民法总则》）对基于重大误解、一方欺诈实施的民事法律行为及显失公平的民事法律行为，删除了《民法通则》《合同法》规定的“可变更”，而仅保留“可撤销”。当然，这并不妨碍当事人私下协商的变更。但就如何界定是否构成重大误解而言，民法典并未作出明确规定。为此，解释第19条在吸收原《最高人民法院关于贯彻执行〈中华人民共和国民法通则〉若干问题的意见（试行）》第71条等规定并总结司法实践的基础上，对重大误解的认定进行了较为明确的规定，即“行为人对行为的性质、对方当事人或者标的物的品种、质量、规格、价格、数量等产生错误认识，使行为的后果与自己的意思相悖，并造成较大损失的，可以认定为重大误解”。相较该意见第71条，解释第19条针对实践中常见的通过价格标记而“薅羊毛”情况，在第1款中增加了对“价格”的错误认识以及需存在因果关系（按照通常理解如果不发生该错误认识行为人就不会作出相应意思表示）的表述，并基于“较大损失”本身难以界定的考量，删除了“造成较大损失”这一要件。

民法意义上的重大误解制度中的误解，必须是重大的，是会对行为人民事权利义务产生重大影响的。而且重大误解是因表意人自己的过错认识造成的，而非因相对人的欺诈、误导造成的，否则应构成欺诈而非重大误解。此外需注意，为更好保护行为人利益，尽可能将不利影响消灭在初发阶段，当表意人发现其对行为的性质等存在重大误解后，即应允许其申请撤销相应的民事法律行为，而不必等到造成较大损失才享有这样的权利。这同时也是本条规定较原《最高人民法院关于贯彻执行〈中华人民共和国民法通则〉若干问题的意见（试行）》第71条规定删除“造成较大损失”的一个重要原因。

按照民法典第147条的规定，基于重大误解实施的民事法律行为的法律效果而言，行为人有权请求人民法院或者仲裁机构予以撤销。解释第19条第2款也对此进行了明确，即“行为人能够证明自己实施民事法律行为时存在重大误解，并请求撤销该民事法律行为的，人民法院依法予以支持”。但需注意的是，并非所有基于重大误解实施的民事法律行为都会被撤销，该款亦在吸收古玩字画、艺术品等特殊商品交易不宜适用重大误解的审判经验基础上，对此明确了相应的排除情形，即“根据交易习惯等认定行为人无权请求撤销的除外”。如此规定，意在表明对特殊商品交易习惯的尊

续表

重，进一步强化特定商事活动的外观主义原则，同时也有助于保护无过错的交易相对人的利益。

总则编司法解释	民法典等关联规定
第二十条 行为人以其意思表示存在第三人转达错误为由请求撤销民事法律行为的，适用本解释第十九条的规定。	

要点解读

解释第20条是关于第三人转达错误适用重大误解可撤销制度的规定。

需注意，本条所谓的第三人转达错误是指对行为人意思表示向相对人传达时存在错误，而非第三人将错误的信息传达给行为人，行为人据此作出意思表示。民法典总则编并未就第三人转达错误作出规定。原《最高人民法院关于贯彻执行〈中华人民共和国民法通则〉若干问题的意见（试行）》第77条虽作了规定，但其仅表述为"一般可由意思表示人负赔偿责任"，并未言明第三人转达错误的行为本质及明确的适用规则。因第三人转达错误一般不属于第三人欺诈的情形，进而也不适用民法典关于第三人欺诈的规定，但第三人的传达又往往会改变行为人的真实意思表示，进而在相对人之间形成不符合行为人本意甚至与其本意相悖的民事法律关系。

由于第三人转达错误与重大误解存在一定相似性，对意思表示而言，无论是通过"人"的传达还是通过"物"的传达，都是转化为一定信息对民事法律关系的形成产生影响，本质上都是媒介工具，并无显著区别。为此，德国民法典规定：传达人与传达设施误传者，与表意人错误同其对待。在吸收借鉴上述规定并总结实践经验的基础上，解释第20条明确了第三人转达错误适用解释第19条关于重大误解的规定，即行为人可以其行为存在第三人转达错误为由而申请撤销。

另需注意的是，应将误传与无权代理区别开来。即解释第20条规定的误传（第三人转达错误）应限定在无意（非故意）范围内。若第三人故意传达错误信息，则该传达的信息所保护的意思并非行为人作出，不应对行为人具有约束力，自然也不存在撤销与否的问题。在法律效果上，可类推适用无权代理规则，即行为人可对传达人行为进行追认，行为人未追认或明确反对的，由传达人对相对人承担责任。

总则编司法解释	民法典等关联规定
第二十一条 故意告知虚假情况，或者负有告知义务的人故意隐瞒真实情况，致使当事人基于错误认识作出意思表示的，人民法院可以认定为民法典第一百四十八条、第一百四十九条规定的欺诈。	《民法典》 **第148条 【以欺诈手段实施的民事法律行为可撤销】** 一方以欺诈手段，使对方在违背真实意思的情况下实施的民事法律行为，受欺诈方有权请求人民法院或者

续表

总则编司法解释	民法典等关联规定
	仲裁机构予以撤销。 **第149条　【受第三人欺诈实施的民事法律行为可撤销】**第三人实施欺诈行为，使一方在违背真实意思的情况下实施的民事法律行为，对方知道或者应当知道该欺诈行为的，受欺诈方有权请求人民法院或者仲裁机构予以撤销。 **《最高人民法院关于审理技术合同纠纷案件适用法律若干问题的解释》** **第9条**　当事人一方采取欺诈手段，就其现有技术成果作为研究开发标的与他人订立委托开发合同收取研究开发费用，或者就同一研究开发课题先后与两个或者两个以上的委托人分别订立委托开发合同重复收取研究开发费用，使对方在违背真实意思的情况下订立的合同，受损害方依照民法典第一百四十八条规定请求撤销合同的，人民法院应当予以支持。 **《全国法院贯彻实施民法典工作会议纪要》** **第3条**　故意告知虚假情况，或者故意隐瞒真实情况，诱使当事人作出错误意思表示的，人民法院可以认定为民法典第一百四十八条、第一百四十九条规定的欺诈。

要点解读

解释第21条是关于民法上欺诈认定的规定。

民法典第148条、第149条分别规定了一方以欺诈手段实施的民事法律行为相对方可申请撤销、受第三人欺诈实施的民事法律行为可申请撤销。值得一提的是，由于第三人欺诈较当事人中的一方欺诈而言不具有直接性，故民法典第149条规定的第三人欺诈较第148条规定的一方欺诈，多了“对方知道或者应当知道该欺诈行为的”要

续表

求。此外需注意，较《民法通则》及其意见、《合同法》等原规定而言，民法典对以欺诈手段实施的民事法律行为的效力，规定为可撤销，而不再区分欺诈的对象来认定法律效力（欺诈国家的无效，欺诈其他的可撤销）。

民法典虽然就欺诈行为的效力作了规定，但并未对民法意义上欺诈行为的认定作出明确规定。为此，解释第21条在参考吸收原《最高人民法院关于贯彻执行〈中华人民共和国民法通则〉若干问题的意见（试行）》第68条规定的基础上，明确了民法意义上的欺诈行为的认定，即“故意告知虚假情况，或者负有告知义务的人故意隐瞒真实情况，致使当事人基于错误认识作出意思表示的”，可认定为属民法典第148条、第149条规定的欺诈。

就故意告知虚假情况的欺诈而言，行为人通过主动编造虚假事实、提供误导信息等使对方陷入错误认识，是对交易磋商过程中的普遍性不作为义务的违反，对相对人的意思决定自由无疑将造成严重侵害。对隐瞒真实情况的欺诈而言，行为人只是消极地不提供重要交易信息而使相对人陷入错误认识。因双方当事人存在利益冲突，一般应由相对人收集有利于己方的交易信息，除非行为人负有主动告知的义务。而故意隐瞒真实情况情形下告知义务的来源，主要包括法律的规定、合同的约定以及基于交易习惯、诚信原则等可推知的义务。由于主观恶意程度以及欺诈行为程度上存在不同，对故意告知虚假情况的欺诈与隐瞒真实情况的欺诈评价不宜完全相同。

此外，基于欺诈而实施的民事法律行为可撤销，除要求行为人实施欺诈行为外，还需存在相应的因果关系。这里的意思表示又包括两个层面的含义：一是表意人的错误认识与行为人的欺诈行为之间存在因果关系；二是表意人的意思表示行为与错误认识之间存在因果关系。

总则编司法解释	民法典等关联规定
第二十二条 以给自然人及其近亲属等的人身权利、财产权利以及其他合法权益造成损害或者以给法人、非法人组织的名誉、荣誉、财产权益等造成损害为要挟，迫使其基于恐惧心理作出意思表示的，人民法院可以认定为民法典第一百五十条规定的胁迫。	**《民法典》** **第150条 【受胁迫实施的民事法律行为可撤销】** 一方或者第三人以胁迫手段，使对方在违背真实意思的情况下实施的民事法律行为，受胁迫方有权请求人民法院或者仲裁机构予以撤销。 **《全国法院贯彻实施民法典工作会议纪要》** **第4条** 以给自然人及其亲友的生命、身体、健康、名誉、荣誉、隐私、财产等造成损害或者以给法人、非法人组织的名誉、荣誉、财产等造成损害为要挟，迫使

续表

总则编司法解释	民法典等关联规定
	其作出不真实的意思表示的，人民法院可以认定为民法典第一百五十条规定的胁迫。

要点解读

解释第22条是关于民法上胁迫行为认定的规定。

民法典第150条规定了受胁迫实施的民事法律行为可撤销，本条规定的胁迫包括一方的胁迫和第三人的胁迫。民法典第150条并未像欺诈行为那样，分两条将一方欺诈、第三人欺诈分别规定。之所以如此，是因为胁迫侵害情节较欺诈更重，法律应对受胁迫方赋予更高的保护。故在胁迫情形下，并不要求受胁迫方的相对人是否善意，即可将一方胁迫与第三人胁迫放在一起规定。民法典对以欺诈手段实施的民事法律行为的效力仅规定为可撤销，不再保留原《合同法》规定的可变更。

民法典虽然就受胁迫实施的民事法律行为的效力作了规定，但并未对民法意义上胁迫的认定作出明确规定。为此，解释第22条在吸收参考原《最高人民法院关于贯彻执行〈中华人民共和国民法通则〉若干问题的意见（试行）》第69条规定的基础上，明确了民法意义上的胁迫行为的认定，即“以给自然人及其近亲属等的人身权利、财产权利以及其他合法权益造成损害或者以给法人、非法人组织的名誉、荣誉、财产权益等造成损害为要挟，迫使其基于恐惧心理作出意思表示的”，可认定为属民法典第150条规定的胁迫。需注意的是，解释第22条对胁迫的认定，除对可作为要挟对象作了更为宽泛的表述外，更重要的在于其强调迫使表意人基于“恐惧”心理作出意思表示。这一点也是认定胁迫的关键因素，若并非基于恐惧心理，即使行为人对表意人作出一定要挟，按照该解释的规定，也不能认定为构成胁迫。

总则编司法解释	民法典等关联规定
第二十三条　民事法律行为不成立，当事人请求返还财产、折价补偿或者赔偿损失的，参照适用民法典第一百五十七条的规定。	《民法典》 **第157条　【民事法律行为无效、被撤销或确定不发生效力的法律后果】**民事法律行为无效、被撤销或者确定不发生效力后，行为人因该行为取得的财产，应当予以返还；不能返还或者没有必要返还的，应当折价补偿。有过错的一方应当赔偿对方由此所受到的损失；各方都有过错的，应当各自承担相应的责任。法律另有规定的，依照其规定。

续表

总则编司法解释	民法典等关联规定
	《全国法院民商事审判工作会议纪要》 **第32条　【合同不成立等情形的法律后果】**《合同法》第58条就合同无效或者被撤销时的财产返还责任和损害赔偿责任作了规定，但未规定合同不成立的法律后果。考虑到合同不成立时也可能发生财产返还和损害赔偿责任问题，故应当参照适用该条的规定。 在确定合同不成立、无效或者被撤销后财产返还或者折价补偿范围时，要根据诚实信用原则的要求，在当事人之间合理分配，不能使不诚信的当事人因合同不成立、无效或者被撤销而获益。合同不成立、无效或者被撤销情况下，当事人所承担的缔约过失责任不应超过合同履行利益。比如，依据《最高人民法院关于审理建设工程施工合同纠纷案件适用法律问题的解释》第2条规定，建设工程施工合同无效，在建设工程经竣工验收合格情况下，可以参照合同约定支付工程款，但除非增加了合同约定之外新的工程项目，一般不应超出合同约定支付工程款。 **第33条　【财产返还与折价补偿】**合同不成立、无效或者被撤销后，在确定财产返还时，要充分考虑财产增值或者贬值的因素。双务合同不成立、无效或者被撤销后，双方因该合同取得财产的，应当相互返还。应予返还的股权、房屋等财产相对于合同约定价款出现增值或者贬值的，人民法院要综合考虑市场因素、受让人的经营或者添附等行为与财产增值或者贬值之间的关联性，在当事人之间合理分

续表

总则编司法解释	民法典等关联规定
	配或者分担，避免一方因合同不成立、无效或者被撤销而获益。在标的物已经灭失、转售他人或者其他无法返还的情况下，当事人主张返还原物的，人民法院不予支持，但其主张折价补偿的，人民法院依法予以支持。折价时，应当以当事人交易时约定的价款为基础，同时考虑当事人在标的物灭失或者转售时的获益情况综合确定补偿标准。标的物灭失时当事人获得的保险金或者其他赔偿金，转售时取得的对价，均属于当事人因标的物而获得的利益。对获益高于或者低于价款的部分，也应当在当事人之间合理分配或者分担。 **第34条　【价款返还】**双务合同不成立、无效或者被撤销时，标的物返还与价款返还互为对待给付，双方应当同时返还。关于应否支付利息问题，只要一方对标的物有使用情形的，一般应当支付使用费，该费用可与占有价款一方应当支付的资金占用费相互抵销，故在一方返还原物前，另一方仅须支付本金，而无须支付利息。 **第35条　【损害赔偿】**合同不成立、无效或者被撤销时，仅返还财产或者折价补偿不足以弥补损失，一方还可以向有过错的另一方请求损害赔偿。在确定损害赔偿范围时，既要根据当事人的过错程度合理确定责任，又要考虑在确定财产返还范围时已经考虑过的财产增值或者贬值因素，避免双重获利或者双重受损的现象发生。

续表

要点解读

解释第23条是关于民事法律行为不成立参照适用民事法律行为无效、被撤销或确定不发生效力的规定。

法律行为成立要求存在一般成立要件，而一般成立要件是一切法律行为必不可少的要件，若缺少，则法律行为并不认定为成立。就一般成立要件而言，包括当事人与意思表示。无当事人即不可能有意思表示；有当事人无意思表示也不符合法律行为成立的要求。尽管民事法律行为可能因意思表示不一致而不成立，但当事人却有可能因不知道民事法律行为不成立而履行了相应义务，进而也存在返还财产、折价补偿、损害赔偿等问题。

民法典第157条仅规定了民事法律行为无效、被撤销或确定不发生效力的法律后果，即“民事法律行为无效、被撤销或者确定不发生效力后，行为人因该行为取得的财产，应当予以返还；不能返还或者没有必要返还的，应当折价补偿。有过错的一方应当赔偿对方由此所受到的损失；各方都有过错的，应当各自承担相应的责任。法律另有规定的，依照其规定”，其并未就民事法律行为不成立的法律后果作出规定。而民事法律行为的成立本身即要求符合特定的要件，不符合其成立要件要求的，应认定民事法律行为不成立，而非认定为无效、可撤销。为此，有必要对民事法律行为不成立的法律后果作出规定。解释第23条在参考借鉴《全国法院民商事审判工作会议纪要》第32条规定的基础上，明确了民事法律行为不成立的法律效果，即参照适用民法典第157条的规定。需注意，这里用的是“参照适用”而非“适用”，且限定在“当事人请求返还财产、折价补偿或者赔偿损失”的责任方式范围内。

总则编司法解释	民法典等关联规定
第二十四条 民事法律行为所附条件不可能发生，当事人约定为生效条件的，人民法院应当认定民事法律行为不发生效力；当事人约定为解除条件的，应当认定未附条件，民事法律行为是否失效，依照民法典和相关法律、行政法规的规定认定。	**《民法典》** **第158条 【附条件的民事法律行为】** 民事法律行为可以附条件，但是根据其性质不得附条件的除外。附生效条件的民事法律行为，自条件成就时生效。附解除条件的民事法律行为，自条件成就时失效。

要点解读

解释第24条是关于民事法律行为所附条件不可能发生情形下相应法律效果的规定。

附条件的民事法律行为，指当事人以将来客观上不确定发生的事实，作为民事法律行为效力的附款。允许当事人对民事法律行为附条件，系尊重当事人意思自治、促

续表

使民事法律行为生效、鼓励交易促进市场经济发展的需要。就民事法律行为中所附的条件而言，其具有如下特点：一是所附条件系当事人共同约定且属于民事法律行为的一部分；二是所附条件应是未来可能发生的事实；三是所附条件中的事实应为合法的事实；四是所附条件应属当事人用以限定民事法律行为效力的附属意思表示。 附条件民事法律行为中所附的条件，由于是一种或然事实，未来可能发生也可能不发生，在当下看来具有或然性。因此，对已发生的及将来确定不会发生的事实，不应作为民事法律行为所附的条件。虽然民法典第158条就附条件的民事法律行为作了一定规定，但并未就当事人在民事法律行为中所附的条件不可能发生时相应的法律后果作出规定。为此，解释第24条在借鉴理论观点并总结实践经验的基础上，对所附条件不可能发生时相应的法律效果进行了明确，即“所附条件不可能发生，当事人约定为生效条件的，人民法院应当认定民事法律行为不发生效力；当事人约定为解除条件的，应当认定未附条件，民事法律行为是否失效，依照民法典和相关法律、行政法规的规定认定”。基于该规定可知，若该不可能发生的条件被约定为生效条件，则应认定民事法律行为不发生效力；若该不可能发生的条件被约定为解除条件，应认定未附条件，并按照民法典及其他相关法律规定确认民事法律行为本身是否失效。

总则编司法解释	民法典等关联规定
六、代理	
第二十五条 数个委托代理人共同行使代理权，其中一人或者数人未与其他委托代理人协商，擅自行使代理权的，依据民法典第一百七十一条、第一百七十二条等规定处理。	《民法典》 **第166条 【共同代理】**数人为同一代理事项的代理人的，应当共同行使代理权，但是当事人另有约定的除外。 **第171条 【无权代理】**行为人没有代理权、超越代理权或者代理权终止后，仍然实施代理行为，未经被代理人追认的，对被代理人不发生效力。 相对人可以催告被代理人自收到通知之日起三十日内予以追认。被代理人未作表示的，视为拒绝追认。行为人实施的行为被追认前，善意相对人有撤销的权利。撤销应当以通知的方式作出。 行为人实施的行为未被追认的，善意相对人有权请求行为人履行债务或者就其受到的损害请求行为人赔偿。但是，赔偿

续表

总则编司法解释	民法典等关联规定
	的范围不得超过被代理人追认时相对人所能获得的利益。 相对人知道或者应当知道行为人无权代理的，相对人和行为人按照各自的过错承担责任。 **第 172 条　【表见代理】**行为人没有代理权、超越代理权或者代理权终止后，仍然实施代理行为，相对人有理由相信行为人有代理权的，代理行为有效。 **《最高人民法院关于审理期货纠纷案件若干问题的规定》** **第 54 条**　期货公司擅自以客户的名义进行交易，客户对交易结果不予追认的，所造成的损失由期货公司承担。

要点解读

解释第 25 条是关于共同代理中部分代理人行使代理权效力的规定。

依代理权行使是一人还是数人，可分为单独代理和共同代理。一般来说，共同代理是指数个代理人共同行使一项代理权的代理，其主要特征体现在：一是有数个代理人；二是只有一个代理权。若数个代理人有数个代理权，则属于学理上的集合代理，而非此处的共同代理。就共同代理中代理权的行使，民法典第 166 条作了原则性规定，即“数人为同一代理事项的代理人的，应当共同行使代理权，但是当事人另有约定的除外”。此处的“当事人之间”应是指被代理人与代理人之间，而非数个代理人的内部之间。

虽然民法典第 166 条要求代理权应共同行使，但该条并未就共同代理中部分代理人擅自行使代理权的效力作出直接、明确的规定。基于共同代理属性与特征以及民法典第 166 条的原则性规定，可知共同代理情形下，代理人一般由代理人共同行使（被代理人与代理人另有约定的除外）。在没有另外约定的情形下，全体代理人并未共同行使代理权而是单独或部分行使代理权的，此时应认定构成无权代理或者表见代理，按照民法典无权代理或者表见代理规则处理，即解释第 25 条规定的“数个委托代理人共同行使代理权，其中一人或者数人未与其他委托代理人协商，擅自行使代理权的，依据民法典第一百七十一条、第一百七十二条等规定处理”。需注意的是，该条强调了“擅自”行使这一要件，即部分代理人未与其他委托代理人协商而行使代理权。换言之，若被代理人之前与代理人另有约定则可由部分代理人行使代理权，或者部分代理人行使代理权之前与其他代理人进行了有效协商，则不应认定为擅自行使代理权

续表

<table>
<tr><td colspan="2">的情形，进而也不应按照无权代理或表见代理规则处理，而应按照有权代理处理。
此外，还有一个问题有待进一步明确。按照该解释的规定，共同代理中部分代理人擅自行使代理权的，在按照民法典第171条关于无权代理规则处理时，第171条规定的追认是否仅应理解为被代理人的追认？能否认为也将其他代理人的追认包括其中？换言之，上述情形下，相对人除可通过获得被代理人追认外，还能否通过获得其他代理人的追认来肯定相关代理行为的效力？关于这一点，解释并未作出明确规定，建议可通过后续解释或指导性案例的形式对此作出回应。</td></tr>
<tr><th>总则编司法解释</th><th>民法典等关联规定</th></tr>
<tr><td>第二十六条　由于急病、通讯联络中断、疫情防控等特殊原因，委托代理人自己不能办理代理事项，又不能与被代理人及时取得联系，如不及时转委托第三人代理，会给被代理人的利益造成损失或者扩大损失的，人民法院应当认定为民法典第一百六十九条规定的紧急情况。</td><td>《民法典》
第169条　【复代理】代理人需要转委托第三人代理的，应当取得被代理人的同意或者追认。
转委托代理经被代理人同意或者追认的，被代理人可以就代理事务直接指示转委托的第三人，代理人仅就第三人的选任以及对第三人的指示承担责任。
转委托代理未经被代理人同意或者追认的，代理人应当对转委托的第三人的行为承担责任；但是，在紧急情况下代理人为了维护被代理人的利益需要转委托第三人代理的除外。</td></tr>
<tr><td colspan="2">要点解读
解释第26条是关于复代理中有关“紧急情况”认定的规定。
复代理，又称再代理，民法典第169条称为转委托代理。依照学界通说，复代理人虽规定在委托代理一节，但也可适用于法定代理，即法定代理人可以为被代理人选择复代理人。按照民法典第169条第3款的规定，转委托代理一般须经被代理人同意或追认，否则代理人应对转委托的第三人的行为承担责任。但也存在特殊情形不必经被代理人同意或追认，即在紧急情况下代理人为了维护被代理人的利益需要转委托第三人代理的情形。但何为此处的“紧急情况”，民法典并未作出规定。原《最高人民法院关于贯彻执行〈中华人民共和国民法通则〉若干问题的意见（试行）》第80条对此的界定是“由于急病、通讯联络中断等特殊原因，委托代理人自己不能办理代理事项，又不能与被代理人及时取得联系，如不及时转托他人代理，会给被代理人的利益造成损失或者扩大损失的”。</td></tr>
</table>

续表

解释第26条在参考原《最高人民法院关于贯彻执行〈中华人民共和国民法通则〉若干问题的意见（试行）》第80条规定的基础上，增加列举了传染病防治的内容，其他内容并无实质变动。如此规定，既是总结传染病防控工作经验的必要之举，也是适应今后社会突发传染病情况的提前布局。

总则编司法解释	民法典等关联规定
第二十七条　无权代理行为未被追认，相对人请求行为人履行债务或者赔偿损失的，由行为人就相对人知道或者应当知道行为人无权代理承担举证责任。行为人不能证明的，人民法院依法支持相对人的相应诉讼请求；行为人能够证明的，人民法院应当按照各自的过错认定行为人与相对人的责任。	**《民法典》** **第171条第3款**　行为人实施的行为未被追认的，善意相对人有权请求行为人履行债务或者就其受到的损害请求行为人赔偿。但是，赔偿的范围不得超过被代理人追认时相对人所能获得的利益。 **第171条第4款**　相对人知道或者应当知道行为人无权代理的，相对人和行为人按照各自的过错承担责任。

要点解读

解释第27条是关于无权代理中“相对人知道或者应当知道行为人无权代理”的举证责任分配之规定。

按照民法典第171条第3款、第4款的规定，在无权代理情形下，代理行为未被追认的，相对人是有权就其损失向行为人主张赔偿的。但在赔偿责任大小方面，则应按照相对人是否善意进行区分。若相对人不知道并且不应当知道行为人无权代理的，则属善意相对人。按照民法典第171条第3款的规定，其有权请求行为人履行债务或者就其受到的损害请求行为人赔偿（赔偿的范围以被代理人追认时相对人所能获得的利益为限）。需注意，此处的善意相对人仍为民法典第171条规定的无权代理情形下的相对人，并非民法典第172条表见代理情形下的相对人。表见代理要求相对人有理由相信行为人有代理人，即行为人应存在具有代理权的外观。这也是表见代理区别于无权代理的重要方面之一。

回到无权代理相对人的话题，若相对人知道或者应当知道行为人无权代理，仍与其实施民事法律行为的，则不应认定其为善意相对人。此时应按照民法典第171条第4款的规定，相对人的损失由其和行为人按照各自的过错承担责任。

虽然民法典第171条就不同情形的相对人的损失赔偿作了规定，但并未明确针对“相对人知道或者当应当知道行为人无权代理”这一事实，应由谁来对此承担举证证明责任，是由行为人对此进行举证并承担举证责任，还是由相对人就其“不知道并且不应当知道行为人无权代理”的情况承担举证证明责任？为解决实践中的这一问题，

续表

解释第27条对此进行了明确，即由行为人就相对人知道或者应当知道行为人无权代理承担举证责任。行为人能够证明“相对人知道或者应当知道行为人无权代理”的，法院应按照各自的过错认定行为人与相对人的责任（民法典第171条第4款规定的过错赔偿）；行为人不能证明的，法院应依法支持相对人的相应诉讼请求（民法典第171条第3款规定的全额赔偿）。	
总则编司法解释	**民法典等关联规定**
第二十八条 同时符合下列条件的，人民法院可以认定为民法典第一百七十二条规定的相对人有理由相信行为人有代理权： （一）存在代理权的外观； （二）相对人不知道行为人行为时没有代理权，且无过失。 因是否构成表见代理发生争议的，相对人应当就无权代理符合前款第一项规定的条件承担举证责任；被代理人应当就相对人不符合前款第二项规定的条件承担举证责任。	**《民法典》** **第172条 【表见代理】**行为人没有代理权、超越代理权或者代理权终止后，仍然实施代理行为，相对人有理由相信行为人有代理权的，代理行为有效。 **《最高人民法院关于审理海上货运代理纠纷案件若干问题的规定》** **第6条** 一方当事人根据双方的交易习惯，有理由相信行为人有权代表对方当事人订立海上货运代理合同，该方当事人依据民法典第一百七十二条的规定主张合同成立的，人民法院应予支持。 **《最高人民法院关于审理期货纠纷案件若干问题的规定》** **第9条** 期货公司授权非本公司人员以本公司的名义从事期货交易行为的，期货公司应当承担由此产生的民事责任；非期货公司人员以期货公司名义从事期货交易行为，具备民法典第一百七十二条所规定的表见代理条件的，期货公司应当承担由此产生的民事责任。 **《最高人民法院关于当前形势下审理民商事合同纠纷案件若干问题的指导意见》** **第13条** 合同法第四十九条规定的表见代理制度不仅要求代理人的无权代理行为在客观上形成具有代理权的表象，而且要求相对人在主观上善意且无过失地相

续表

总则编司法解释	民法典等关联规定
	信行为人有代理权。合同相对人主张构成表见代理的，应当承担举证责任，不仅应当举证证明代理行为存在诸如合同书、公章、印鉴等有权代理的客观表象形式要素，而且应当证明其善意且无过失地相信行为人具有代理权。

要点解读

解释第 28 条是关于表见代理中“相对人有理由相信行为人有代理权”的认定及相关举证责任的规定。

民法典第 172 条就表见代理的基本概念及法律后果作了规定。表见代理的法律后果将产生与有权代理相同的法律效力。可见，将原本没有代理权、超越代理权或代理权终止后实施的行为认定为表见代理，将产生与有权代理相同的法律效果，这对各方利益尤其对被代理人利益有着很大影响。因此，是否构成表见代理的判断属于非常重要的工作，而判断是否构成表见代理，最关键之处便是认定“相对人是否有理由相信行为人有代理权”，但民法典并未就此作出明确。

为此，解释第 28 条在参考《最高人民法院关于当前形势下审理民商事合同纠纷案件若干问题的指导意见》第 13 条规定并结合理论研究、总结实践经验的基础上，通过第 1 款规定了认定“相对人有理由相信行为人有代理权”，需同时满足两个要件：一是行为人存在代理权的外观，即存在外观授权。若没有代理权的外观，一般应认定为无权代理。如前条所述，这也是表见代理下相对人区别于无权代理下善意相对人的重要方面。二是相对人不知道行为人行为时没有代理权，且无过失，即相对人善意无过失。这一点不仅要求相对人不知道行为人行为时没有代理权，而且要求相对人对不知道并不存在过失。若其对此存在过失，则不应认定成立表见代理。

此外，相关当事人就是否构成表见代理发生争议，常见情形包括被代理人认为不构成表见代理而构成无权代理、相对人认为构成表见代理而不构成无权代理。针对此类争议，为贯彻善意推定的原则，解释第 28 条第 2 款就相关举证责任进行了明确，即相对人应当就无权代理符合前款第 1 项规定的条件（“存在代理权的外观”）承担举证责任；被代理人应当就相对人不符合前款第 2 项规定的条件（“相对人不知道行为人行为时没有代理权，且无过失”）承担举证责任。当然，由于前款第 1 项规定的两个条件需同时满足才能认定构成表见代理。因此，即使相对人已对“存在代理权的外观”这一事实完成举证证明，但只要被代理人能证明相对人不符合“不知道行为人行为时没有代理权，且无过失”的情形，仍无法认定表见代理的成立。

续表

总则编司法解释	民法典等关联规定
第二十九条 法定代理人、被代理人依据民法典第一百四十五条、第一百七十一条的规定向相对人作出追认的意思表示的，人民法院应当依据民法典第一百三十七条的规定确认其追认意思表示的生效时间。	**《民法典》** **第 137 条 【有相对人的意思表示生效时间】**以对话方式作出的意思表示，相对人知道其内容时生效。 以非对话方式作出的意思表示，到达相对人时生效。以非对话方式作出的采用数据电文形式的意思表示，相对人指定特定系统接收数据电文的，该数据电文进入该特定系统时生效；未指定特定系统的，相对人知道或者应当知道该数据电文进入其系统时生效。当事人对采用数据电文形式的意思表示的生效时间另有约定的，按照其约定。 **第 145 条 【限制民事行为能力人实施的民事法律行为的效力】**限制民事行为能力人实施的纯获利益的民事法律行为或者与其年龄、智力、精神健康状况相适应的民事法律行为有效；实施的其他民事法律行为经法定代理人同意或者追认后有效。 相对人可以催告法定代理人自收到通知之日起三十日内予以追认。法定代理人未作表示的，视为拒绝追认。民事法律行为被追认前，善意相对人有撤销的权利。撤销应当以通知的方式作出。 **第 171 条 【无权代理】**行为人没有代理权、超越代理权或者代理权终止后，仍然实施代理行为，未经被代理人追认的，对被代理人不发生效力。 相对人可以催告被代理人自收到通知之日起三十日内予以追认。被代理人未作表示的，视为拒绝追认。行为人实施的行为被追认前，善意相对人有撤销的权利。撤销应当以通知的方式作出。

续表

总则编司法解释	民法典等关联规定
	行为人实施的行为未被追认的，善意相对人有权请求行为人履行债务或者就其受到的损害请求行为人赔偿。但是，赔偿的范围不得超过被代理人追认时相对人所能获得的利益。 相对人知道或者应当知道行为人无权代理的，相对人和行为人按照各自的过错承担责任。

要点解读

解释第29条是关于法定代理人、被代理人向相对人作出追认的意思表示的生效时间的规定。

民法典第145条规定法定代理人可就限制民事行为能力人实施的民事法律行为作出追认，第171条规定被代理人可就无权代理人实施无权代理行为作出追认，并规定了可作出追认的时间。但上述两条并未对追认的生效时间作出明确规定，而追认的生效时间对代理行为的效力有着重要影响，为此，解释第29条明确了追认的生效时间应直接适用民法典第137条关于有相对人的意思表示生效时间的规定，即追认以对话方式作出的，自相对人知道其内容时生效；追认以非对话方式作出的，自到达相对人时生效。所谓有相对人的意思表示，指意思表示是向特定的对象作出，而非没有特定对象。实践中，有相对人的属多数情况。而法定代理人、被代理人向相对人作出的追认，无疑是有特定对象的，即相对人。

此外，关于解释第29条，值得注意的是，本条规定的是“应当”适用而非“可以”适用，且规定的是“直接”适用而非“参照”适用。这无疑表明，“追认”这类行为属于意思表示的一种，而非准法律行为。就意思表示的概念而言，其是指行为人为了产生一定民法上的效果而将其内心意思通过一定方式表达于外部的行为。从其概念而言，无论是法定代理人的追认，还是无权代理情形中被代理人的追认，均符合意思表示的要求。

另，民法典第137条关于有相对人的意思表示的生效时间，按照对话、非对话的方式进行不同规定。所谓的对话方式，一般指采用相对方可同步受领而进行的方式，如面对面交谈、电话、视频通话等。所谓的非对话方式，一般表现为意思表示的作出与受领不同步、存在时间差的方式，如传真、信函等。而且非对话方式下所谓的到达，并不代表相对人已真实获悉，只要进入相对人常用的地址、住所或能够控制的地方（如信箱），即为到达。

续表

总则编司法解释	民法典等关联规定
七、民事责任	
第三十条 为了使国家利益、社会公共利益、本人或者他人的人身权利、财产权利以及其他合法权益免受正在进行的不法侵害，而针对实施侵害行为的人采取的制止不法侵害的行为，应当认定为民法典第一百八十一条规定的正当防卫。	**《民法典》** **第181条第1款** 因正当防卫造成损害的，不承担民事责任。 **《刑法》** **第20条第1款** 为了使国家、公共利益、本人或者他人的人身、财产和其他权利免受正在进行的不法侵害，而采取的制止不法侵害的行为，对不法侵害人造成损害的，属于正当防卫，不负刑事责任。 **《最高人民法院关于深入推进社会主义核心价值观融入裁判文书释法说理的指导意见》** **第4条** 下列案件的裁判文书，应当强化运用社会主义核心价值观释法说理： …… （二）涉及疫情防控、抢险救灾、英烈保护、见义勇为、正当防卫、紧急避险、助人为乐等，可能引发社会道德评价的案件； ……

要点解读

解释第30条是关于“正当防卫”定义的规定。

民法典第181条虽就正当防卫情形下的民事责任承担作了规定，但并未明确何种情形应认定为正当防卫。就正当防卫含义而言，民法意义上的正当防卫与刑法意义上的正当防卫并无本质区别，只是针对的责任形态不同。通说认为，正当防卫的构成要件包括以下几个方面：一是须有侵害事实存在。没有侵害，就不应存在防卫；且侵害的事实应在先，防卫行为在后。二是不法侵害正在进行且具有现实紧迫性。若不法侵害尚未开始或已实施完毕，则属防卫不适时。三是防卫目的应正当合法。即应以国家利益、社会公共利益、他人或本人合法权益免受侵害为目的。以防卫的借口进行报复的，不属正当防卫，而构成侵权。四是防卫行为须对加害人本人实施。既可以针对加害人人身也可以针对其财产实施，但不能对第三人实施。五是防卫不能超过必要限度。

续表

<table>
<tr><td colspan="2">这里的必要限度应理解为达到足以有效制止侵害行为的强度。若超出，则构成防卫过当，进而适用民法典第 181 条第 2 款的规定确定民事责任。
综合上述通说观点，立足司法实践经验并在吸收《刑法》第 20 条第 1 款规定的基础上，解释第 30 条对正当防卫的含义作了较为明确的规定，即“为了使国家利益、社会公共利益、本人或者他人的人身权利、财产权利以及其他合法权益免受正在进行的不法侵害，而针对实施侵害行为的人采取的制止不法侵害的行为，应当认定为民法典第一百八十一条规定的正当防卫”。</td></tr>
<tr><th>总则编司法解释</th><th>民法典等关联规定</th></tr>
<tr><td>第三十一条　对于正当防卫是否超过必要的限度，人民法院应当综合不法侵害的性质、手段、强度、危害程度和防卫的时机、手段、强度、损害后果等因素判断。
经审理，正当防卫没有超过必要限度的，人民法院应当认定正当防卫人不承担责任。正当防卫超过必要限度的，人民法院应当认定正当防卫人在造成不应有的损害范围内承担部分责任；实施侵害行为的人请求正当防卫人承担全部责任的，人民法院不予支持。
实施侵害行为的人不能证明防卫行为造成不应有的损害，仅以正当防卫人采取的反击方式和强度与不法侵害不相当为由主张防卫过当的，人民法院不予支持。</td><td>《民法典》
第 181 条第 2 款　正当防卫超过必要的限度，造成不应有的损害的，正当防卫人应当承担适当的民事责任。
《刑法》
第 20 条第 2 款　正当防卫明显超过必要限度造成重大损害的，应当负刑事责任，但是应当减轻或者免除处罚。
《最高人民法院、最高人民检察院、公安部关于依法适用正当防卫制度的指导意见》
第 12 条　准确认定“明显超过必要限度”。防卫是否“明显超过必要限度”，应当综合不法侵害的性质、手段、强度、危害程度和防卫的时机、手段、强度、损害后果等情节，考虑双方力量对比，立足防卫人防卫时所处情境，结合社会公众的一般认知作出判断。在判断不法侵害的危害程度时，不仅要考虑已经造成的损害，还要考虑造成进一步损害的紧迫危险性和现实可能性。不应当苛求防卫人必须采取与不法侵害基本相当的反击方式和强度。通过综合考量，对于防卫行为与不法侵害相差悬殊、明显过激的，应当认定防卫明显超过必要限度。</td></tr>
</table>

续表

要点解读 解释第 31 条是关于防卫不当的情形责任及举证分配的规定。 民法典第 181 条第 2 款规定了正当防卫超过必要的限度，造成不应有的损害的，防卫人应承担适当的民事责任。关于正当防卫是否超过必要限度的判断，民法典并未作出规定。通说认为可采用以下途径来评判防卫是否“超过必要的限度”：一方面，就侵害行为手段和强度而言，若侵害行为本身强度不大、危害性不强，没有防卫也不会造成难以弥补损失的，此时应采用较为缓和的手段来制止该侵害。若防卫人仍采用较强手段进行防卫并造成侵权人损害的，一般可认为超出必要限度。另一方面，就防卫行为所保护权益与防卫行为所侵害权益对比而言，若两者明显不在同一位阶且所保护权益显著小于防卫行为侵权权益的，一般可认定超出必要限度，如防卫人为保护较小财产利益使用严重损害侵权人人身权益的方法反击。 综合上述通说并总结司法经验，在参考最高人民法院、最高人民检察院、公安部联合出台的《关于依法适用正当防卫制度的指导意见》第 12 条规定的基础上，解释第 31 条第 1 款明确了正当防卫是否超过必要的限度，应综合不法侵害的性质、手段、强度、危害程度和防卫的时机、手段、强度、损害后果等因素进行认定。就整体而言，该款采用了将侵害行为与防卫行为全方位考量的方法进行认定，既契合学界主流观点，也便于司法实践适用。 此外，民法典第 181 条第 2 款将防卫超出必要限度时防卫人的责任规定为适当的民事责任。此处所谓“适当的民事责任”，指防卫人不应对侵害人的全部损失进行赔偿，而是根据防卫人过错的程度，由其在损失范围内承担一部分责任。但这里的损失，又具体指哪一部分损失呢？是侵害人的所有损失，还是其他的部分损失？民法典对此没有进行明确。 由于正当防卫本身就会造成侵权一定损失，在防卫超过必要限度的情况下，侵害人的损失应分为两部分：一是防卫未超出必要限度时的损失；二是防卫超出必要限度时增大的损失。我们认为，由于侵害人损害的源头在于其不法侵害，其对此亦有过错，且正当防卫是值得肯定的行为，因此，即使在正当防卫超出必要限度的情况下，防卫人也只应在造成不应有的损害范围内承担部分责任。所谓不应有的损害范围，应理解为超出必要限度时增大的损失范围。解释第 31 条第 2 款“正当防卫超过必要限度的，人民法院应当认定正当防卫人在造成不应有的损害范围内承担部分责任；实施侵害行为的人请求正当防卫人承担全部责任的，人民法院不予支持”的规定即体现了上述观点。 另，就正当防卫人的防卫行为是否过当的证明而言，由于在通常情形下，正当防卫人会就其行为属于正当防卫进行举证证明，且法院认定正当防卫过当的前提是行为本身属于正当防卫，只是程度超出了必要限度。在此情形下，应将存在防卫过当的举

续表

<table>
<tr><td colspan="2">证证明责任分配给实施侵害行为的人。这既符合民事诉讼对举证责任的一般要求，也与正当防卫制度的立法目的相契合。为此，解释第 31 条第 3 款就此作了明确，即“实施侵害行为的人不能证明防卫行为造成不应有的损害，仅以正当防卫人采取的反击方式和强度与不法侵害不相当为由主张防卫过当的，人民法院不予支持”。</td></tr>
<tr><th>总则编司法解释</th><th>民法典等关联规定</th></tr>
<tr><td>第三十二条　为了使国家利益、社会公共利益、本人或者他人的人身权利、财产权利以及其他合法权益免受正在发生的急迫危险，不得已而采取紧急措施的，应当认定为民法典第一百八十二条规定的紧急避险。</td><td>《民法典》
第 182 条第 1 款、第 2 款　因紧急避险造成损害的，由引起险情发生的人承担民事责任。
危险由自然原因引起的，紧急避险人不承担民事责任，可以给予适当补偿。
《刑法》
第 21 条　为了使国家、公共利益、本人或者他人的人身、财产和其他权利免受正在发生的危险，不得已采取的紧急避险行为，造成损害的，不负刑事责任。
紧急避险超过必要限度造成不应有的损害的，应当负刑事责任，但是应当减轻或者免除处罚。
第一款中关于避免本人危险的规定，不适用于职务上、业务上负有特定责任的人。
《最高人民法院关于深入推进社会主义核心价值观融入裁判文书释法说理的指导意见》
第 4 条　下列案件的裁判文书，应当强化运用社会主义核心价值观释法说理：
……
（二）涉及疫情防控、抢险救灾、英烈保护、见义勇为、正当防卫、紧急避险、助人为乐等，可能引发社会道德评价的案件；
……</td></tr>
</table>

续表

要点解读

解释第32条是关于“紧急避险”定义的规定。

民法典第182条第1款规定了因紧急避险造成损害的，由引起险情发生的人承担民事责任，但并未就“紧急避险”的含义作出必要界定。通说认为，紧急避险，是指为了社会公共利益、他人或自身合法利益免受更大损害，在不得已的情况下采取造成他人少量损失的紧急措施。简言之，即在两种合法利益不可能同时都得到保护的情况下，不得已而采用牺牲其中较轻的利益，保全较重大的利益的一种合法行为。

就紧急避险的构成要件而言，一般包括如下四点：一是避险目的，须是为了使国家利益、社会公共利益、本人或他人的人身、财产权利免受危险的损害。二是避险时间，须是针对正在发生的危险而采取的紧急避险行为。若危险未发生或已消除，或虽正在发生但不会对相关主体合法权益造成损害的，不应采取紧急避险措施。需注意，紧急避险中的危险既可能来自人的行为，也可能来自自然原因。三是紧迫性，须在不得已情况下采取避险措施。即避险具有现实紧迫性，如面对突如其来的危险不采取紧急避险措施将造成更大损害的，此时即需要采取紧急避险行为。四是避险行为限度，不能超过必要限度。即面临紧急危险时，避险行为人应尽可能采用较小的损害来保全更大的合法利益。也可以理解为避险行为引起的损害应小于该危险可能带来的损害。

综合上述观点并总结实践经验，解释第32条在吸收《刑法》第21条相关规定的基础上，对紧急避险的含义作了较为明确的规定，即“为了使国家利益、社会公共利益、本人或者他人的人身权利、财产权利以及其他合法权益免受正在发生的急迫危险，不得已而采取紧急措施的，应当认定为民法典第一百八十二条规定的紧急避险”。

总则编司法解释	民法典等关联规定
第三十三条　对于紧急避险是否采取措施不当或者超过必要的限度，人民法院应当综合危险的性质、急迫程度、避险行为所保护的权益以及造成的损害后果等因素判断。 经审理，紧急避险采取措施并无不当且没有超过必要限度的，人民法院应当认定紧急避险人不承担责任。紧急避险采取措施不当或者超过必要限度的，人民法院应当根据紧急避险人的过错程度、避险措施造成不应有的损害的原因力大小、紧急避险人是否为受益人等因素认定紧急避险人在造成的不应有的损害范围内承担相应的责任。	**《民法典》** **第182条　【紧急避险】**因紧急避险造成损害的，由引起险情发生的人承担民事责任。 危险由自然原因引起的，紧急避险人不承担民事责任，可以给予适当补偿。 紧急避险采取措施不当或者超过必要的限度，造成不应有的损害的，紧急避险人应当承担适当的民事责任。

续表

要点解读

解释第33条是关于紧急避险措施是否不当或超过必要限度的判断及相关责任承担的规定。

就紧急避险的责任承担而言，民法典第182条作了原则性规定，其第1款明确“因紧急避险造成损害的，由引起险情发生的人承担民事责任”，换言之，紧急避险原则上由引起险情发生的人承担民事责任，紧急避险人一般不承担责任。但也存在例外，即民法典第182条第2款、第3款规定的情形。

依照该条第2款，由于紧急避险中的危险可能来自人的行为，也可能来自自然原因，当危险由自然原因引起时，因无引起险情发生的人，无法按照该条第1款的规定认定由引起险情发生的人承担责任。但由紧急避险人承担赔偿责任也不符合紧急避险制度的立法目的。基于利益衡平的考量，该条第2款规定了此时由避险人以适当补偿方式来弥补受损人的部分损失。

依照该条第3款，若紧急避险采取措施不当或超过必要限度，造成不应有的损害，此时亦应突破该条第1款紧急避险人不担责的原则，其应承担适当的民事责任。该款虽然对此进行了明确，但并未就判断紧急避险采取措施是否不当、是否超过必要限度时应考量的因素作出规定，也未就措施不当或超过必要限度情形下判令避险人承担责任时需考量的因素作出规定。

为更好地指导司法实践，强化紧急避险制度的准确性与合理适用，确保其发挥出应有的作用与价值，解释第33条对上述两个方面均作了明确。第1款明确了认定避险措施是否不当或超过必要限度时应综合考量的因素包括危险性质、急迫程度、避险行为所保护的权益以及造成的损害后果等。当然，若综合考量上述因素后，确认紧急避险采取措施既无不当，也没有超过必要限度，则避险人无须承担责任。若确定紧急避险措施不当或者避险超出必要限度，按照该条第2款的规定，判令避险人承担在造成的不应有的损害范围内承担相应责任时，需考量的因素包括紧急避险人的过错程度、避险措施造成不应有的损害的原因力大小、紧急避险人是否为受益人等。

所谓“在造成的不应有的损害范围内承担相应责任”，需注意两点：一是理解“不应有的损害”，需要把握“允许存在的损害”。超过这一范围的损害即为“不应有的损害”。而“允许存在的损害”一般限定在危险所带来的损害之内。简言之，超出危险所带来损害的那部分损害即为不应有的损害。二是相应责任即为部分责任。即在“不应有的损害”范围内承担部分责任。具体按何种比例确定，则需对上面提及的因素综合认定。

总则编司法解释	民法典等关联规定
第三十四条　因保护他人民事权益使自己受到损害，受害人依据民法典第一百	**《民法典》** **第183条　【因保护他人民事权益受**

续表

八十三条的规定请求受益人适当补偿的，人民法院可以根据受害人所受损失和已获赔偿的情况、受益人受益的多少及其经济条件等因素确定受益人承担的补偿数额。	**损时的责任承担与补偿】**因保护他人民事权益使自己受到损害的，由侵权人承担民事责任，受益人可以给予适当补偿。没有侵权人、侵权人逃逸或者无力承担民事责任，受害人请求补偿的，受益人应当给予适当补偿。 **《最高人民法院关于深入推进社会主义核心价值观融入裁判文书释法说理的指导意见》** **第4条** 下列案件的裁判文书，应当强化运用社会主义核心价值观释法说理： …… （二）涉及疫情防控、抢险救灾、英烈保护、见义勇为、正当防卫、紧急避险、助人为乐等，可能引发社会道德评价的案件； ……

要点解读

解释第34条是关于见义勇为中受益人适当补偿数额确定因素的规定。

民法典第183条就因保护他人民事权益受损时的责任承担与补偿作了规定，有观点也将该条规定称为“见义勇为者的特别请求权”。所谓见义勇为，指在没有法定或约定义务的前提下，为保护他人人身、财产权益，制止各种侵权行为、意外事件的救助行为。所谓的“他人利益”，包括国家利益、社会公共利益和他人合法权益。值得注意的是，本条有两处关于受益人“适当补偿”的规定：第一处是针对有侵权人承担民事责任时，受益人可以给予适当补偿；第二处是针对无侵权人承担民事责任时（包括没有侵权人、侵权人逃逸或无力承担的情况），受害人请求补偿的，受益人应当给予适当补偿。

虽然民法典第183条就不同情形下受益人的适当补偿责任作了规定，但并未对适当补偿数额如何确定即补偿数额的确定因素包括哪些作出明确规定。主流观点认为，该条中的适当补偿数额的确定，需考虑下述三个方面：一是行为人与受益人双方经济状况。紧急避险制度本就是基于利益衡平而生的，规定受益人的补偿责任是基于一定的伦理性。为防止一方负担过重，造成新的失衡，在确定受益人补偿数额时，双方经济状况无疑属重要考量因素。二是受益人的受益范围。一般而言，受益人受益越大，补偿数额越多。需注意，此处的受益范围不仅应考虑获益数额，还需考虑所受保护的

续表

民事权益位阶。三是受益人对损害发生是否存在过错。若受益人对危险发生存在过错，但又不构成侵权责任时，可考虑加重受益人补偿义务。在吸收上述观点并总结实践经验的基础上，解释第34条就法院在确定受益人适当补偿数额时需考量的因素作了规定，即“可以根据受害人所受损失和已获赔偿的情况、受益人受益的多少及其经济条件等因素确定受益人承担的补偿数额”。	
总则编司法解释	**民法典等关联规定**
八、诉讼时效	
第三十五条 民法典第一百八十八条第一款规定的三年诉讼时效期间，可以适用民法典有关诉讼时效中止、中断的规定，不适用延长的规定。该条第二款规定的二十年期间不适用中止、中断的规定。	**《民法典》** **第188条 【普通诉讼时效、最长诉讼时效期间】** 向人民法院请求保护民事权利的诉讼时效期间为三年。法律另有规定的，依照其规定。 诉讼时效期间自权利人知道或者应当知道权利受到损害以及义务人之日起计算。法律另有规定的，依照其规定。但是，自权利受到损害之日起超过二十年的，人民法院不予保护，有特殊情况的，人民法院可以根据权利人的申请决定延长。 **《最高人民法院关于审理因垄断行为引发的民事纠纷案件应用法律若干问题的规定》** **第16条第3款** 原告知道或者应当知道权益受到损害以及义务人之日起超过三年，如果起诉时被诉垄断行为仍然持续，被告提出诉讼时效抗辩的，损害赔偿应当自原告向人民法院起诉之日起向前推算三年计算。自权利受到损害之日起超过二十年的，人民法院不予保护，有特殊情况的，人民法院可以根据权利人的申请决定延长。 **《全国法院贯彻实施民法典工作会议纪要》** **第5条第1款** 民法典第一百八十八条第一款规定的普通诉讼时效期间，可以

续表

总则编司法解释	民法典等关联规定
	适用民法典有关诉讼时效中止、中断的规定，不适用延长的规定。民法典第一百八十八条第二款规定的“二十年”诉讼时效期间可以适用延长的规定，不适用中止、中断的规定。

要点解读

解释第35条是关于普通诉讼时效期间不得延长以及最长诉讼时效期间不得中止、中断的规定。

民法典第188条就诉讼时效期间的一般规则作了规定，规定普通诉讼时效期间为3年，最长诉讼时效期间（也称最长权利保护期间）为20年，并就诉讼时效期间起算作了明确。但民法典并未明确第188条规定的两种诉讼时效期间是否均可适用中止、中断与延长的规定。一般而言，普通诉讼时效期间可以适用中止、中断的规定，最长诉讼时效期间适用延长也由民法典第188条第2款明确规定。实践中，存在疑问的主要是普通诉讼时效期间是否可以延长，以及最长诉讼时效期间是否可以中止、中断？

对最长诉讼时效期间是否可以中止、中断而言，由于20年的诉讼时效本就很长，且法律明确规定有特殊情况的可以延长。因此，对其再适用中止、中断的意义已经不大。且如果适用中断，再重新起算20年，也严重制约时效制度功能的发挥。为此，最长诉讼时效不应适用中止、中断的规定。

对普通诉讼时效期间是否可以延长而言，产生分歧的一个重要原因在于民法典第188条第2款相较于《民法通则》第137条的标点符号调整。《民法通则》第137条但书中“有特殊情况的”前面为句号，而民法典中则为逗号。有观点认为，这就意味着民法典第188条第2款“有特殊情况的，人民法院可以根据权利人的申请决定延长”的规定仅适用前面的最长诉讼时效。也有观点认为，民法典虽然没有直接规定普通时效期间可适用延长，但也没有明确规定它不可以延长。因此，虽然原《最高人民法院关于贯彻执行〈中华人民共和国民法通则〉若干问题的意见（试行）》已失效，但第175条第1款仍具有参照价值，即普通诉讼时效也可延长。按照最高人民法院研究室编著的《〈全国法院贯彻实施民法典工作会议纪要〉条文及适用说明》的说法，关于普通诉讼时效是否可延长的不同观点均有一定道理，为解决分歧、统一认识，在结合民法典文义的基础上，征询立法机关意见后达成共识，认为普通诉讼时效期间可以适用中止、中断的规定，不适用延长的规定。①

① 最高人民法院研究室编：《全国法院贯彻实施民法典工作会议纪要条文及适用说明》，人民法院出版社2021年版，第59页。

续表

综上，关于普通诉讼时效期间是否可以延长，以及最长诉讼时效期间是否可以中止、中断的问题，最高人民法院在《全国法院贯彻实施民法典工作会议纪要》第5条第1款中作出回答，即“民法典第一百八十八条第一款规定的普通诉讼时效期间，可以适用民法典有关诉讼时效中止、中断的规定，不适用延长的规定。民法典第一百八十八条第二款规定的‘二十年’诉讼时效期间可以适用延长的规定，不适用中止、中断的规定”。解释第35条与该款内容并无实质区别，即明确普通诉讼时效期间可中止、中断，但不得延长；最长诉讼时效期间可延长，但不得中止、中断。

总则编司法解释	民法典等关联规定
第三十六条 无民事行为能力人或者限制民事行为能力人的权利受到损害的，诉讼时效期间自其法定代理人知道或者应当知道权利受到损害以及义务人之日起计算，但是法律另有规定的除外。	**《民法典》** **第188条第2款** 诉讼时效期间自权利人知道或者应当知道权利受到损害以及义务人之日起计算。法律另有规定的，依照其规定。但是，自权利受到损害之日起超过二十年的，人民法院不予保护，有特殊情况的，人民法院可以根据权利人的申请决定延长。 **第190条 【对法定代理人请求权的诉讼时效起算】** 无民事行为能力人或者限制民事行为能力人对其法定代理人的请求权的诉讼时效期间，自该法定代理终止之日起计算。

要点解读

解释第36条是关于无民事行为能力人、限制民事行为能力人权利受损时诉讼时效起算的规定。

普通诉讼时效期间的起算，立法上主要有两种模式：一是客观主义，即从请求权可以行使时起算。二是主观主义，即从权利人知道或者应当知道权利受侵害时起算。虽然客观主义模式可实现诉讼时效制度的效力目标与经济价值，但在权利人不知道其权利受到损害或不知向谁主张权利时，不利于有效保护权利人利益。主观主义虽能更好地保护权利人，但也可能对诉讼时效制度的可预期性与安定性造成影响。因此，“采较长普通诉讼时效期间的，以客观主义为起算点；采较短普通诉讼时效期间的，以主观主义为起算点”的折中方案，被不少国家采用，以最大限度实现诉讼时效制度的立法价值。民法典第188条第2款延续了《民法通则》的模式，亦采取普通诉讼时效期间的主观主义起算模式。

续表

就无民事行为能力人而言，无论是成年人还是未成年人，均由法定代理人代理实施民事法律行为，因此其因权利遭受损害而提起诉讼的行为也应由法定代理人代理实施。就限制民事行为能力人而言，虽然其可独立实施与其年龄、智力、精神健康状况相适应的民事法律行为，但由于针对权利遭受损害而提起诉讼等主张权利属于非常专业的行为，需要严格遵守相关程序法律制度以及实体法律制度的规定，就一般正常人而言都非易事，很多情况下需聘请法律专业人士代理，因此提起诉讼不应认定为与限制民事行为能力人的年龄、智力、精神健康状况相适应。故此类行为应由其法定代理人代理实施。

既然针对无民事行为能力人、限制民事行为能力人权利遭受损害时提起诉讼（主张权利）应由法定代理人代理实施，那么，明确此种情况下的诉讼时效期间“自其法定代理人知道或者应当知道权利受到损害以及义务人之日起计算”也就再自然不过了。解释第 36 条对此进行了明确。当然，与民法典第 188 条第 2 款相一致，此种情况下也允许存在除外情形。解释第 36 条亦作了规定。值得注意的是，民法典第 190 条关于对法定代理人请求权的诉讼时效起算的规定，无疑属于解释第 36 条规定的除外情形范畴。

总则编司法解释	民法典等关联规定
第三十七条 无民事行为能力人、限制民事行为能力人的权利受到原法定代理人损害，且在取得、恢复完全民事行为能力或者在原法定代理终止并确定新的法定代理人后，相应民事主体才知道或者应当知道权利受到损害的，有关请求权诉讼时效期间的计算适用民法典第一百八十八条第二款、本解释第三十六条的规定。	**《民法典》** **第 188 条第 2 款** 诉讼时效期间自权利人知道或者应当知道权利受到损害以及义务人之日起计算。法律另有规定的，依照其规定。但是，自权利受到损害之日起超过二十年的，人民法院不予保护，有特殊情况的，人民法院可以根据权利人的申请决定延长。 **第 190 条 【对法定代理人请求权的诉讼时效起算】** 无民事行为能力人或者限制民事行为能力人对其法定代理人的请求权的诉讼时效期间，自该法定代理终止之日起计算。

要点解读

解释第 37 条是关于对法定代理人请求权的诉讼时效期间的起算规则的补充规定。

关于无民事行为能力人、限制民事行为能力人权利受损时诉讼时效起算，解释第 36 条明确了“自其法定代理人知道或者应当知道权利受到损害以及义务人之日起计算”

续表

的规则，但需注意，这一规定并不适用侵害人为法定代理人的情形。就非法定代理人为侵权人的情形而言，民法典第 190 条作了规定，即“对其法定代理人的请求权的诉讼时效期间，自该法定代理终止之日起计算”。但该条规定仍无法囊括一些较为特殊的情况，如实践中可能存在的“原法定代理终止时，遭受侵害的无民事行为能力人、限制民事行为能力人及其新的法定代理人对损害事实以及义务人并不知晓”的情况。此种情况下，虽然原法定代理关系已终止，但诉讼时效期间不应按照民法典第 190 条的规定自原法定代理关系终止时起算，而是应回归到民法典第 188 条第 2 款“自权利人知道或者应当知道权利受到损害以及义务人之日起计算”的规定上来。 当然，此时诉讼时效的起算也应区分不同情形处理：若无民事行为能力人、限制民事行为能力人的权利受到原法定代理人损害，其在取得、恢复完全民事行为能力后，应按照民法典第 188 条第 2 款的规定，自其知道或应当知道权利受到损害以及义务人之日起计算；若无民事行为能力人、限制民事行为能力人的权利受到原法定代理人损害，在原法定代理终止并确定新的法定代理人后，应按照解释第 36 条的规定，自其新的法定代理人知道或应当知道权利受到损害以及义务人之日起计算。	
总则编司法解释	**民法典等关联规定**
第三十八条 诉讼时效依据民法典第一百九十五条的规定中断后，在新的诉讼时效期间内，再次出现第一百九十五条规定的中断事由，可以认定为诉讼时效再次中断。 权利人向义务人的代理人、财产代管人或者遗产管理人等提出履行请求的，可以认定为民法典第一百九十五条规定的诉讼时效中断。	**《民法典》** **第 195 条 【诉讼时效中断的情形】** 有下列情形之一的，诉讼时效中断，从中断、有关程序终结时起，诉讼时效期间重新计算： （一）权利人向义务人提出履行请求； （二）义务人同意履行义务； （三）权利人提起诉讼或者申请仲裁； （四）与提起诉讼或者申请仲裁具有同等效力的其他情形。 **第 43 条 【财产代管人的职责】** 财产代管人应当妥善管理失踪人的财产，维护其财产权益。 失踪人所欠税款、债务和应付的其他费用，由财产代管人从失踪人的财产中支付。 财产代管人因故意或者重大过失造成失踪人财产损失的，应当承担赔偿责任。

续表

总则编司法解释	民法典等关联规定
	第1147条 【遗产管理人职责】 遗产管理人应当履行下列职责： （一）清理遗产并制作遗产清单； （二）向继承人报告遗产情况； （三）采取必要措施防止遗产毁损、灭失； （四）处理被继承人的债权债务； （五）按照遗嘱或者依照法律规定分割遗产； （六）实施与管理遗产有关的其他必要行为。 **《全国法院贯彻实施民法典工作会议纪要》** **第5条第2款** 诉讼时效根据民法典第一百九十五条的规定中断后，在新的诉讼时效期间内，再次出现第一百九十五条规定的中断事由，可以认定诉讼时效再次中断。权利人向义务人的代理人、财产代管人或者遗产管理人主张权利的，可以认定诉讼时效中断。

要点解读

解释第39条是关于诉讼时效相关补充规则的规定。

民法典第195条就诉讼时效中断的四种情形及诉讼时效的重新起算时间作了规定。就诉讼时效中断并重新起算后是否可以再次中断的问题，民法典虽未直接规定，但笔者认为，允许再次甚至多次中断应是民法典第195条规定的应有之义。解释第39条在参考《全国法院贯彻实施民法典工作会议纪要》第5条第2款的基础上，通过第1款明确肯定诉讼时效中断后在重新计算的新诉讼时效期间内，再次出现中断事由的，可认定诉讼时效再次中断。当然，以此推断，多次中断也应包括其中。

此外，就因权利人向义务人提出履行请求而中断诉讼时效而言，一般情形下，权利人需向义务人本人提出履行请求。但在某些情况下，如义务人存在法定代理人、财产代管人、遗产管理人时，权利人向上述三类主体提出履行请求的，无疑将导致诉讼时效中断，这是基于法定代理人、财产代管人、遗产管理人的性质（针对的主体类型）与职责得知的。

续表

就法定代理人而言，只有无民事行为能力人、限制民事行为能力人才会存在法定代理人，权利人本身就不应直接向无民事行为能力人、限制民事行为能力人提出履行请求，且法定代理人职责即为监护人职责，有权代理被监护人实施民事法律行为；就财产代管人而言，其是针对失踪人而言的，权利人向失踪人直接提出履行请求在实践中也很少见且程序复杂。且财产代管人职责本身就包括利用失踪人财产为失踪人清偿债务。就遗产管理人而言，其是对死者而言的，权利人也不应且不能直接向死者提出履行请求，且处理被继承人的债权债务也是其当然职责。因此，权利人向法定代理人、财产代管人、遗产管理人提出履行请求，当然可以认定产生中断诉讼时效的后果。

但需注意，解释第38条第2款规定的是代理人而非仅限定为法定代理人，故委托代理人也应包括在其中。笔者认为，就委托代理人而言，基于委托人一般为完全民事行为能力人，其本身即有能力与资格受领与理解他人的意思表示。在这种情况下，委托人就特定事项的处理交与委托代理人，若权利人提出履行的事项属于该委托代理人的职权范围，应允许权利人向委托代理人提出履行请求，此时应认为可导致诉讼时效中断；若权利人提出履行的事项并不属于该委托代理人的职权范围，权利人向该委托代理人提出履行请求并不必然导致诉讼时效中断。

总则编司法解释	民法典等关联规定
九、附则	
第三十九条 本解释自2022年3月1日起施行。 民法典施行后的法律事实引起的民事案件，本解释施行后尚未终审的，适用本解释；本解释施行前已经终审，当事人申请再审或者按照审判监督程序决定再审的，不适用本解释。	

要点解读

本条是关于解释施行时间以及溯及适用的规定。

本条属解释的“附则”内容，且解释“附则”仅该条一个条文。一方面，该条通过第1款明确了解释自2022年3月1日起施行。即在2022年3月1日及之后发生的法律事实引起的民事纠纷，应当适用解释。另一方面，该条通过第2款就解释的溯及适用问题作了明确。一般而言，司法解释原则上不具有溯及力，但也存在特殊情形，就本条而言，体现在第2款规定的“民法典施行后的法律事实引起的民事案件，本解释施行后尚未终审的，适用本解释”。此外，该款另就当事人申请再审或者按照审判

续表

监督程序决定再审的案件是否溯及适用的问题，明确规定不予适用。 另值得注意的是，虽然民法典总则编基本沿袭了《民法总则》的规定，但二者毕竟不是同一部法律，也非同一法律的不同版本。《民法总则》的生效期间为2017年10月1日至2021年1月1日（民法典开始生效之时），与民法典生效期间不存在重叠部分。本解释虽是针对总则编作出，但其针对的只是民法典总则编等相关部分而非《民法总则》，其溯及适用的范围也理应限定在民法典施行之后而非之前的情形。从本条第2款内容亦可知，自《民法总则》实施之日至民法典施行之日发生的法律事实引起的民事案件，解释是没有溯及力的。

下　篇

民法典总则编要点提示与实务问答

第一章　基本规定

第一条　【立法目的与立法根据】为了保护民事主体的合法权益，调整民事关系，维护社会和经济秩序，适应中国特色社会主义发展要求，弘扬社会主义核心价值观，根据宪法，制定本法。

要点提示

本条是关于立法目的与立法根据的规定。立法目的是制定法律的根本目标与宗旨，本条规定了民法典五个方面的立法目的。（1）保护民事主体的合法权益。具体包括突出保护民事主体的人格权，全面保护民事主体的财产权利，保护民事主体的契约自由和合同权利，设定民事主体行使权利的一般规则等。（2）调整民事关系。调整民事法律关系的核心是调整权利义务关系。一是强调民事法律关系中权利和义务的相互对立、相互联系、相互依存；二是通过规定民事责任落实对正常民事关系、合法民事权利的保护。（3）维护社会和经济秩序。民法典是社会生活的百科全书，通过设定法律规则厘定、维护社会秩序是其职责和使命。民法典是市场经济的基本法，是经济秩序的制度供给者和维护者。（4）适应中国特色社会主义发展要求。民法典编纂的重要使命是适应中国特色社会主义发展要求，将中国特色社会主义制度法典化，将 40 多年来的改革成果制度化、体系化，为中国特色社会主义奠定法治基础。（5）弘扬社会主义核心价值观。法律是成文的道德，道德是内心的法律。社会主义核心价值观本身属于意识形态范畴，不具有规范效力和强制约束力，故须入法入规。需注意，作为立法目的的第 1 条，一般情况下并不能作为裁判条款，但关于社会主义核心价值观的内涵、精神等却可作为释法说理的内容而得到强化，以发挥其对民事活动、公共秩序、民事权利行使等的规范、引领、保护作用，对强化规则意识、引领社会风尚、维护公共秩序具有重大意义。在此背景下，《最高人民法院关于深入推进社会主义核心价值观融入裁判文书释法说理的指导意见》出台，并于 2021 年 3 月 1 日开始实施。该意见要求强化运用社会主义核心价值观在裁判文书中的释法说理，并就应当运用的情形及案件类型进行了明确。需注意，该意见虽然明确了应当强化社会主义核心价值观说理的案件类型（第4条），但若有规范性法律文件作为裁判依据，应先释明规范性法律文件的规定，再运用社会主义核心价值观进一步释法明理（第5条）。此外，宪法是国家根本大法，具有最高法律地位和最高法律效力，是制定普通法律的依据。民法典第1条明确“根据宪法，制定本法”，一是尊崇宪法最高法律地位和最高法律效力的体现；二是宪法关于社会主义经济制度和公民基本权利和义务的规定，亦是民法典很多民事基本制度的直接依据。

重要关联规定

《最高人民法院关于适用〈中华人民共和国民法典〉总则编若干问题的解释》

第二条第三款 适用习惯，不得违背社会主义核心价值观，不得违背公序良俗。

《最高人民法院关于深入推进社会主义核心价值观融入裁判文书释法说理的指导意见》

二、各级人民法院应当深入推进社会主义核心价值观融入裁判文书释法说理，将社会主义核心价值观作为理解立法目的和法律原则的重要指引，作为检验自由裁量权是否合理行使的重要标准，确保准确认定事实，正确适用法律。对于裁判结果有价值引领导向、行为规范意义的案件，法官应当强化运用社会主义核心价值观释法说理，切实发挥司法裁判在国家治理、社会治理中的规范、评价、教育、引领等功能，以公正裁判树立行为规则，培育和弘扬社会主义核心价值观。

三、各级人民法院应当坚持以事实为根据，以法律为准绳。在释法说理时，应当针对争议焦点，根据庭审举证、质证、法庭辩论以及法律调查等情况，结合社会主义核心价值观，重点说明裁判事实认定和法律适用的过程和理由。

四、下列案件的裁判文书，应当强化运用社会主义核心价值观释法说理：

（一）涉及国家利益、重大公共利益，社会广泛关注的案件；

（二）涉及疫情防控、抢险救灾、英烈保护、见义勇为、正当防卫、紧急避险、助人为乐等，可能引发社会道德评价的案件；

（三）涉及老年人、妇女、儿童、残疾人等弱势群体以及特殊群体保护，诉讼各方存在较大争议且可能引发社会广泛关注的案件；

（四）涉及公序良俗、风俗习惯、权利平等、民族宗教等，诉讼各方存在较大争议且可能引发社会广泛关注的案件；

（五）涉及新情况、新问题，需要对法律规定、司法政策等进行深入阐释，引领社会风尚、树立价值导向的案件；

（六）其他应当强化运用社会主义核心价值观释法说理的案件。

五、有规范性法律文件作为裁判依据的，法官应当结合案情，先行释明规范性法律文件的相关规定，再结合法律原意，运用社会主义核心价值观进一步明晰法律内涵、阐明立法目的、论述裁判理由。

六、民商事案件无规范性法律文件作为裁判直接依据的，除了可以适用习惯以外，法官还应当以社会主义核心价值观为指引，以最相类似的法律规定作为裁判依据；如无最相类似的法律规定，法官应当根据立法精神、立法目的和法律原则等作出司法裁判，并在裁判文书中充分运用社会主义核心价值观阐述裁判依据和裁判理由。

七、案件涉及多种价值取向的，法官应当依据立法精神、法律原则、法律规定以及社会主义核心价值观进行判断、权衡和选择，确定适用于个案的价值取向，并在裁判文书中详细阐明依据及其理由。

实务问答

问：双方以不法利益为标的订立的合同是否受民法保护？

答：原、被告双方均知晓原告不符合社会保险参保资格，后被告有偿接受原告请托，为原告再请托他人办理社保事宜，后该违法行为被有关职能部门查处。民法典第1条明确规定："为了保护民事主体的合法权益……"第8条规定："民事主体从事民事活动，不得违反法律，不得违背公序良俗"，就该案而言，原、被告行为违反法律规定，侵害国家和社会公共利益，违背公序良俗，原告所主张的权益不属于合法权益，法院不予保护，其诉请依法应予驳回。①

第二条　【民法调整范围】民法调整平等主体的自然人、法人和非法人组织之间的人身关系和财产关系。

要点提示

本条是关于民法调整范围的规定。民法典用"自然人"代替原单行法中的"公民"，一方面在于强调与"法人"的区别，另一方面在于淡化行政色彩，更符合民法作为私法、权利法的精神。一般而言，人身关系包括三类：（1）基于民事主体人格产生的人身关系。主要是自然人、法人、非法人组织的人格权，包括自然人的生命权、

---

① 《曹某某与孙某某不当得利纠纷案》，载中国裁判文书网，http://wenshuapp.court.gov.cn/website/wenshu/181107ANFZ0BXSK4/index.html? docId = 59a679132fb84b878b19acbf00a55489，2022年3月16日访问。

身体权、健康权、姓名权、肖像权、名誉权、荣誉权、隐私权、婚姻自主权等权利；法人、非法人组织的名称权、名誉权、荣誉权等权利。(2) 基于民事主体一定身份产生的人身关系。如基于亲属关系产生的亲权，基于监护关系产生的监护权，基于知识产权获得的权利。(3) 基于其他社会关系产生的身份权，如荣誉权。财产关系主要表现为两种：(1) 财产所有关系。(2) 财产流转关系。

实务问答

问：职工为完成单位交办的任务向单位借款，是否属平等主体之间的债权债务关系？

答：一方面，民法典第2条规定："民法调整平等主体的自然人、法人和非法人组织之间的人身关系和财产关系。"该案中，龙某某系甲县林业局的职工，其与甲县林业局存在隶属关系，其受甲县林业局领导和管理，且该案中其系为完成甲县林业局下达的工作任务而借款，属单位内部因履职行为而发生的借款，故龙某某向甲县林业局借款不属于平等主体之间的民事法律关系。另一方面，在甲县林业局下达了对泰格林纸原料供应的工作任务后，龙某某作为下属林业站站长向甲县林业局借款，经甲县林业局内部行政审批同意后，其向下属林业站站长龙某某支付了该笔借款，故从借款过程来看，龙某某与甲县林业局之间亦非平等主体之间的民事合同关系。此外，根据甲县林业局提供的记账凭证，在归还本案所涉借款的记账凭证中有归还"借支"的内容，该表述也与该笔借款需要经过单位内部行政审批程序相印证，说明该款属单位内部因履职行为而发生的借款，系甲县林业局的内部事务，而非平等主体之间的民事法律关系。综上，一审法院认为甲县林业局与龙某某之间不属于平等主体间的债权债务关系及甲县林业局的起诉不属于法院受理民事诉讼的范围并无不当，应予维持。①

第三条　【民事权益受法律保护】民事主体的人身权利、财产权利以及其他合法权益受法律保护，任何组织或者个人不得侵犯。

要点提示

本条是关于民事权益受法律保护的规定。民事权利是指权利主体以实现其正当利益为目的的行使意志的范围，包括人身权利、财产权利及其他合法权益。(1) 人身权，是民

---

① 《甲县林业局、龙某某借款合同纠纷案》，载中国裁判文书网，http：//wenshuapp.court.gov.cn/website/wenshu/181107ANFZ0BXSK4/index.html？docId＝a73458b31f014c71bc91ace6018016bb，2022年3月16日访问。

事主体依法享有的与其人身不可分离而无直接财产内容的民事权利，包括人格权和身份权。(2) 财产权，是人身权的对称，指以财产利益为内容，直接体现财产利益的民事权利。财产权是一定社会的物质资料占有、支配、流通和分配关系的法律表现，包括物权、债权、继承权，知识产权中的财产权利、居住权等。在婚姻、劳动等法律关系中，也有与财产权相联系的权利，如家庭成员间请求支付或给付扶养费、抚养费、赡养费的权利，夫妻间的财产权，以及基于劳动关系领取劳动报酬、退休金、抚恤金的权利等。(3) 其他合法权益。权益，是指受法律保护的权利和利益。民法典在人身权利、财产权利之外，兜底规定了“其他合法权益”，反映了民事权利的开放性、包容性，凡是民事领域的权利、利益皆受到民法保护。有的权益既有人身权性质，又有财产权性质，不宜简单定性为纯粹的财产权或人身权。任何合法民事权益，无论是法定权益还是意定权益，均受法律保护，任何组织和个人均不得侵害。

实务问答

问：夫妻间的“性利益”能否作为侵权责任法律的保护对象？

答：作为侵权法律保护对象的民事权益应该是合法的民事权益，当事人或者法院不应随意创设，否则容易产生违背民法典尤其是民法典侵权责任编立法宗旨与目的的情况。但不应否认的是，随着社会不断发展以及权利观念的强化，侵权法律所保护的权益范围有不断发展扩大的趋势，这也符合社会发展的一般规律。因此，需适时将一些民事主体的一般利益上升为可保护的法益，把成熟的法益上升为权利，以真正实现民法典尤其是侵权责任编保护私权的重要目标。就该案而言，行为人的行为给某人的健康权造成损害，使之丧失性功能的，应当允许其配偶基于“性利益”的损害主张精神损害赔偿。[①]

第四条　【平等原则】民事主体在民事活动中的法律地位一律平等。

要点提示

本条是关于平等原则的规定。民法中的平等，指民事主体的法律地位平等及其权益受平等保护，包括以下三个方面：(1) 人格平等。即民事主体不因性别、年龄、文

---

① 《夫妻间的“性利益”属于侵权责任法的保护对象——“性生活权利”何以可能?》，载中国裁判文书网，http://wenshuapp.court.gov.cn/website/wenshu/181107ANFZ0BXSK4/index.html?docId=1c82cd189ca3410fbdf5260b72719249，2022年4月2日访问。

化程度、职业、社会地位的差异而被区别对待。（2）权利能力平等。即民事主体地位平等，其强调法律资格的平等。无论经济水平、所有制性质，在法律地位上一律平等，权利义务对等，任何一方都不得把自己的意志强加给对方。（3）受法律平等保护。无论民事主体存在何种差异，当权利受到侵害时，法律均给予同等保护。受法律平等保护主要体现在两个方面：一是民事责任的统一。即民事权利受到侵害后，权利人享有平等的保护方法和责任救济方式。二是民事主体救济程序平等，即诉讼法律地位完全平等。

重要关联规定

《最高人民法院关于适用〈中华人民共和国民法典〉总则编若干问题的解释》

第一条第一款 民法典第二编至第七编对民事关系有规定的，人民法院直接适用该规定；民法典第二编至第七编没有规定的，适用民法典第一编的规定，但是根据其性质不能适用的除外。

第一条第三款 民法典及其他法律对民事关系没有具体规定的，可以遵循民法典关于基本原则的规定。

实务问答

问：餐厅对教师、学生就餐优惠是否违反平等原则?

答：平等原则是民事活动的基本原则，自由也是法律价值的重要体现。在市场经济环境下，消费者享有自主选择权和公平交易权，而作为市场主体的餐厅，则享有自主经营权，其有权合法地谋取经济利益，确立企业的经营特色，选择利己的营销策略和经营方式。餐厅对教师和学生的就餐优惠规定，是一种让利和促销行为，按照社会一般生活经验和善恶观念进行判断，该行为客观上没有在社会生活中对其他职业人员产生不良评价，没有违反社会道德和公序良俗。因此，餐厅对教师和学生的就餐优惠规定，是合法经营行为，不构成对其他群体的歧视。①

第五条 【自愿原则】民事主体从事民事活动，应当遵循自愿原则，按照自己的意思设立、变更、终止民事法律关系。

---

① 赖武梨：《餐厅对教师和学生的就餐优惠规定，是合法经营行为，不构成对其他群体的歧视，未违反平等原则——郭某诉餐饮娱乐有限公司案》，载《中国审判案例要览》（2011 年商事审判卷），中国人民大学出版社 2013 年版，第 378 页。

要点提示

本条是关于自愿原则的规定。自愿原则，指自然人、法人、非法人组织等民事主体在民事活动中，应基于自己内心真实意愿，独立自主选择、决定、进行民事法律行为，设立、变更或终止民事法律关系，自觉承担相应的法律后果。同时，尊重对方当事人意愿，不将自己的意志强加给对方。需注意，自愿或意思自治，并不是毫无约束的绝对的自由与放任。民事主体的意思自治，还要受到平等原则、公平原则、诚信原则、公序良俗等基本原则的约束。

重要关联规定

《最高人民法院关于适用〈中华人民共和国民法典〉总则编若干问题的解释》

第一条第一款　民法典第二编至第七编对民事关系有规定的，人民法院直接适用该规定；民法典第二编至第七编没有规定的，适用民法典第一编的规定，但是根据其性质不能适用的除外。

第一条第三款　民法典及其他法律对民事关系没有具体规定的，可以遵循民法典关于基本原则的规定。

实务问答

问：中介合同中限制委托人通过其他途径与交易对象达成协议的条款效力如何？

答：在最高人民法院指导案例第1号物业公司诉陶某华居间合同纠纷一案中，法院认定禁止“跳单”的格式条款并不存在免除一方责任、加重对方责任、排除对方主要权利的情形，应认定有效。该指导案例已对类似条款作出了评价，一定程度上也与房地产中介服务行业的特点相适应，有其合理性。但有些案件中，中介公司提供的格式条款明显存在不合理、不公平之处。大多数人在通过房产中介购买房屋时，都会“货比三家”，同时到多家中介公司看房；而大多数人在通过房产中介出卖房屋时，为了增加交易成功的机会，也会同时到多家中介公司登记房屋信息。在这种情况下，部分中介公司未在《看房协议》中填写房屋的坐落信息即要求委托人承诺其所看房屋为第一次所看，并在《看房协议》中约定委托人在看房之后绝不通过其他中介机构与房主签订协议的做法侵犯了消费者的知情权及自由选择服务的权利。这种格式条款背离公平、自愿这一订立合同的基本原则，对消费者的知情权、选择权作出不当限制，应认定无效条款。①

---

① 程浩：《房地产经纪公司诉陈某龙居间合同纠纷案》，载《人民法院案例选》（2015年第1辑），人民法院出版社2016年版，第110页。

第六条　【公平原则】民事主体从事民事活动，应当遵循公平原则，合理确定各方的权利和义务。

要点提示

本条是关于公平原则的规定。公平原则是指民事主体在从事民事活动时应秉持公平理念，公正、平允、合理地确定各方的权利与义务，并依法承担相应的民事责任。公平原则体现了民法促进并维护社会公平正义的价值理念，对指导并规范民事主体的行为有着重要作用。需注意，公平原则的基础是平等原则，没有当事人的地位平等，也就谈不上公平。但公平原则不仅从当事人利益出发，也从社会一般角度判断某项交易行为的价值要求和合理性。

重要关联规定

《最高人民法院关于适用〈中华人民共和国民法典〉总则编若干问题的解释》

第一条第一款　民法典第二编至第七编对民事关系有规定的，人民法院直接适用该规定；民法典第二编至第七编没有规定的，适用民法典第一编的规定，但是根据其性质不能适用的除外。

第一条第三款　民法典及其他法律对民事关系没有具体规定的，可以遵循民法典关于基本原则的规定。

《最高人民法院关于审理银行卡民事纠纷案件若干问题的规定》

第二条第二款　发卡行请求持卡人按照信用卡合同的约定给付透支利息、复利、违约金等，或者给付分期付款手续费、利息、违约金等，持卡人以发卡行主张的总额过高为由请求予以适当减少的，人民法院应当综合考虑国家有关金融监管规定、未还款的数额及期限、当事人过错程度、发卡行的实际损失等因素，根据公平原则和诚信原则予以衡量，并作出裁决。

实务问答

问：个人经营的网店变更为企业性质的，原经营者能否获得补偿？

答：个人经营的网店绑定企业营业执照后变更为企业性质网店的，虽仍由个人经营，但因网店披露的信息均为该企业信息，导致该网店实际已经属企业所有权的权利外观。在企业不再允许该绑定，且绑定不能被取消的情况下，企业径自取得该网店经营权的，并不构成对个人经营权的侵权。鉴于个人对网店信用升级有一定贡献，企业将店铺经营权收回的同时，根据公平理念和利益平衡原则，应当对原经营者给予适当的补偿。①

第七条　【诚信原则】民事主体从事民事活动，应当遵循诚信原则，秉持诚实，恪守承诺。

要点提示

本条是关于诚信原则的规定。诚信原则是民法的基本原则之一，被称为民法的"帝王条款"。它要求民事主体从事民事活动时，包括行使民事权利、履行民事义务、承担民事责任时，都应秉持诚实、善意，信守承诺，讲诚实、重诺言、守信用。诚信原则对建设诚信社会、规范经济秩序、引领社会风尚具有重要意义。诚信原则对法院裁判民事纠纷也具有积极作用。在当事人没有明确约定或法律没有具体规定时，司法机关可根据诚信原则填补合同漏洞、填补法律空白，平衡民事主体间、民事主体与社会间的利益，进而实现社会公平正义。

重要关联规定

《最高人民法院关于适用〈中华人民共和国民法典〉总则编若干问题的解释》

第一条第一款　民法典第二编至第七编对民事关系有规定的，人民法院直接适用该规定；民法典第二编至第七编没有规定的，适用民法典第一编的规定，但是根据其性质不能适用的除外。

第一条第三款　民法典及其他法律对民事关系没有具体规定的，可以遵循民法典关于基本原则的规定。

实务问答

问：保险人可以投保人违反最大诚信原则为由宣告保险合同无效吗？

答：被保险人在投保时至保险合同成立前，未向保险人告知其所知或者在通常业务过程中应知的、足以影响保险人作出是否承保，以及如何确定保险费决定的一切重要情况，违反了最大诚信原则，因此保险人可以宣告保险合同无效。②

---

① 《朱某龙诉安全器材厂侵权责任纠纷案》，载《最高人民法院公报》2021 年第 2 期。

② 《外企公司诉保险公司海上货物运输保险合同纠纷案》，载《最高人民法院公报》2005 年第 11 期。

第八条　【守法与公序良俗原则】民事主体从事民事活动，不得违反法律，不得违背公序良俗。

要点提示

本条是关于守法与公序良俗原则的规定。包括遵守法律规定、遵守公序良俗两项要求。不得违反法律是首要要求，辅之以公序良俗，以实现民事主体个体利益与社会公共利益的平衡。公序良俗是指公共秩序和善良风俗。原《民法通则》规定，民事活动应当尊重社会公德，不得损害社会公共利益。实质上就是指公序良俗，只是未明确使用公序良俗这一概念。原《民法总则》和民法典在立法时对此进行了突破，明确使用公序良俗这一概念。公共秩序，是指政治、经济、文化等领域的基本秩序和根本理念，是与国家和社会整体利益相关的基础性原则、价值和秩序。善良风俗，是指基于社会主流道德观念的习俗，也可称为社会公共道德，是社会成员所普遍认可、遵循的道德准则，也是社会主义核心价值观的重要内容。最高人民法院公布并于 2021 年 3 月 1 日开始实施的《关于深入推进社会主义核心价值观融入裁判文书释法说理的指导意见》，要求强化运用社会主义核心价值观在裁判文书中的释法说理，并就应当运用的情形及案件类型作了规定，其中第 4 条（应当运用社会主义核心价值观释法说理的案件类型）第 4 项将“公序良俗”明确纳入其中，即涉及公序良俗、风俗习惯、权利平等等，诉讼各方存在较大争议且可能引发社会广泛关注的案件。

重要关联规定

《最高人民法院关于适用〈中华人民共和国民法典〉总则编若干问题的解释》

第一条第一款　民法典第二编至第七编对民事关系有规定的，人民法院直接适用该规定；民法典第二编至第七编没有规定的，适用民法典第一编的规定，但是根据其性质不能适用的除外。

第一条第三款　民法典及其他法律对民事关系没有具体规定的，可以遵循民法典关于基本原则的规定。

第二条第三款　适用习惯，不得违背社会主义核心价值观，不得违背公序良俗。

《最高人民法院关于深入推进社会主义核心价值观融入裁判文书释法说理的指导意见》

四、下列案件的裁判文书，应当强化运用社会主义核心价值观释法说理：

（一）涉及国家利益、重大公共利益，社会广泛关注的案件；

（二）涉及疫情防控、抢险救灾、英烈保护、见义勇为、正当防卫、紧急避险、助人为乐等，可能引发社会道德评价的案件；

（三）涉及老年人、妇女、儿童、残疾人等弱势群体以及特殊群体保护，诉讼各方存在较大争议且可能引发社会广泛关注的案件；

（四）涉及公序良俗、风俗习惯、权利平等、民族宗教等，诉讼各方存在较大争议且可能引发社会广泛关注的案件；

（五）涉及新情况、新问题，需要对法律规定、司法政策等进行深入阐释，引领社会风尚、树立价值导向的案件；

（六）其他应当强化运用社会主义核心价值观释法说理的案件。

实务问答

问：房屋属“凶宅”的，能否按照民法上的“善良风俗”对不知情的购买者进行保护？

答：在二手房买卖合同纠纷中，购买方以出售方所售房屋是“凶宅”为由，要求解除或撤销买卖合同，或者要求出售方予以赔偿时，由于“凶宅”的观点属于民间普遍存在的民风民俗，不违背法律强制性规范，可以认定为民法上的“善良风俗”，受法律保护。但是，对于“凶宅”的界定范围不宜过大，以免加大出售方的信息披露义务，损害正常的房屋交易市场秩序。换言之，当司法者行使自由裁量权来衡量某行为或事件可能有悖于公序良俗时，不应以个人的道德观和个人的喜好取代公序良俗，而应根据具体的时间、地点、事实和公众舆论来判断善良风俗的内容，体现出对社会大众的感受和要求的尊重。①

第九条　【绿色原则】民事主体从事民事活动，应当有利于节约资源、保护生态环境。

要点提示

本条是关于绿色原则的规定。绿色原则是贯彻宪法关于环境保护的要求，同时也是落实党中央关于建设生态文明、实现可持续发展理念的要求。绿色原则的确立具有

① 蒋梦娴：《康某某、宋某诉刘某某、陈某某房屋买卖合同纠纷案》，载《人民法院案例选》（2018年第9辑），人民法院出版社2016年版，第110页。

鲜明的时代特征，将全面开启环境资源保护的民法通道，有利于构建生态文明时代人与自然和谐相处的新型关系。绿色原则作为民法典基本原则之一，其重要作用表现在：（1）指导民事立法，制定相关民事法律规范的导向。（2）规范民事行为，确立民事主体在从事民事活动时的基本遵循。（3）提供司法裁判标准，裁判相关案件时，应将节约资源、保护生态环境作为一项重要考量因素。

重要关联规定

《最高人民法院关于适用〈中华人民共和国民法典〉总则编若干问题的解释》

第一条第一款 民法典第二编至第七编对民事关系有规定的，人民法院直接适用该规定；民法典第二编至第七编没有规定的，适用民法典第一编的规定，但是根据其性质不能适用的除外。

第一条第三款 民法典及其他法律对民事关系没有具体规定的，可以遵循民法典关于基本原则的规定。

实务问答

问：业主是否有权在其产权车位上安装车辆充电桩？

答：业主在其购买的车位上能否安装充电桩，属于科技进步带来的新领域和法律空白点。在无具体法律可适用的情形下，该法律空白可通过法律原则进行填补。按照民法典第 9 条之规定，民事主体从事民事活动，应当有利于节约资源、保护生态环境。某小区业主购买的新能源小汽车，无废气排放，不单纯依赖化石能源，较燃油车辆更为清洁环保，也有助于节约资源。而缺少充电桩这一设施，会给使用该汽车带来不便，从而降低使用该汽车的频率和里程，亦难以利用电能。因此所减少使用的清洁能源，将会转移至燃油汽车上实现，由此带来的尾气排放，会增加生态环境的负担。因此，给使用清洁能源的车辆提供便利，有助于节约资源、保护生态环境。从上述民法原则的角度出发，应当将充电桩视为充电汽车实现使用目的所不可或缺的设施。同时，该案所涉充电桩并非可移动设备，需要固定安装使用。故应认定该业主有权在车位上安装与其汽车相配套的充电桩。①

---

① 《刘某诉上海市静安区某小区业主委员会等业主撤销权纠纷案》［上海市高级人民法院 2019 年第三批（总第九批）参考性案例第 76 号］，载中国上海司法智库，https：//mp. weixin. qq. com/s/gBPdeJFH2wo5GlecslrN3A，最后访问时间：2022 年 4 月 8 日。

第十条 【处理民事纠纷依据】处理民事纠纷，应当依照法律；法律没有规定的，可以适用习惯，但是不得违背公序良俗。

要点提示

本条是关于处理民事纠纷依据的规定，即法律适用（民法法源）。法源，是法律适用过程中裁判依据的来源，是裁判所要依循的权威理由。本条中的“法律”应作广义理解，即依照《立法法》享有立法权的国家机关制定的法律规范的总称，包括全国人大及其常委会制定的法律和国务院制定的行政法规，还包括地方性法规、自治条例与单行条例。习惯，是指在某区域范围内，基于长期的生产生活实践而为社会公众所知悉并普遍遵守的生活和交易习惯。通常作为民法法源的“习惯”，限于习惯法，即国家认可的民事习惯。它是在人们长期的生产生活实践中形成的一些行为规则，特定的群体具有将其作为行为规则、约束自身行为的内心确信，从而自觉或不自觉受其约束。适用习惯处理民事纠纷应当把握三个条件：（1）法律没有规定。（2）该习惯不违背公序良俗。（3）当事人主张存在某种习惯时，应首先负担证明义务。另，最高人民法院司法解释赋予了指导性案例以效力。但指导性案例不属于法律渊源，不应作为裁判文书判决部分的法律依据来援引，可作为裁判文书说理部分的重要理由引述。此外，最高人民法院公布并于 2021 年 3 月 1 日开始实施的《关于深入推进社会主义核心价值观融入裁判文书释法说理的指导意见》，要求强化运用社会主义核心价值观在裁判文书中的释法说理，并就应当运用的情形及案件类型作了规定，明确了民商事案件无规范性法律文件作为裁判直接依据的，除可适用习惯外，还应以社会主义核心价值观为指引，以最相类似的法律规定作为裁判依据；如无最相类似法律规定的，应根据立法精神、立法目的和法律原则等进行裁判，并在裁判文书中充分运用社会主义核心价值观阐述裁判依据和裁判理由。

重要关联规定

《最高人民法院关于适用〈中华人民共和国民法典〉总则编若干问题的解释》

第二条 在一定地域、行业范围内长期为一般人从事民事活动时普遍遵守的民间习俗、惯常做法等，可以认定为民法典第十条规定的习惯。

当事人主张适用习惯的，应当就习惯及其具体内容提供相应证据；必要时，人民法院可以依职权查明。

适用习惯，不得违背社会主义核心价值观，不得违背公序良俗。

《最高人民法院关于深入推进社会主义核心价值观融入裁判文书释法说理的指导意见》

六、民商事案件无规范性法律文件作为裁判直接依据的，除了可以适用习惯以外，法官还应当以社会主义核心价值观为指引，以最相类似的法律规定作为裁判依据；如无最相类似的法律规定，法官应当根据立法精神、立法目的和法律原则等作出司法裁判，并在裁判文书中充分运用社会主义核心价值观阐述裁判依据和裁判理由。

七、案件涉及多种价值取向的，法官应当依据立法精神、法律原则、法律规定以及社会主义核心价值观进行判断、权衡和选择，确定适用于个案的价值取向，并在裁判文书中详细阐明依据及其理由。

实务问答

问：无中介参与的二手房交易，如何基于交易习惯认定尾款是否支付？

答：处理民事纠纷，应当依照法律；法律没有规定的，可以适用习惯，但是不得违背公序良俗。结合房产日常交易习惯分析，王某军、王某某父子与康某之间系通过无中介方参与的面对面交易方式进行，此类交易的通常习惯为买方先支付部分购房款，其后双方办理存量房买卖合同网签及所有权转移登记手续，最后买方于交易过户手续办理完毕后一定期限内支付购房尾款。由此反观该案双方房产交易过户的行为以及王某军过户前对其子王某某就房款问题的答复，应视为王某军、王某某父子与康某就房屋买卖协议中约定的权利、义务已实际履行完毕。且房产过户完毕至王某军去世跨度近八个月，在此期间并未有王某军、王某某因房款给付事宜向康某进行催讨的证据，亦不存在对房屋交易行为提出的异议或诉讼。综上，可认定双方就房屋过户及房款给付义务已分别履行完毕。①

第十一条　【优先适用特别法】其他法律对民事关系有特别规定的，依照其规定。

要点提示

本条是关于优先适用特别法的规定。民法典编纂中，有观点认为《立法法》已对

① 《王某某与康某房屋买卖合同纠纷案》，载中国裁判文书网，http：//wenshuapp. court. gov. cn/website/wenshu/181107ANFZ0BXSK4/index. html？ docId = 16f34f4865b241699a44a9c600d3c5a0，2022 年 3 月 16 日访问。

一般法与特别法的关系作了规定，民法典无须重复规定。但考虑到我国制定了诸多单行民商事法律法规，民法典实施后，尽管物权法、合同法等 9 部民事法律同时废止，但没有纳入民法典的著作权法、专利法、涉外民事关系法律适用法等继续存在和适用，大量商事法律的效力也没有变化，为减少认识上的分歧，统一法律适用顺序和标准，故作了本条规定。

重要关联规定

《最高人民法院关于适用〈中华人民共和国民法典〉总则编若干问题的解释》

第一条第二款 就同一民事关系，其他民事法律的规定属于对民法典相应规定的细化的，应当适用该民事法律的规定。民法典规定适用其他法律的，适用该法律的规定。

第十二条 【地域效力范围】 中华人民共和国领域内的民事活动，适用中华人民共和国法律。法律另有规定的，依照其规定。

要点提示

本条是关于地域效力范围的规定。特别法与一般法的关系是法律适用中的重要内容，《立法法》已就此作了相应规定。通常而言，应优先适用特别法。民法典通过本条亦重申了该原则，明确“其他法律对民事关系有特别规定的，依照其规定”。本条所谓的其他法律，主要指没有纳入民法典的《著作权法》《专利法》《商标法》《反不正当竞争法》《涉外民事关系法律适用法》等法律。由于很多单行法律的效力仍旧有效，为减少认识上的分歧，统一法律适用顺序和标准，本条内容在民法典中仍有规定的必要。另需注意，特别法优先于一般法适用的原则一般以同一位阶法律为前提，换言之，本条内容实际上排除了与行政法规、地方性法规、自治条例、单行条例作为特别法的资格。

重要关联规定

《最高人民法院关于适用〈中华人民共和国涉外民事关系法律适用法〉若干问题的解释（一）》

第十二条 当事人没有选择涉外仲裁协议适用的法律，也没有约定仲裁机构或者仲裁地，或者约定不明的，人民法院可以适用中华人民共和国法律认定该仲裁协议的效力。

《最高人民法院关于审理独立保函纠纷案件若干问题的规定》

第二十二条 涉外独立保函未载明适用法律，开立人和受益人在一审法庭辩论终结前亦未就适用法律达成一致的，开立人和受益人之间因涉外独立保函而产生的纠纷适用开立人经常居所地法律；独立保函由金融机构依法登记设立的分支机构开立的，适用分支机构登记地法律。

涉外独立保函欺诈纠纷，当事人就适用法律不能达成一致的，适用被请求止付的独立保函的开立人经常居所地法律；独立保函由金融机构依法登记设立的分支机构开立的，适用分支机构登记地法律；当事人有共同经常居所地的，适用共同经常居所地法律。

涉外独立保函止付保全程序，适用中华人民共和国法律。

实务问答

问：外国人在中国工作，其退休年龄应按照哪国规定确定?

答：中华人民共和国领域内的民事活动，适用中华人民共和国法律。该案中，双方之间的劳动合同订立、履行及终止的民事活动，属于中华人民共和国领域内的民事活动，某甲主张以加拿大的法定退休年龄认定双方劳动合同终止时间，缺乏法律依据。综上，某甲主张双方劳动合同并未终止并据此要求撤回某医学研究公司作出的退休通知的上诉请求，缺乏法律依据，不应支持。①

---

① 《某甲与某医学研究公司劳动争议案》，载中国裁判文书网，http：//wenshuapp. court. gov. cn/website/wenshu/181107ANFZ0BXSK4/index. html? docId = f5c01665fdd34b65add5a96f00146da8，2022 年 3 月 16 日访问。

第二章　自 然 人

第一节　民事权利能力和民事行为能力

第十三条　【自然人民事权利能力起止】自然人从出生时起到死亡时止，具有民事权利能力，依法享有民事权利，承担民事义务。

要点提示

本条是关于自然人民事权利能力起止的规定。自然人的民事权利能力，是指自然人享有民事权利、承担民事义务的资格。自然人的民事权利能力始于出生终于死亡，自然人生存期间，即使受到刑事处罚或者丧失民事行为能力，其民事权利能力也不会丧失消灭。自然人死亡后权利能力即终止，无法再享有民事权利，承担民事义务。但需注意，死者虽不享有民事权利，但其遗物、遗体、姓名、肖像、名誉等仍属其近亲属权益的客体，仍受法律保护。若死者遗物、遗体、姓名、肖像、名誉等遭受损害，其近亲属有权主张权利。若损害公共利益，可通过公益诉讼加以保护。

重要关联规定

《最高人民法院关于确定民事侵权精神损害赔偿责任若干问题的解释》

第三条　死者的姓名、肖像、名誉、荣誉、隐私、遗体、遗骨等受到侵害，其近亲属向人民法院提起诉讼请求精神损害赔偿的，人民法院应当依法予以支持。

实务问答

问：合同签订时一方当事人已经去世，以其名义签订的合同效力如何？

答：当事人订立合同，应当具有相应民事权利能力和民事行为能力。自然人从出生时起到死亡时止，具有民事权利能力，依法享有民事权利，承担民事义务。如某案件中，诉争合同系以去世父亲的名义签订，但合同签订时合同一方已经死亡，其作为合同一方当事人，不具有民事权利能力。因此，此时的合同不符合法律规定的合同成立条件，不应成立。

第十四条　【自然人民事权利能力平等】自然人的民事权利能力一律平等。

要点提示

本条是关于自然人民事权利能力平等的规定。自然人的民事权利能力不因性别、年龄、民族、职务、文化程度等方面的差异而存在区别，享有权利和承担义务的资格都是平等的。另需注意，无国籍人在我国实施民事活动，与我国公民享有平等的民事权利能力。若其他国籍人需与我国公民享有平等民事权利能力，一般需其国籍所在国对等地给予我国公民国民待遇。

第十五条　【出生时间和死亡时间的确定】自然人的出生时间和死亡时间，以出生证明、死亡证明记载的时间为准；没有出生证明、死亡证明的，以户籍登记或者其他有效身份登记记载的时间为准。有其他证据足以推翻以上记载时间的，以该证据证明的时间为准。

要点提示

本条是关于自然人出生时间和死亡时间的确定的规定。按照本条规定，首先是自然人的出生时间、死亡时间，足以推翻其他记载时间的证明材料具有最优先性；其次是出生或死亡证明；最后是户籍登记或者其他有效身份登记材料。另需注意，宣告死亡中死亡时间的确定，区分了两种情况：一般的宣告死亡，判决作出之日；因意外事件下落不明被宣告死亡的，意外事件发生之日。

实务问答

问：职工退休时对出生时间的认定，应以身份证还是本人档案记载为准？

答：对于职工的退休问题，原劳动和社会保障部下发的《关于制止和纠正违反国家规定办理企业职工提前退休有关问题的通知》第 2 条第 2 项明确规定：“对职工出生时间的认定，实行居民身份证与职工档案相结合的办法。当本人身份证与档案记载的出生时间不一致时，以本人档案最先记载的出生时间为准。要加强对居民身份证和职工的档案的管理，严禁随意更改职工出生时间和编造档案。”根据这一规定，在对职工出生时间的认定上，如果职工本人身份证和职工本人档案中记载的出生时间一致，自然以该时间为准；但若二者不一致，则应以职工本人档案中最先记载的出生时间为准。该规定虽然是针对制止和纠正违反国家规定办理企业职工提前退休问题而作出，但对于法院审理的因退休而引发的劳动争议纠纷同样具有重要的指引和参考意义。这一点与人民法院在认定是否存在劳动关系时参照原劳动和社会保障部下发的《关于确立劳动关系有关事项的通知》的规定是一致的。该案中，原告孙某某虽主张其出生时间应为 1958 年 8 月 20 日，但其身份证和档案中最早记载的出生时间均是 1960 年 7 月 20 日，因此社保部门以此核定原告孙某某的退休时间，符合事实和上述规定。尽管孙某某档案中其他部分存在年龄有涂改的情况，但这并非最早的记载，这些涂改依法不能影响其退休时间的核定。①

第十六条 【胎儿利益特殊保护】涉及遗产继承、接受赠与等胎儿利益保护的，胎儿视为具有民事权利能力。但是，胎儿娩出时为死体的，其民事权利能力自始不存在。

要点提示

本条是关于胎儿利益特殊保护的规定。本条规定的特定情形下胎儿“视为”具有民事权利能力，是民法典第 13 条规定的例外情形。需注意，除遗产继承、接受赠与外，还有其他涉胎儿利益保护的情况，因此本条用了一个“等”字来兜底。但是否包括独立的损害赔偿请求权在内，理论界存在一定争议，但司法实践已出现了认可胎儿赔偿请求权的案例。此外，关于胎儿出生前其相关权利如何行使，《最高人民法院关于适用〈中华人民共和国民法典〉总则编若干问题的解释》第 4 条明确了由父母作为法定代理人主张相关权利。

---

① 《孙某某诉某集团、某公司福利待遇纠纷案》，载中国裁判文书网，http：//wenshuapp.court.gov.cn/website/wenshu/181107ANFZ0BXSK4/index.html？docId=42cecb96586e4152896352de1b134797，2022 年 4 月 2 日访问。

重要关联规定

《最高人民法院关于适用〈中华人民共和国民法典〉总则编若干问题的解释》

第四条 涉及遗产继承、接受赠与等胎儿利益保护，父母在胎儿娩出前作为法定代理人主张相应权利的，人民法院依法予以支持。

实务问答

问：胎儿出生前其父死亡的，胎儿出生后能否向责任人主张抚养费损失赔偿?

答：胎儿是所有自然人生命发育的必经阶段，不仅存在未来需要保护的利益，也存在某些现实利益的保护需要，如能否作为继承人继承份额、胎儿在其孕育过程中受到损害致其出生后患有疾病的，或者其父母受到人身伤害影响到对其出生后的抚养等，所以，应对胎儿的合法权益予以特别保护。《民法典》第16条规定，涉及遗产继承、接受赠与等胎儿利益保护的，胎儿视为具有民事权利能力。但是胎儿娩出时为死体的，其民事权利能力自始不存在。该案中，曹某某已经出生并为活体，其民事主体地位应得到承认，其权利应当延伸至孕育期间。其父曹某必然与曹某某形成法定的抚养关系，曹某某应当视为死者曹某生前实际抚养的人，其有权向责任人主张抚养费损失赔偿。①

第十七条 【成年人与未成年人年龄界限】十八周岁以上的自然人为成年人。不满十八周岁的自然人为未成年人。

要点提示

本条是关于成年人与未成年人年龄界限（标准）的规定。成年与否，年龄是唯一考量因素，但是否具有完全民事行为能力，除需达到法定年龄外，还需综合考量智力、精神等状况，即以“年龄主义+个案审查”方式确定自然人民事行为能力。需注意，《民法典》总则编中对民事行为能力的划分不等同于民事诉讼行为能力的划分。民事诉讼行为能力的具体内容需依据《民事诉讼法》及相关司法解释具体确定。

---

① 《某运输公司、曹某侵权责任纠纷案》，载中国裁判文书网，http://wenshuapp.court.gov.cn/website/wenshu/181107ANFZ0BXSK4/index.html? docId = 4019c60bc70548e8aeb3a9c20183fd9f，2022年3月16日访问。

实务问答

问：寄宿制学校对未成年人的保护义务是否较非寄宿制学校更重?

答：未成年人在校接受教育期间，学校对其应负有教育、管理和保护的职责。根据《民法典》第17条的规定，18周岁以上的自然人为成年人。不满18周岁的自然人为未成年人。该案中，单某某和刘某某均为未成年人，且被上诉人某学校为住宿制学校，刘某某凌晨在宿舍被单某某打伤后，学校未对事件进行妥善处理，亦未对刘某某和单某某进行批评教育，致刘某某因怕被再次殴打而选择从四楼跳下摔伤。刘某某摔伤后，学校没有及时救护，亦没有通知双方家长，且事后也是刘某某父亲报警并将孩子送往医院。可见，学校在刘某某被打伤后未能及时阻止事件的发展，在刘某某摔伤后亦未对事件进行及时处理。因该学校为住宿制学校，学生无论是在校学习时还是放学后均完全在学校内，故学校对住宿学生的教育和保护义务应重于一般学校，原审判决学校应承担20%赔偿责任不当，应予纠正，其对刘某某伤后经济损失承担40%为宜。①

> **第十八条　【完全民事行为能力人】**成年人为完全民事行为能力人，可以独立实施民事法律行为。
>
> 十六周岁以上的未成年人，以自己的劳动收入为主要生活来源的，视为完全民事行为能力人。

要点提示

本条是关于完全民事行为能力人的规定。民事行为能力，是指民事主体独立参与民事活动，以自己行为取得民事权利、承担民事义务的法律资格。其与民事权利能力不同，民事权利能力是民事主体从事民事活动的前提，民事行为能力是民事主体从事民事活动的条件。自然人不同于法人、非法人组织，其民事权利能力与民事行为能力并非同步。也就是说，自然人虽然都有民事权利能力，但由于年龄、智力、精神健康等的限制，不一定都有民事行为能力。完全民事行为能力人一般指成年人，即18周岁

---

① 《单某某、刘某某与某学校生命权、健康权、身体权纠纷案》，载中国裁判文书网，http://wenshuapp.court.gov.cn/website/wenshu/181107ANFZ0BXSK4/index.html?docId=fcbedcaf49a74aee88e4a85900c457d1，2022年3月16日访问。

以上的自然人。但16周岁以上的未成年人，以自己的劳动收入为主要生活来源的，视为完全民事行为能力人。此处“视为”，属于推定，且属于不可推翻的推定。另外，本条所谓“劳动收入”应是固定收入，如工资，而非遗产继承、接受赠与等偶然、不确定收入。所谓“主要生活来源”，一般是指未成年人依靠自己的劳动收入能够维持当地群众的一般生活水平，不需要接受其他人经济上的资助。

实务问答

问：受害人未满18周岁但满16周岁，以自己的劳动收入为主要生活来源，因过于自信在参与改造的河中游泳时身亡，如何确定责任？

答：未满18周岁但已满16周岁，能以自己的劳动收入为主要生活来源的未成年人，视为完全民事行为能力人。其应当预见在不熟悉河道状况时下河游泳是危险的，但其过于自信擅自在中午休息时间下河游泳致溺水身亡，故应负主要责任。经营漂流项目的公司改造河道致水位增高而产生危险性，却未设置警示标志，应对受害人的死亡承担相应责任。用人单位虽把工程交给第三人，但该第三人因长期受聘并带领一部分人完成用人单位的工作任务，是用人单位的一个劳动小组，受害人是其中的一员，故其与用人单位已形成事实上的劳动关系。用人单位雇用未成年人，未尽管理、监督职责，亦应承担相应责任。①

第十九条　【限制民事行为能力的未成年人】八周岁以上的未成年人为限制民事行为能力人，实施民事法律行为由其法定代理人代理或者经其法定代理人同意、追认；但是，可以独立实施纯获利益的民事法律行为或者与其年龄、智力相适应的民事法律行为。

要点提示

本条是关于限制民事行为能力的未成年人的规定。限制民事行为能力指自然人部分独立，或者说在一定范围内具有民事行为能力。其特点在于：（1）对外界具有一定的判断力，既能够明确自己日常行为的意义及对应义务；（2）判断力较弱。受年龄和

---

① 陈小熊、李文德：《杨某某等诉长泰马洋漂流公司等其子在工间休息时下漂流公司改造过的河道游泳溺亡人身损害赔偿案》，载《人民法院案例选》（2012年第6辑），人民法院出版社2013年版，第116页。

智力等因素的限制，易受外界干扰或存在较为明显的局限性。民法典总则编起草时，考虑到社会经济持续发展，8 周岁为儿童普遍入学的年龄，可以实施满足日常基本生活需要的民事法律行为，故民法典确定 8 周岁为无民事行为能力人、限制民事行为能力人的判断界限。此外，关于本条规定的限制民事行为能力的未成年人实施的民事法律行为是否与其年龄、智力相适应的判断，《最高人民法院关于适用〈中华人民共和国民法典〉总则编若干问题的解释》第 5 条进行了明确。

重要关联规定

《最高人民法院关于适用〈中华人民共和国民法典〉总则编若干问题的解释》

第五条 限制民事行为能力人实施的民事法律行为是否与其年龄、智力、精神健康状况相适应，人民法院可以从行为与本人生活相关联的程度，本人的智力、精神健康状况能否理解其行为并预见相应的后果，以及标的、数量、价款或者报酬等方面认定。

《最高人民法院关于审理票据纠纷案件若干问题的规定》

第四十五条 票据的背书人、承兑人、保证人在票据上的签章不符合票据法以及《票据管理实施办法》规定的，或者无民事行为能力人、限制民事行为能力人在票据上签章的，其签章无效，但不影响人民法院对票据上其他签章效力的认定。

实务问答

问：未成年人出具的欠条是否具有法律效力？

答： 限制民事行为能力的未成年人，可以进行与他的年龄、智力相适应的民事活动；其他民事活动由他的法定代理人代理，或者征得他的法定代理人的同意。限制民事行为能力人依法不能独立实施的民事行为无效。不满 16 周岁的未成年人的民事行为能力受到限制，其出具欠条的行为与其年龄、智力状况不相适应，不具有法律约束力。①

第二十条 【无民事行为能力的未成年人】 不满八周岁的未成年人为无民事行为能力人，由其法定代理人代理实施民事法律行为。

---

① 《郭某某诉张某某借款合同纠纷案》，载中国裁判文书网，http：//wenshuapp. court. gov. cn/website/wenshu/181107AJIZ0BXSK4/index. html? docId = 207079e3c8634850acf2a94e00dc0356，2022 年 4 月 2 日访问。

要点提示

本条是关于无民事行为能力的未成年人的规定。无民事行为能力，指没有实施有效民事法律行为的能力，或者说没有以其行为而取得权利、负担义务的能力。民法典关于民事行为能力立法采“三分法”，即完全民事行为能力（第 18 条）、限制民事行为能力（第 19 条、第 22 条）、无民事行为能力（第 20 条、第 21 条）。不满 8 周岁的自然人，依法不能独立实施民事法律行为，但其实施的侵权行为，仍需承担相应民事责任。民法典第 1188 条规定，无民事行为能力人、限制民事行为能力人造成他人损害的，由监护人承担侵权责任。监护人尽到监护职责的，可以减轻其侵权责任。有财产的无民事行为能力人、限制民事行为能力人造成他人损害的，从本人财产中支付赔偿费用；不足部分，由监护人赔偿。

实务问答

问：无民事行为能力的未成年人是否具有证人资格？

答：无民事行为能力的未成年人，对自己的行为没有辨别能力，缺乏对自己行为的控制能力，更加没有为自己的行为承担责任的能力。因此，法律规定无民事行为能力人造成他人损害时，由监护人承担民事责任。部分不满 8 周岁的未成年人在打闹时，可能造成一方受伤。由于行为人为无民事行为能力的未成年人，故应当由该未成年人的监护人承担民事侵权责任。但就事实查明而言，未满 8 周岁的未成年人是否可以作为案件证人的问题是实践中经常遇到，尤其是儿童打闹致伤案件中经常遇到的问题。证人，是指目睹案件事实发生并出庭作证的人。成为证人需要具备证人能力。根据民事诉讼法的规定，不能正确表达意思的人，不能成为证人。结合立法精神可知，作为自然人，有两类人不具有证人能力：一是精神病人，二是因为年纪太小不能在法庭上正确表达意思的人。换言之，只有不能正确表达意志的人才不能作证。因此，证人作证不需要像诉讼当事人一样具有诉讼行为能力，只要能够正确表达意思，所证事实与其年龄、智力状况相适应就可以。因此，无民事行为能力人只要能够正确地表达自己的意志，也是具有证人资格的，可以成为合法的证人。

第二十一条　【无民事行为能力的成年人】不能辨认自己行为的成年人为无民事行为能力人，由其法定代理人代理实施民事法律行为。

八周岁以上的未成年人不能辨认自己行为的，适用前款规定。

要点提示

本条是关于无民事行为能力的成年人的规定。第1款“不能辨认自己行为”和第22条“不能完全辨认自己行为”，是指辨认识别能力不足处于一种持续的状态，不能是暂行性或短暂的状态，如因酗酒、滥用麻醉用品或精神药品，对自己行为暂时没有辨认识别能力的成年人，不属其中。本条第2款是对本法第19条的例外规定。8周岁以上的未成年人原则上为限制民事行为能力人；若其不能辨认自己行为，则为无民事行为能力人。

实务问答

问：能否仅以反应存在一定迟钝为由而认定成年人属于不能辨认自己行为的无民事行为能力人?

答：《民法典》第21条第1款规定，不能辨认自己行为的成年人为无民事行为能力人，由其法定代理人代理实施民事法律行为。该案中，易某某作为成年人亲自出庭参加一审和二审的诉讼。庭审过程中，对于法庭向其提出的问题，均亲自回答，虽需较长时间思考，反应稍慢于常人，但对问题的含义能够理解、回答正常、逻辑正确，无答非所问的情形。庭审结束后，易某某亲自在庭审笔录中签名。易某某的上述表现并不符合“不能辨认自己行为”的情形，其并不属于需由法定代理人代理实施民事法律行为的无民事行为能力人。①

第二十二条　【限制民事行为能力的成年人】不能完全辨认自己行为的成年人为限制民事行为能力人，实施民事法律行为由其法定代理人代理或者经其法定代理人同意、追认；但是，可以独立实施纯获利益的民事法律行为或者与其智力、精神健康状况相适应的民事法律行为。

要点提示

本条是关于限制民事行为能力的成年人的规定。限制民事行为能力人实施的纯获

---

① 《易某某、侯某某民间借贷纠纷案》，载中国裁判文书网，http：//wenshuapp. court. gov. cn/website/wenshu/181107ANFZ0BXSK4/index. html? docId = 08f128df87164e91afcfa9c6004dd099，2022年3月16日访问。

利益的法律行为，无须法定代理人同意。这里的“纯获利益”指法律上的利益。仅在经济上获利如以低价购买商品，非属本条所谓的“纯获利益的民事法律行为”。

重要关联规定

《最高人民法院关于适用〈中华人民共和国民法典〉总则编若干问题的解释》

第五条 限制民事行为能力人实施的民事法律行为是否与其年龄、智力、精神健康状况相适应，人民法院可以从行为与本人生活相关联的程度，本人的智力、精神健康状况能否理解其行为并预见相应的后果，以及标的、数量、价款或者报酬等方面认定。

第二十三条 【法定代理人】无民事行为能力人、限制民事行为能力人的监护人是其法定代理人。

要点提示

本条是关于法定代理人的规定。本条明确了无民事行为能力人、限制民事行为能力人的监护人是其法定代理人。赋予监护人法定代理人资格，可以方便监护人更好地履行监护职责，同时也可以对其代理行为按照民法典关于代理的规定进行规范，以更好地保护无民事行为能力人、限制民事行为能力人的利益。值得关注的是，为进一步强化胎儿利益保护，《最高人民法院关于适用〈中华人民共和国民法典〉总则编若干问题的解释》第4条明确了父母可在胎儿娩出前作为法定代理人主张相应权利。

重要关联规定

《最高人民法院关于适用〈中华人民共和国民法典〉总则编若干问题的解释》

第四条 涉及遗产继承、接受赠与等胎儿利益保护，父母在胎儿娩出前作为法定代理人主张相应权利的，人民法院依法予以支持。

《最高人民法院关于适用〈中华人民共和国民事诉讼法〉的解释》

第八十三条 在诉讼中，无民事行为能力人、限制民事行为能力人的监护人是他的法定代理人。事先没有确定监护人的，可以由有监护资格的人协商确定；协商不成的，由人民法院在他们之中指定诉讼中的法定代理人。当事人没有民法典第二十七条、第二十八条规定的监护人的，可以指定民法典第三十二条规定的有关组织担任诉讼中的法定代理人。

实务问答

问：生效裁判文书确认监护人后，其是否可直接作为被监护人的法定代理人参加诉讼？

答：《民法典》第 23 条规定，无民事行为能力人、限制民事行为能力人的监护人是其法定代理人。经生效裁判文书确认，刘乙为限制民事行为能力人，刘丙为刘乙的监护人，故刘丙作为刘乙的法定代理人参加诉讼并无不当。基于该案例可知，经生效裁判文书确认的监护人，有权作为被监护人的法定代理人参加诉讼。①

第二十四条　【民事行为能力的认定与恢复】不能辨认或者不能完全辨认自己行为的成年人，其利害关系人或者有关组织，可以向人民法院申请认定该成年人为无民事行为能力人或者限制民事行为能力人。

被人民法院认定为无民事行为能力人或者限制民事行为能力人的，经本人、利害关系人或者有关组织申请，人民法院可以根据其智力、精神健康恢复的状况，认定该成年人恢复为限制民事行为能力人或者完全民事行为能力人。

本条规定的有关组织包括：居民委员会、村民委员会、学校、医疗机构、妇女联合会、残疾人联合会、依法设立的老年人组织、民政部门等。

要点提示

本条是关于民事行为能力认定与恢复的规定。第 1 款规定的利害关系人主要包括近亲属、债权债务人等，第 2 款规定的利害关系人主要包括监护人、债权债务人等。但具体认定时，还需看民事行为能力状况对其是否有重要影响。例如，债权债务人若并非为了确定民事行为能力的效力，其不应属于利害关系人的范围。另需注意，该条相对《民法通则》第 19 条的规定，另增加"有关组织"可作为申请主体，但具体实

① 《刘某、刘某生房屋买卖合同纠纷案》，载中国裁判文书网，http：//wenshuapp. court. gov. cn/website/wenshu/181107ANFZ0BXSK4/index. html？ docId = 10ed3f227acf4123b02fa9690186b3f3，2022 年 3 月 16 日访问。

践中对此应严格把握，有关组织的申请应是基于保护该成年人合法权益的迫切需要而为之。

实务问答

问：精神病人如何离婚？

答：精神病人也享有婚姻自由，但精神病人的离婚存在特殊情形，一般不宜通过协议离婚方式进行，而需通过诉讼程序解决。法院审理此类案件时应注意以下几点：首先，需为其设置诉讼代理人，对已设定监护人的，应由监护人代理诉讼，未设监护人的，应按《民法典》第24条规定的顺序指定监护人代理诉讼。其次，离婚诉讼属于身份关系的诉讼，需离婚当事人表明是否愿意离婚，诉讼代理人无权对此作出决定。因此，此类案件应由人民法院裁决，以判决的形式结案。即使当事人双方达成一致调解协议，也不能以调解方式结案。最后，在审查精神病人的离婚诉讼时，应注意遵循以下原则：既保障离婚自由，保障当事人的合法权益，又有利于患者的治疗和生活上的安排。若夫妻感情原本较好，结婚多年，生有子女，应尽量争取调解和好，以不离婚为宜。若婚前隐瞒精神病，婚后久治不愈，或婚前知道对方患有精神病而与其结婚，或一方在夫妻共同生活期间患精神病久治不愈的，可视为夫妻感情确已破裂。在安排好患者的生活、医疗、监护等问题后可准予离婚。

第二十五条　【自然人住所】自然人以户籍登记或者其他有效身份登记记载的居所为住所；经常居所与住所不一致的，经常居所视为住所。

要点提示

本条是关于自然人住所的规定。住所是指民事主体进行民事活动的中心场所或者主要场所。自然人的住所一般指其长期居住、较为固定的居所。法人住所即指其主要办事机构所在地。需区分自然人“住所”与“居所”的区别。居所指自然人实际居住的一定处所，与住所的区别是，一个自然人可以同时有两处以上居所，但只能有一个住所。居所一般是临时或暂时性居住的，而住所则为长期固定的。另外，本条所谓“其他有效身份证件”主要指居住证和外国人的有效居留证件等。按照《居住证暂行条例》的规定，居住证的持有人往往都在相关城市工作、生活居住半年以上。

实务问答

问：仅凭某人往返某地的车票购买情况，能否认定该地为其经常居住地进而认定为住所？

答：根据《民法典》第25条“自然人以户籍登记或者其他有效身份登记记载的居所为住所；经常居所与住所不一致的，经常居所视为住所”的规定，自然人住所地以登记确定为原则。该案中，程某身份证登记记载为湖北省，原则上应以湖北省为住所地，除非能证明程某有其他经常居所……而经常居住地为公民离开住所地最后连续居住一年以上的地方。据此可知，经常居住地的确定需符合下述条件：一是最后连续居住；二是连续居住一年以上。该案中，某公司、岳某某提供的《房屋租赁合同》承租人系某公司，非程某本人，不能证明程某承租房屋的事实。派出所出具的证明仅对程某往返哈密市和乌鲁木齐市购票情况进行了说明，并未对程某在该地连续居住的事实进行证明。综上，某公司、岳某某虽主张程某的经常居所为哈密市，但提供的证据不足，不应采信。①

第二节　监　　护

> **第二十六条　【父母子女间法律义务】**父母对未成年子女负有抚养、教育和保护的义务。
>
> 成年子女对父母负有赡养、扶助和保护的义务。

要点提示

本条是关于父母子女间法律义务的规定。该条属于总则编监护制度的内容，对婚姻家庭编关于父母子女关系的规定亦具有指引与统领作用。家庭关系是最基本的社会关系，父母子女关系是家庭关系中最核心的内容。我国历来重视家庭、亲属关系，普遍认为家庭和睦是社会和谐的基础，监护责任应主要由家庭来承担。本条即规定了家

---

① 《某房地产公司、岳某某合资、合作开发房地产合同纠纷案》，载中国裁判文书网，http://wenshuapp.court.gov.cn/website/wenshu/181107ANFZ0BXSK4/index.html?docId=5b8c24dbb19e4a25aae4a8bd0116537a，2022年3月16日访问。

庭中父母与子女之间的监护义务，充分体现了基于家庭成员独立人格和平等地位之上的敬老爱幼的社会主义核心价值观。另外，本条规定的父母子女关系不仅包括自然血亲的父母子女关系，还包括法律拟制的父母子女关系。并且，父母对子女的抚养不受父母是否离婚的影响。

实务问答

问：子女能否因为父母有退休收入或有一定的经济来源，而不支付赡养费用？

答：子女对父母有赡养扶助的义务，子女不履行赡养义务时，无劳动能力或生活困难的父母，有要求子女给付赡养费的权利。子女不能因为父母有退休收入或者有一定的经济来源就完全将父母置之不顾，这不仅违反法律规定，也不符合中华民族“百善孝为先”的传统美德。子女对于不在一起生活的父母，应根据其实际生活需要、实际负担能力、当地一般生活水平，给付一定的赡养费用，同时应当定期探望。①

第二十七条　【未成年人的监护人】父母是未成年子女的监护人。

未成年人的父母已经死亡或者没有监护能力的，由下列有监护能力的人按顺序担任监护人：

（一）祖父母、外祖父母；

（二）兄、姐；

（三）其他愿意担任监护人的个人或者组织，但是须经未成年人住所地的居民委员会、村民委员会或者民政部门同意。

要点提示

本条是关于未成年人的监护人的规定。监护是保障无民事行为能力人和限制民事行为能力人的权益，弥补其民事行为能力不足的法律制度。监护制度是我国基本的民事法律制度之一，在民法典中占有重要地位。本条将民法通则规定的自愿担任监护人的“关系密切的其他亲属、朋友”修改为“愿意担任监护人的个人或组织”，进一步扩大了监护人范围，并且在需征得同意的主体中删除“所在单位”，增加“民政部门”。另需注意，本条规定的监护人是有顺序的，即前一项的监护人有监护能力，应优

① 《陈某某赡养费纠纷案》，载中国法院网，https：//www.chinacourt.org/article/detail/2021/02/id/5820416.shtml，2022 年 4 月 6 日访问。

先作为监护人。此外，《最高人民法院关于适用〈中华人民共和国民法典〉总则编若干问题的解释》第7条对“遗嘱生效时被指定的人不同意担任监护人”“一方通过遗嘱指定监护人，另一方在遗嘱生效时有监护能力”情形时如何处理作了明确规定。

重要关联规定

《最高人民法院关于适用〈中华人民共和国民法典〉总则编若干问题的解释》

第七条 担任监护人的被监护人父母通过遗嘱指定监护人，遗嘱生效时被指定的人不同意担任监护人的，人民法院应当适用民法典第二十七条、第二十八条的规定确定监护人。

未成年人由父母担任监护人，父母中的一方通过遗嘱指定监护人，另一方在遗嘱生效时有监护能力，有关当事人对监护人的确定有争议的，人民法院应当适用民法典第二十七条第一款的规定确定监护人。

第二十八条 【成年人监护】无民事行为能力或者限制民事行为能力的成年人，由下列有监护能力的人按顺序担任监护人：

（一）配偶；

（二）父母、子女；

（三）其他近亲属；

（四）其他愿意担任监护人的个人或者组织，但是须经被监护人住所地的居民委员会、村民委员会或者民政部门同意。

要点提示

本条是关于成年人监护的规定。本条将父母、子女放在同一顺位，并且删除“成年子女”中“成年”的限定，意味着符合条件如16周岁以上以自己劳动收入为主要生活来源的未成年子女，也具有作为其父母监护人的资格。《老年人权益保障法》修正时实现了我国成年监护制度改革的突破，但其确定的成年监护制度只适用于老年人，对于18周岁以上不满60周岁的成年人则无从适用。本条即根据实际情况，总结《老年人权益保障法》等经验，采抽象标准确定成年被监护人范围，将《民法通则》确立的仅针对“精神病人”的成年监护制度升级为全面的成年监护制度。另需注意，本条明确监护人是按照顺序确定的，即前一项规定的监护人有监护能力的，应优先作为监护人。此外，如前条解读所言，《最高人民法院关于适用〈中华人民共和国民法典〉总则编若干问题的解释》第7条对“遗嘱生效时被指定的人不同意担任监护人”“一方通过遗嘱指定监护人，另一方在遗嘱生效时有监护能力”情形时如何处理作了明确规定，该内容对未成年人、成年人作为监护人均可适用。

重要关联规定

《最高人民法院关于适用〈中华人民共和国民法典〉总则编若干问题的解释》

第七条 担任监护人的被监护人父母通过遗嘱指定监护人，遗嘱生效时被指定的人不同意担任监护人的，人民法院应当适用民法典第二十七条、第二十八条的规定确定监护人。

未成年人由父母担任监护人，父母中的一方通过遗嘱指定监护人，另一方在遗嘱生效时有监护能力，有关当事人对监护人的确定有争议的，人民法院应当适用民法典第二十七条第一款的规定确定监护人。

第二十九条 【遗嘱指定监护】 被监护人的父母担任监护人的，可以通过遗嘱指定监护人。

要点提示

本条是关于遗嘱指定监护的规定。遗嘱指定监护，是指被监护人的父母通过订立遗嘱为处于自己监护之下的子女指定监护人的法律行为。作为以指定监护人为主要内容的遗嘱，同样应符合一般遗嘱的形式要件和实质要件。遗嘱指定监护中，被监护人既可以是未成年人，也可以是无民事行为能力或限制民事行为能力的成年人。但前提均是被监护人的父母在立遗嘱指定监护人时正担任监护人。此外，如前面解读所言，《最高人民法院关于适用〈中华人民共和国民法典〉总则编若干问题的解释》第7条对“遗嘱生效时被指定的人不同意担任监护人”“一方通过遗嘱指定监护人，另一方在遗嘱生效时有监护能力”的情形下如何处理作了明确规定，是对民法典关于遗嘱监护制度的细化与完善。

重要关联规定

《最高人民法院关于适用〈中华人民共和国民法典〉总则编若干问题的解释》

第七条 担任监护人的被监护人父母通过遗嘱指定监护人，遗嘱生效时被指定的人不同意担任监护人的，人民法院应当适用民法典第二十七条、第二十八条的规定确定监护人。

未成年人由父母担任监护人，父母中的一方通过遗嘱指定监护人，另一方在遗嘱生效时有监护能力，有关当事人对监护人的确定有争议的，人民法院应当适用民法典第二十七条第一款的规定确定监护人。

实务问答

问：遗嘱确定的监护人是否优先于法定监护人？

答：依照《民法典》第29条“被监护人的父母担任监护人的，可以通过遗嘱指定监护人”的规定，遗嘱指定监护人应当满足两个条件：一是立遗嘱人是被监护人的父母；二是立遗嘱人担任被监护人的监护人。该案中，黄某某在去世前担任江某的监护人，其指定黄某敏作为江某的监护人符合遗嘱指定监护的相关条件，案涉遗嘱指定监护合法有效，应予确认。申请人陈某某、危某某虽是江某的祖父母，但请求确定其为江某的监护人，相较黄某某通过遗嘱指定的监护而言不具有优先性，不应支持。换言之，遗嘱监护一般优先于法定监护。[①]

第三十条　【协议确定监护】依法具有监护资格的人之间可以协议确定监护人。协议确定监护人应当尊重被监护人的真实意愿。

要点提示

本条是关于协议确定监护的规定。协议确定监护中的协议主体，区分被监护人而定。对未成年人而言，协议主体只能是父母之外的祖父母、外祖父母、兄姐、经未成年人住所地的居委会（村委会）或民政部门同意的其他愿意担任监护人的个人或组织。也就是说，未成年人的父母有监护能力的，不得通过协议确定其他人担任监护人，以推卸自身责任。对无民事行为能力或限制民事行为能力的成年人而言，协议主体包括配偶、父母、子女、其他近亲属、经该成年人住所地的居委会（村委会）或民政部门同意的其他愿意担任监护人的个人或组织。此外，需注意，协议确定的监护人必须

① 《黄某某、陈某某、危某某申请确定监护人管辖案》，载中国裁判文书网，http：//wenshuapp. court. gov. cn/website/wenshu/181107ANFZ0BXSK4/index. html？docId＝91a96d9e5f6340159ce5a90d00aa7c46，2022年3月16日访问。

从具有监护资格的人中产生。另外，针对未成年人的父母与其他具有监护资格的人订立的相关协议效力如何、协议能否约定由不同顺位的主体共同担任监护人或后顺位的主体担任监护人等问题，《最高人民法院关于适用〈中华人民共和国民法典〉总则编若干问题的解释》第 8 条作了明确规定。

重要关联规定

《最高人民法院关于适用〈中华人民共和国民法典〉总则编若干问题的解释》

第八条 未成年人的父母与其他依法具有监护资格的人订立协议，约定免除具有监护能力的父母的监护职责的，人民法院不予支持。协议约定在未成年人的父母丧失监护能力时由该具有监护资格的人担任监护人的，人民法院依法予以支持。

依法具有监护资格的人之间依据民法典第三十条的规定，约定由民法典第二十七条第二款、第二十八条规定的不同顺序的人共同担任监护人，或者由顺序在后的人担任监护人的，人民法院依法予以支持。

第十二条第二款 被依法指定的监护人与其他具有监护资格的人之间协议变更监护人的，人民法院应当尊重被监护人的真实意愿，按照最有利于被监护人的原则作出裁判。

实务问答

问：监护责任能否委托转移？

答：监护责任不能委托转移，在必要的情况下，虽然允许监护职责委托转移，但监护职责委托转移在法律效果上不能免除监护人的监护责任，在受托人有过错的情况下，受托人还应在过错范围内与监护人承担连带责任。监护权在具体行使时，由于各种情况的存在，可以委托他人行使，但监护权的委托行使并不意味着监护责任的转移。

第三十一条 【监护争议解决程序】 对监护人的确定有争议的，由被监护人住所地的居民委员会、村民委员会或者民政部门指定监护人，有关当事人对指定不服的，可以向人民法院申请指定监护人；有关当事人也可以直接向人民法院申请指定监护人。

居民委员会、村民委员会、民政部门或者人民法院应当尊重被监护人的真实意愿，按照最有利于被监护人的原则在依法具有监护资格的人中指定监护人。

依据本条第一款规定指定监护人前，被监护人的人身权利、财产权利以及其他合法权益处于无人保护状态的，由被监护人住所地的居民委员会、村民委员会、法律规定的有关组织或者民政部门担任临时监护人。

监护人被指定后，不得擅自变更；擅自变更的，不免除被指定的监护人的责任。

要点提示

本条是关于监护争议解决程序的规定。根据本条的规定，指定监护人有两条途径：（1）由村委会、居委会或者民政部门指定。（2）直接申请法院指定。且前者不是后者的前置程序。法院指定监护人后，被指定的监护人不得拒绝。但由村委会、居委会、民政部门指定的监护人不服的，可向法院申请。另需注意，本条关于监护争议解决程序的规定中确立了“临时监护人”制度。对临时监护人适用的期间应从宽理解，不能仅限于监护争议解决期间。包括以下两个期间：一是监护争议解决程序启动后，即居委会、村委会、民政部门开始处理监护争议或法院受理监护申请后，至指定监护人前的期间；二是监护争议解决程序启动前，只要发现无人监护无人保护的，有关组织或民政部门即应担任临时监护人，随后再启动程序指定监护人。此外，《最高人民法院关于适用〈中华人民共和国民法典〉总则编若干问题的解释》第9条就人民法院指定监护人时需具体参考的因素作了规定，并明确了法院指定的监护人一般为一人，但更有利于被监护人时也可以是数人。该解释第10条同时就有关当事人不服指定监护时的救济方式作了细化规定。

重要关联规定

《最高人民法院关于适用〈中华人民共和国民法典〉总则编若干问题的解释》

第九条　人民法院依据民法典第三十一条第二款、第三十六条第一款的规定指定监护人时，应当尊重被监护人的真实意愿，按照最有利于被监护人的原则指定，具体参考以下因素：

（一）与被监护人生活、情感联系的密切程度；

（二）依法具有监护资格的人的监护顺序；

（三）是否有不利于履行监护职责的违法犯罪等情形；

（四）依法具有监护资格的人的监护能力、意愿、品行等。

人民法院依法指定的监护人一般应当是一人，由数人共同担任监护人更有利于保护被监护人利益的，也可以是数人。

第十条 有关当事人不服居民委员会、村民委员会或者民政部门的指定，在接到指定通知之日起三十日内向人民法院申请指定监护人的，人民法院经审理认为指定并无不当，依法裁定驳回申请；认为指定不当，依法判决撤销指定并另行指定监护人。

有关当事人在接到指定通知之日起三十日后提出申请的，人民法院应当按照变更监护关系处理。

《最高人民法院关于适用〈中华人民共和国民事诉讼法〉的解释》

第三百四十九条 被指定的监护人不服居民委员会、村民委员会或者民政部门指定，应当自接到通知之日起三十日内向人民法院提出异议。经审理，认为指定并无不当的，裁定驳回异议；指定不当的，判决撤销指定，同时另行指定监护人。判决书应当送达异议人、原指定单位及判决指定的监护人。

有关当事人依照民法典第三十一条第一款规定直接向人民法院申请指定监护人的，适用特别程序审理，判决指定监护人。判决书应当送达申请人、判决指定的监护人。

实务问答

问：具有监护资格的人之间就监护人确定处在争议状态，其中一方能否以监护人身份代理被监护人进行诉讼活动？

答：《民法典》第31条第1款规定，对监护人的确定有争议的，由被监护人住所地的居民委员会、村民委员会或者民政部门指定监护人，有关当事人对指定不服的，可以向人民法院申请指定监护人；有关当事人也可以直接向人民法院申请指定监护人。姚某芳的丈夫费某与姚某琴因姚某芳监护人的确定存在争议。就该争议，某居委会于2017年4月21日指定姚某琴暂时履行监护人责任，但费某对该指定并不认可。故此时无论该居委会是否有权对姚某芳的监护人进行指定，双方对姚某芳监护人的确定问题依然处于争议状态。在姚某芳监护人并未确定的情况下，费某以监护人身份代理姚某芳进行诉讼活动主体不适格。[①]

① 《费某与姚某琴返还财产纠纷案》，载中国裁判文书网，http：//wenshuapp. court. gov. cn/website/wenshu/181107ANFZ0BXSK4/index. html？docId=2d99783bd1804ef8a88aa90700d42939，2022年3月16日访问。

第三十二条　【公职监护】没有依法具有监护资格的人的，监护人由民政部门担任，也可以由具备履行监护职责条件的被监护人住所地的居民委员会、村民委员会担任。

要点提示

本条是关于公职监护的规定。本条规定的公职监护，实际上是一种兜底性监护。可作为公职监护人的主体包括民政部门、村民委员会、居民委员会。但实际上，我国民政事业近年来有了很大进步，民政部门有能力承担起兜底性的监护职责。本条规定亦明确了民政部门的兜底性监护职责，有利于强化民政部门相关职责履行。此外，居民委员会、村民委员会对居住地区的未成年人和无民事行为能力与限制民事行为能力的成年人的健康智力状况、家庭情况等比较了解，亦在该条作了保留。

重要关联规定

《最高人民法院关于适用〈中华人民共和国民事诉讼法〉的解释》

第八十三条　在诉讼中，无民事行为能力人、限制民事行为能力人的监护人是他的法定代理人。事先没有确定监护人的，可以由有监护资格的人协商确定；协商不成的，由人民法院在他们之中指定诉讼中的法定代理人。当事人没有民法典第二十七条、第二十八条规定的监护人的，可以指定民法典第三十二条规定的有关组织担任诉讼中的法定代理人。

《最高人民法院、最高人民检察院、公安部、民政部关于依法处理监护人侵害未成年人权益行为若干问题的意见》

第四十四条　民政部门担任监护人的，承担抚养职责的儿童福利机构可以送养未成年人。

送养未成年人应当在人民法院作出撤销监护人资格判决一年后进行。侵害人有本意见第 40 条第 2 款规定情形的，不受一年后送养的限制。

实务问答

问：特定情形下的社会福利机构能否作为监护人？

答：老年人是社会的弱势群体，保障其合法权益是全社会的共同责任。在法定顺位监护人多年缺失，无人履行监护职责的情况下，从充分保护和落实无民事行为能力人合法权益的角度出发，经法律程序指定、已形成长期基本生活依赖且担负实际监护责任的社会福利机构作为监护人，是依法保障老年人权益的有益尝试和探索，取得了良好的法律效果和社会效果。该案审理贯彻了家事案件多元化处理原则，法院与政府相关部门之间通力协作，体现了相关职能部门通过司法途径维护和保障老年人合法权益的努力。①

第三十三条　【意定监护】具有完全民事行为能力的成年人，可以与其近亲属、其他愿意担任监护人的个人或者组织事先协商，以书面形式确定自己的监护人，在自己丧失或者部分丧失民事行为能力时，由该监护人履行监护职责。

要点提示

本条是关于意定监护的规定。意定监护的核心就是当事人通过书面形式确定自己的监护人，该行为是单方行为还是双方行为存在争议。由于监护涉及重大利益关系和法律责任，将影响监护人个人生活，就设立意定监护行为性质而言，亦理解为双方法律行为。需注意，意定监护优先于法定监护适用。可以设立意定监护的主体为具有完全民事行为能力的成年人，且要求采用书面形式。此外，关于意定监护中解除权与监护人资格的撤销，《最高人民法院关于适用〈中华人民共和国民法典〉总则编若干问题的解释》第 11 条作了规定。

重要关联规定

《最高人民法院关于适用〈中华人民共和国民法典〉总则编若干问题的解释》

第十一条　具有完全民事行为能力的成年人与他人依据民法典第三十三条的规定订立书面协议事先确定自己的监护人后，协议的任何一方在该成年人丧失或者部分丧失民事行为能力前请求解除协议的，人民法院依法予以支持。该成年人丧失或者部分丧失民事行为能力后，协议确定的监护人无正当理由请求解除协议的，人民法院不予支持。

该成年人丧失或者部分丧失民事行为能力后，协议确定的监护人有民法典第三十六条第一款规定的情形之一，该条第二款规定的有关个人、组织申请撤销其监护人资格的，人民法院依法予以支持。

---

① 《柳州市社会福利院申请作为无民事行为能力人指定监护人案》，载中国法院网，https：//www.chinacourt.org/article/detail/2021/02/id/5818134.shtml，2022 年 4 月 2 日访问。

实务问答

问：通过遗嘱为自己确定监护人，能否作为意定监护对待？

答：《民法典》第 33 条规定："具有完全民事行为能力的成年人，可以与其近亲属、其他愿意担任监护人的个人或者组织事先协商，以书面形式确定自己的监护人，在自己丧失或者部分丧失民事行为能力时，由该监护人履行监护职责"。该案中，陈某江在 2016 年 12 月 28 日书写遗嘱一份，遗嘱载明其自愿住在弟弟陈某隆家中，并载明陈某隆之女陈某为其监护人。就遗嘱而言，一般情形下，其虽属单方民事法律行为，但通过遗嘱为自己确定监护人的，基于尊重被监护人真实意愿的原则，以及被确定的监护人对此不反对并明确愿意担任监护人的，应理解为双方就监护事宜达成一致，故应按照意定监护情形对待。因此，申请人陈某申请宣告被申请人陈某江为无民事行为能力人并指定其为陈某江的监护人的请求，符合法律规定，应予支持。①

第三十四条 【监护人职责与临时生活照料】监护人的职责是代理被监护人实施民事法律行为，保护被监护人的人身权利、财产权利以及其他合法权益等。

监护人依法履行监护职责产生的权利，受法律保护。

监护人不履行监护职责或者侵害被监护人合法权益的，应当承担法律责任。

因发生突发事件等紧急情况，监护人暂时无法履行监护职责，被监护人的生活处于无人照料状态的，被监护人住所地的居民委员会、村民委员会或者民政部门应当为被监护人安排必要的临时生活照料措施。

要点提示

本条是关于监护人职责与临时生活照料的规定，第 1 款明确规定了监护人的职责包括人身监护、财产监护和法定代理权，第 2 款规定了监护人因依法履行监护职责发生的权利受法律保护，第 3 款则将《民法通则》中的"给被监护人造成财产损失的应当赔偿

① 《陈某申请认定陈某江无民事行为能力案》，载中国裁判文书网，http：//wenshuapp. court. gov. cn/website/wenshu/181107ANFZ0BXSK4/index. html？ docId = 9067cc93569041a484afa961010b76af，2022 年 3 月 16 日访问。

损失”修改为“监护人不履行监护职责或者侵害被监护人合法权益的，应当承担法律责任”。需注意，本条第4款系民法典相较《民法总则》增加的唯一一处内容。该款明确了居民委员会、村民委员会、民政部门的临时生活照料义务。需注意，临时生活照料与临时监护不同。临时监护的设立前提是没有监护人，而临时生活照料是因为监护人暂时无法履行监护职责；临时生活照料较临时监护所享有的权利、承担的义务均较少。值得注意的是，《最高人民法院关于适用〈中华人民共和国民法典〉总则编若干问题的解释》第12条就监护职责的委托行使作了规定，但该条规定的监护职责委托行使并不同于民法典第34条第4款规定的居民委员会、村民委员会或者民政部门的临时照料义务。

重要关联规定

《最高人民法院关于适用〈中华人民共和国民法典〉总则编若干问题的解释》

第十三条 监护人因患病、外出务工等原因在一定期限内不能完全履行监护职责，将全部或者部分监护职责委托给他人，当事人主张受托人因此成为监护人的，人民法院不予支持。

《最高人民法院关于确定民事侵权精神损害赔偿责任若干问题的解释》

第二条 非法使被监护人脱离监护，导致亲子关系或者近亲属间的亲属关系遭受严重损害，监护人向人民法院起诉请求赔偿精神损害的，人民法院应当依法予以受理。

实务问答

问：无民事行为能力人的监护人代其订立的遗赠扶养协议的效力如何？

答：遗赠扶养协议的本质是合同，应当有条件地认可无民事行为能力人的监护人代其订立的遗赠扶养协议的效力，若代为订立遗赠扶养协议的被监护人符合有一定财产，但缺乏劳动能力和生活来源又无法定扶养义务人的范围，且监护人代为订立遗赠扶养协议的过程中通知了其他法定继承人并征求其同意以及以书面形式订立的条件，遗赠扶养协议应认定为有效。[①]

第三十五条 【履行监护职责的要求】监护人应当按照最有利于被监护人的原则履行监护职责。监护人除为维护被监护人利益外，不得处分被监护人的财产。

---

① 姚卫民、尹灿：《张某根与张某娣等遗赠扶养协议纠纷上诉案》，载《人民司法·案例》2011年第14期。

未成年人的监护人履行监护职责，在作出与被监护人利益有关的决定时，应当根据被监护人的年龄和智力状况，尊重被监护人的真实意愿。

成年人的监护人履行监护职责，应当最大程度地尊重被监护人的真实意愿，保障并协助被监护人实施与其智力、精神健康状况相适应的民事法律行为。对被监护人有能力独立处理的事务，监护人不得干涉。

要点提示

本条是关于履行监护职责的要求的规定。本条就履行监护职责的要求确立了“最有利于被监护人”“尊重被监护人真实意愿”的原则，并按照被监护人是否成年，分别阐述了“尊重被监护人真实意愿”的具体要求。另需注意，本条最后一句“事务”的理解，不仅局限于民事法律行为，还包括事实行为。故被监护人对民事法律行为之外住所的选择、社会交往、日常活动等是享有自我决定权的。

实务问答

问：使用未成年子女名下财产为其经营活动抵押担保，效力如何？

答：行为人作为未成年人子女法定监护人理应审慎、为未成年子女利益最大化而处分其名下财产，行为人使用未成年子女名下财产为经营活动进行抵押担保，不能认为系为未成年子女利益，处分无效。因此，债权人不得对相应未成年子女名下财产行使抵押权。①

第三十六条　【监护资格撤销】监护人有下列情形之一的，人民法院根据有关个人或者组织的申请，撤销其监护人资格，安排必要的临时监护措施，并按照最有利于被监护人的原则依法指定监护人：

（一）实施严重损害被监护人身心健康的行为；

① 杨帆、杨翼珲：《用未成年子女房产办理经营性贷款的抵押效力认定》，载《人民法院报》2017年8月2日第7版。

（二）怠于履行监护职责，或者无法履行监护职责且拒绝将监护职责部分或者全部委托给他人，导致被监护人处于危困状态；

（三）实施严重侵害被监护人合法权益的其他行为。

本条规定的有关个人、组织包括：其他依法具有监护资格的人，居民委员会、村民委员会、学校、医疗机构、妇女联合会、残疾人联合会、未成年人保护组织、依法设立的老年人组织、民政部门等。

前款规定的个人和民政部门以外的组织未及时向人民法院申请撤销监护人资格的，民政部门应当向人民法院申请。

要点提示

本条是关于监护资格撤销的规定。本条对监护资格的撤销进行了较为系统的规定。申请的主体限于其他具有监护资格的人及其他特定组织，并明确民政部门的兜底义务；可申请的情形限于本条规定的三类严重情形；同时明确申请过程中为保护被监护人合法权益应安排必要的临时监护措施。

重要关联规定

《最高人民法院关于适用〈中华人民共和国民法典〉总则编若干问题的解释》

第九条 人民法院依据民法典第三十一条第二款、第三十六条第一款的规定指定监护人时，应当尊重被监护人的真实意愿，按照最有利于被监护人的原则指定，具体参考以下因素：

（一）与被监护人生活、情感联系的密切程度；

（二）依法具有监护资格的人的监护顺序；

（三）是否有不利于履行监护职责的违法犯罪等情形；

（四）依法具有监护资格的人的监护能力、意愿、品行等。

人民法院依法指定的监护人一般应当是一人，由数人共同担任监护人更有利于保护被监护人利益的，也可以是数人。

第十一条 具有完全民事行为能力的成年人与他人依据民法典第三十三条的规定订立书面协议事先确定自己的监护人后，协议的任何一方在该成年人丧失或者部分丧失民事行为能力前请求解除协议的，人民法院依法予以支持。该成年人丧失或者部分丧失民事行为能力后，协议确定的监护人无正当理由请求解除协议的，人民法院不予支持。

该成年人丧失或者部分丧失民事行为能力后，协议确定的监护人有民法典第三十六条第一款规定的情形之一，该条第二款规定的有关个人、组织申请撤销其监护人资格的，人民法院依法予以支持。

《最高人民法院关于适用〈中华人民共和国民法典〉婚姻家庭编的解释（一）》

第六十二条 无民事行为能力人的配偶有民法典第三十六条第一款规定行为，其他有监护资格的人可以要求撤销其监护资格，并依法指定新的监护人；变更后的监护人代理无民事行为能力一方提起离婚诉讼的，人民法院应予受理。

《最高人民法院、最高人民检察院、公安部、民政部关于依法处理监护人侵害未成年人权益行为若干问题的意见》

第二十七条 下列单位和人员（以下简称有关单位和人员）有权向人民法院申请撤销监护人资格：

（一）未成年人的其他监护人，祖父母、外祖父母、兄、姐，关系密切的其他亲属、朋友；

（二）未成年人住所地的村（居）民委员会，未成年人父、母所在单位；

（三）民政部门及其设立的未成年人救助保护机构；

（四）共青团、妇联、关工委、学校等团体和单位。

申请撤销监护人资格，一般由前款中负责临时照料未成年人的单位和人员提出，也可以由前款中其他单位和人员提出。

第三十条 监护人因监护侵害行为被提起公诉的案件，人民检察院应当书面告知未成年人及其临时照料人有权依法申请撤销监护人资格。

对于监护侵害行为符合本意见第35条规定情形而相关单位和人员没有提起诉讼的，人民检察院应当书面建议当地民政部门或者未成年人救助保护机构向人民法院申请撤销监护人资格。

第三十一条 申请撤销监护人资格案件，由未成人住所地、监护人住所地或者侵害行为地基层人民法院管辖。

人民法院受理撤销监护人资格案件，不收取诉讼费用。

第三十二条 人民法院审理撤销监护人资格案件，比照民事诉讼法规定的特别程序进行，在一个月内审理结案。有特殊情况需要延长的，由本院院长批准。

第三十五条 被申请人有下列情形之一的，人民法院可以判决撤销其监护人资格：

（一）性侵害、出卖、遗弃、虐待、暴力伤害未成年人，严重损害未成年人身心健康的；

（二）将未成年人置于无人监管和照看的状态，导致未成年人面临死亡或者严重伤害危险，经教育不改的；

（三）拒不履行监护职责长达六个月以上，导致未成年人流离失所或者生活无着的；

（四）有吸毒、赌博、长期酗酒等恶习无法正确履行监护职责或者因服刑等原因无法履行监护职责，且拒绝将监护职责部分或者全部委托给他人，致使未成年人处于困境或者危险状态的；

（五）胁迫、诱骗、利用未成年人乞讨，经公安机关和未成年人救助保护机构等部门三次以上批评教育拒不改正，严重影响未成年人正常生活和学习的；

（六）教唆、利用未成年人实施违法犯罪行为，情节恶劣的；

（七）有其他严重侵害未成年人合法权益行为的。

第三十六条 判决撤销监护人资格，未成年人有其他监护人的，应当由其他监护人承担监护职责。其他监护人应当采取措施避免未成年人继续受到侵害。

没有其他监护人的，人民法院根据最有利于未成年人的原则，在民法通则第十六条第二款、第四款规定的人员和单位中指定监护人。指定个人担任监护人的，应当综合考虑其意愿、品行、身体状况、经济条件、与未成年人的生活情感联系以及有表达能力的未成年人的意愿等。

没有合适人员和其他单位担任监护人的，人民法院应当指定民政部门担任监护人，由其所属儿童福利机构收留抚养。

第三十七条 判决不撤销监护人资格的，人民法院可以根据需要走访未成年人及其家庭，也可以向当地民政部门、辖区公安派出所、村（居）民委员会、共青团、妇联、未成年人所在学校、监护人所在单位等发出司法建议，加强对未成年人的保护和对监护人的监督指导。

第三十八条第一款 被撤销监护人资格的侵害人，自监护人资格被撤销之日起三个月至一年内，可以书面向人民法院申请恢复监护人资格，并应当提交相关证据。

《最高人民法院、最高人民检察院、公安部、司法部关于依法办理家庭暴力犯罪案件的意见》

第二十二条 告知申请撤销施暴人的监护资格。人民法院、人民检察院、公安机关对于监护人实施家庭暴力，严重侵害被监护人合法权益的，在必要时可以告知被监护人及其他有监护资格的人员、单位，向人民法院提出申请，要求撤销监护人资格，依法另行指定监护人。

《最高人民法院、最高人民检察院、公安部、司法部关于依法惩治性侵害未成年人犯罪的意见》

第三十三条 未成年人受到监护人性侵害，其他具有监护资格的人员、民政部门等有关单位和组织向人民法院提出申请，要求撤销监护人资格，另行指定监护人的，人民法院依法予以支持。

实务问答

问：监护人没有监护能力且自愿放弃监护的，法院能否撤销其监护权？

答：该案中，吴某某作为吴某的母亲，是吴某的第一监护人，但吴某某长期在外流浪，没有固定住所，没有生活来源，事实上无法承担起监护职责。吴某某在孩子出生后，没有承担起抚养孩子的义务，孩子一直交由某救助站抚养，在某派出所调解和法院审理期间，吴某某明确声明自愿放弃孩子抚养权和监护权。基于保护女婴生命和健康成长需要，某救助站依法提起了撤销监护权诉讼，人民法院根据《最高人民法院、最高人民检察院、公安部、民政部关于依法处理监护人侵害未成年人权益行为若干问题的意见》第35条的规定，撤销吴某某的监护人资格，指定申请人某流浪乞讨人员救助管理站为吴某的监护人。该判决彰显了国家保护未成年人理念，也为民政部门、人民法院依法履行未成年人国家监护职责提供了范本。①

第三十七条　【监护资格撤销不免除负担义务】依法负担被监护人抚养费、赡养费、扶养费的父母、子女、配偶等，被人民法院撤销监护人资格后，应当继续履行负担的义务。

要点提示

本条是关于监护资格撤销不免除负担义务的规定。此处的负担义务主要指抚养义务。监护资格和抚养义务是相对独立的法律关系。撤销监护资格，并不免除父母、子女、配偶等基于血缘等关系确立的抚养义务，抚养义务是法定义务，独立于监护关系而存在，这些义务不因监护关系的终止而终止。法定扶养义务是基于血缘等关系而确立的法定义务，不因监护人资格的撤销而免除。另外需要注意的是，撤销监护人之后的扶养费（抚养费、赡养费）案件，有两个“独立”应注意：一是监护关系与法定扶养义务关系的独立。例如，未成年人的父亲，不履行监护资格，被依法撤销监护资格后，仍需支付相应的抚养费。二是撤销监护诉讼与申请扶养费诉讼程序上的独立。

---

① 《吴某某被撤销监护人资格案》，载中国法院网，https：//www.chinacourt.org/article/detail/2016/05/id/1888507.shtml，2022年4月6日访问。

如权利人申请其父支付抚养费的案件，适用民事诉讼中的一般程序（普通程序或简易程序），既不同于撤销监护人诉讼时的参照特别程序，也未与撤销监护人诉讼一并进行。

重要关联规定

《最高人民法院、最高人民检察院、公安部、民政部关于依法处理监护人侵害未成年人权益行为若干问题的意见》

第三十八条 被撤销监护人资格的侵害人，自监护人资格被撤销之日起三个月至一年内，可以书面向人民法院申请恢复监护人资格，并应当提交相关证据。

人民法院应当将前款内容书面告知侵害人和其他监护人、指定监护人。

第四十二条 被撤销监护人资格的父、母应当继续负担未成年人的抚养费用和因监护侵害行为产生的各项费用。相关单位和人员起诉的，人民法院应予支持。

第三十八条 【监护资格恢复】 被监护人的父母或者子女被人民法院撤销监护人资格后，除对被监护人实施故意犯罪的外，确有悔改表现的，经其申请，人民法院可以在尊重被监护人真实意愿的前提下，视情况恢复其监护人资格，人民法院指定的监护人与被监护人的监护关系同时终止。

要点提示

本条是关于监护资格恢复的规定。监护资格被撤销并非不可恢复，但恢复监护资格对被监护人切实利益存在重要影响，需进行严格限制。本条就监护资格恢复明确了几点限制：限于被监护人的父母、子女；没有对被监护人故意犯罪；确有悔改表现；尊重被监护人意愿。即使满足上述条件，也不代表一定会恢复，法院可根据具体案件视情况决定。

重要关联规定

《最高人民法院、最高人民检察院、公安部、民政部关于依法处理监护人侵害未成年人权益行为若干问题的意见》

第三十八条 被撤销监护人资格的侵害人，自监护人资格被撤销之日起三个月至一年内，可以书面向人民法院申请恢复监护人资格，并应当提交相关证据。

人民法院应当将前款内容书面告知侵害人和其他监护人、指定监护人。

第三十九条 人民法院审理申请恢复监护人资格案件，按照变更监护关系的案件审理程序进行。

人民法院应当征求未成年人现任监护人和有表达能力的未成年人的意见，并可以委托申请人住所地的未成年人救助保护机构或者其他未成年人保护组织，对申请人监护意愿、悔改表现、监护能力、身心状况、工作生活情况等进行调查，形成调查评估报告。

申请人正在服刑或者接受社区矫正的，人民法院应当征求刑罚执行机关或者社区矫正机构的意见。

第四十条 人民法院经审理认为申请人确有悔改表现并且适宜担任监护人的，可以判决恢复其监护人资格，原指定监护人的监护人资格终止。

申请人具有下列情形之一的，一般不得判决恢复其监护人资格：

（一）性侵害、出卖未成年人的；

（二）虐待、遗弃未成年人六个月以上、多次遗弃未成年人，并且造成重伤以上严重后果的；

（三）因监护侵害行为被判处五年有期徒刑以上刑罚的。

实务问答

问：因对被监护人实施暴力被撤销监护资格，虽未构成犯罪，能否根据申请恢复监护资格？

答：申请人张某秀因未对杨某鹏尽到合理监护义务，与勾某某一起对杨某鹏实施暴力行为，对年幼的杨某鹏身心造成严重影响，杨某鹏的监护人后变更为本案被申请人唐某芳，现张某秀要求恢复监护人资格……家庭生活具有一定的封闭性和隐秘性，年幼的未成年人的身心一旦遭受家庭共同生活成员的侵害，难以被及时发现和得到保护。该案中杨某鹏因申请人及勾某某的行为，致使身心受到严重伤害和影响，其身心状况尚需要恢复。现有证据不能证明唐某芳对杨某鹏无力监护或未尽到合理的监护义务，亦不能证明申请人张某秀有真正的悔改行为、其自身家庭环境利于杨某鹏的健康成长。故申请人要求恢复自己为杨某鹏监护人的请求，不能成立。①

---

① 《张某秀、唐某芳申请确定监护人案》，载中国裁判文书网，http://wenshuapp.court.gov.cn/website/wenshu/181107ANFZ0BXSK4/index.html? docId = 66cae56ff4554ee783a5aabc016b38f2，2022年3月16日访问。

第三十九条　【监护关系终止】 有下列情形之一的，监护关系终止：

（一）被监护人取得或者恢复完全民事行为能力；

（二）监护人丧失监护能力；

（三）被监护人或者监护人死亡；

（四）人民法院认定监护关系终止的其他情形。

监护关系终止后，被监护人仍然需要监护的，应当依法另行确定监护人。

要点提示

本条是关于监护关系终止的规定。监护关系终止，指因某种法律事实存在，监护人与被监护人间关于监护的权利义务和职责关系归于消灭。监护关系终止，一般可分为自然终止和因人民法院撤销而终止。监护关系终止法律后果，本条并未规定。实践中，监护关系终止后需对被监护人财产进行清算，以确定双方需结清的账目及应移交或交还的财产。另需注意，本条规定因“监护人丧失监护能力”致监护关系终止但仍需监护的，应另行指定监护人。民法典第 36 条也规定“撤销监护人资格”后需另行指定监护人。二者有何区别？就监护人履行职责不到位而言，第 36 条针对的是“怠于或无法履行监护职责，并拒绝转交他人履行”，以“监护人拒绝”为条件；而第 39 条针对“监护人丧失监护能力”，不以“监护人拒绝”为条件。关于监护能力的确定，《最高人民法院关于适用〈中华人民共和国民法典〉总则编若干问题的解释》第 6 条分别就自然人有关组织规定了不同的考量因素。

重要关联规定

《最高人民法院关于适用〈中华人民共和国民法典〉总则编若干问题的解释》

第六条　人民法院认定自然人的监护能力，应当根据其年龄、身心健康状况、经济条件等因素确定；认定有关组织的监护能力，应当根据其资质、信用、财产状况等因素确定。

第十二条第一款　监护人、其他依法具有监护资格的人之间就监护人是否有民法典第三十九条第一款第二项、第四项规定的应当终止监护关系的情形发生争议，申请变更监护人的，人民法院应当依法受理。经审理认为理由成立的，人民法院依法予以支持。

第三节　宣告失踪和宣告死亡

第四十条　【宣告失踪的条件】 自然人下落不明满二年的，利害关系人可以向人民法院申请宣告该自然人为失踪人。

要点提示

本条是关于宣告失踪的条件的规定。宣告失踪是指自然人下落不明达到法定的期限，经利害关系人申请，人民法院依照法定程序宣告其为失踪人的一项制度。宣告失踪应满足如下条件：（1）自然人下落不明满两年。（2）利害关系人向人民法院提出申请。关于利害关系人的范围，总则编司法解释第 14 条作了明确规定。

重要关联规定

《最高人民法院关于适用〈中华人民共和国民法典〉总则编若干问题的解释》

第十四条　人民法院审理宣告失踪案件时，下列人员应当认定为民法典第四十条规定的利害关系人：

（一）被申请人的近亲属；

（二）依据民法典第一千一百二十八条、第一千一百二十九条规定对被申请人有继承权的亲属；

（三）债权人、债务人、合伙人等与被申请人有民事权利义务关系的民事主体，但是不申请宣告失踪不影响其权利行使、义务履行的除外。

《最高人民法院关于适用〈中华人民共和国民事诉讼法〉的解释》

第三百四十四条　符合法律规定的多个利害关系人提出宣告失踪、宣告死亡申请的，列为共同申请人。

第三百四十五条　寻找下落不明人的公告应当记载下列内容：

（一）被申请人应当在规定期间内向受理法院申报其具体地址及其联系方式。否则，被申请人将被宣告失踪、宣告死亡；

（二）凡知悉被申请人生存现状的人，应当在公告期间内将其所知道情况向受理法院报告。

第三百四十六条　人民法院受理宣告失踪、宣告死亡案件后，作出判决前，申请人撤回申请的，人民法院应当裁定终结案件，但其他符合法律规定的利害关系人加入程序要求继续审理的除外。

第四十一条　【下落不明时间起算】自然人下落不明的时间自其失去音讯之日起计算。战争期间下落不明的，下落不明的时间自战争结束之日或者有关机关确定的下落不明之日起计算。

要点提示

本条是关于下落不明时间起算的规定。所谓下落不明，是指自然人“持续不间断”的没有音讯的状态，中间哪怕有一次联系上也不行。按照本条规定，下落不明起算时间为“自失去音讯之日起计算”，失去音讯当日作为起算日应不计入，而是从下一日开始计算。

第四十二条　【失踪人的财产代管人】失踪人的财产由其配偶、成年子女、父母或者其他愿意担任财产代管人的人代管。

代管有争议，没有前款规定的人，或者前款规定的人无代管能力的，由人民法院指定的人代管。

要点提示

本条是关于失踪人的财产代管人的规定。本条规定的“其他愿意担任财产代管人的人”既包括原《民法通则》第21条规定的“其他亲属、朋友”，也包括有关组织。关于代管人确定顺序，实践中可借鉴原《最高人民法院关于贯彻执行〈中华人民共和国民法通则〉若干问题的意见（试行）》第25条关于申请宣告死亡的利害关系人顺序确定失踪人财产代管人顺序。即配偶；父母、子女；兄弟姐妹、祖父母、外祖父母、孙子女、外孙子女；其他有民事权利义务关系的人。另外，当失踪人在失踪前已确定其财产代管人人选时，原则上不必再依据本条规定来确定。但失踪人确定的代管人已死亡或丧失民事行为能力或为限制民事行为能力人的除外。

重要关联规定

《最高人民法院关于适用〈中华人民共和国民事诉讼法〉的解释》

第三百四十一条　宣告失踪或者宣告死亡案件，人民法院可以根据申请人的请求，清理下落不明人的财产，并指定案件审理期间的财产管理人。公告期满后，人民法院判决宣告失踪的，应当同时依照民法典第四十二条的规定指定失踪人的财产代管人。

第四十三条　【财产代管人职责】财产代管人应当妥善管理失踪人的财产，维护其财产权益。

失踪人所欠税款、债务和应付的其他费用，由财产代管人从失踪人的财产中支付。

财产代管人因故意或者重大过失造成失踪人财产损失的，应当承担赔偿责任。

要点提示

本条是关于财产代管人职责的规定。依照本条，财产代管人职责不仅仅是维护失踪人的财产权益，还包括代失踪人履行义务，从其财产中支付所欠税款、债务和应付的其他费用。这里的“其他费用”，可以参考原《最高人民法院关于贯彻执行〈中华人民共和国民法通则〉若干问题的意见（试行）》第31条，包括赡养费、扶养费、抚育费和因代管财产所需的管理费等必要的费用。由于为失踪人代管财产属无偿行为，故本条第3款规定只有在代管人故意或重大过失情况下造成失踪人财产损失的，代管人才承担赔偿责任。此外，失踪人的财产代管人履行代管人职责时，经常需要起诉、应诉，为此，《最高人民法院关于适用〈中华人民共和国民法典〉总则编若干问题的解释》第15条就其诉讼地位进行了明确。

重要关联规定

《最高人民法院关于适用〈中华人民共和国民法典〉总则编若干问题的解释》

第十五条　失踪人的财产代管人向失踪人的债务人请求偿还债务的，人民法院应当将财产代管人列为原告。

债权人提起诉讼，请求失踪人的财产代管人支付失踪人所欠的债务和其他费用的，人民法院应当将财产代管人列为被告。经审理认为债权人的诉讼请求成立的，人民法院应当判决财产代管人从失踪人的财产中支付失踪人所欠的债务和其他费用。

《最高人民法院关于民事执行中变更、追加当事人若干问题的规定》

第二条 作为申请执行人的自然人死亡或被宣告死亡，该自然人的遗产管理人、继承人、受遗赠人或其他因该自然人死亡或被宣告死亡依法承受生效法律文书确定权利的主体，申请变更、追加其为申请执行人的，人民法院应予支持。

作为申请执行人的自然人被宣告失踪，该自然人的财产代管人申请变更、追加其为申请执行人的，人民法院应予支持。

第四十四条　【财产代管人变更】财产代管人不履行代管职责、侵害失踪人财产权益或者丧失代管能力的，失踪人的利害关系人可以向人民法院申请变更财产代管人。

财产代管人有正当理由的，可以向人民法院申请变更财产代管人。

人民法院变更财产代管人的，变更后的财产代管人有权请求原财产代管人及时移交有关财产并报告财产代管情况。

要点提示

本条是关于财产代管人变更的规定。本条规定了两种变更事由：（1）财产代管人不履行代管职责、侵害失踪人财产权益或者丧失代管能力的。（2）失踪人的财产代管人有正当理由的情形下，可自己申请变更。其中，财产代管人不履行职责，既可以表现为不行使失踪人相关权利，如不收取失踪人债权；也可以表现为不履行失踪人应履行的义务，如清偿债务、缴纳税款等。

重要关联规定

《最高人民法院关于适用〈中华人民共和国民事诉讼法〉的解释》

第三百四十二条 失踪人的财产代管人经人民法院指定后，代管人申请变更代管的，比照民事诉讼法特别程序的有关规定进行审理。申请理由成立的，裁定撤销申请人的代管人身份，同时另行指定财产代管人；申请理由不成立的，裁定驳回申请。

失踪人的其他利害关系人申请变更代管的，人民法院应当告知其以原指定的代管人为被告起诉，并按普通程序进行审理。

实务问答

问：失踪人的继母请求变更财产代管人时，如何审查？

答：失踪人的继母要求变更其为失踪人的财产代管人，但未就变更理由提供充分确实的证据，也未提交证据证明原财产代管人存在不履行代管职责、侵害失踪人财产权益或者丧失代管能力的情况，不应予以支持。原告诉请要求变更其为失踪人李某娟的财产代管人的诉讼请求，根据民法典第 44 条关于“财产代管人不履行代管职责、侵害失踪人财产权益或者丧失代管能力的，失踪人的利害关系人可以向人民法院申请变更财产代管人”之规定以及《最高人民法院关于适用〈中华人民共和国民事诉讼法〉的解释》第 90 条关于“当事人对自己提出的诉讼请求所依据的事实或者反驳对方诉讼请求所依据的事实，应当提供证据加以证明……”之规定，原告既未就其要求变更的理由向法庭提供充分、确实的证据，也未提交证据证明李某某存在不履行代管职责、侵害失踪人财产权益或者丧失代管能力的情况，故其请求不应支持。①

第四十五条 【宣告失踪的撤销】失踪人重新出现，经本人或者利害关系人申请，人民法院应当撤销失踪宣告。

失踪人重新出现，有权请求财产代管人及时移交有关财产并报告财产代管情况。

要点提示

本条是关于宣告失踪的撤销之规定。法院作出宣告公民失踪的判决，只是一种法律上的推定，并不能排除失踪人重新出现的可能。失踪人重新出现，不仅包括失踪人重新回到原住所地，也包括重新得到失踪人音讯的其他情况，如通过其他方式与其取得联系，从而消除其下落不明的状态。

---

① 《徐某某与李某某申请为失踪人财产指定、变更代管人案》，载中国裁判文书网，http://wenshuapp.court.gov.cn/website/wenshu/181107ANFZ0BXSK4/index.html? docId=1a87445bef30431ebc56a9d100b1f070，2022 年 3 月 16 日访问。

第四十六条 【宣告死亡的条件】 自然人有下列情形之一的，利害关系人可以向人民法院申请宣告该自然人死亡：

（一）下落不明满四年；

（二）因意外事件，下落不明满二年。

因意外事件下落不明，经有关机关证明该自然人不可能生存的，申请宣告死亡不受二年时间的限制。

要点提示

本条是关于宣告死亡的条件的规定。宣告死亡是自然人下落不明达到法定期限，经利害关系人申请，人民法院经过法定程序在法律上推定失踪人死亡的一项民事制度。自然人长期下落不明会造成与其相关的财产关系和人身关系处于不稳定状态，通过宣告死亡制度，可以及时了结下落不明人与他人的人身关系及财产关系，以维护正常的社会秩序和经济秩序。根据本条的规定，可知宣告死亡有三种情形：（1）下落不明满四年的情况。（2）因意外事件下落不明满两年的情况。（3）因意外事件下落不明被有关机关证明不可能生存的情况。需注意，《民法典》虽取消了宣告死亡申请顺序的限制，但并不意味着任何与失踪人有关系的主体均可申请宣告死亡。只有不通过宣告死亡其利益将不能得到满足才属申请主体的范围。如失踪人的单位，即不属本条规定的可申请宣告死亡的利害关系人的范围。关于利害关系人的具体范围，《最高人民法院关于适用〈中华人民共和国民法典〉总则编若干问题的解释》第16条作了较为明确的规定。

重要关联规定

《最高人民法院关于适用〈中华人民共和国民法典〉总则编若干问题的解释》

第十六条 人民法院审理宣告死亡案件时，被申请人的配偶、父母、子女，以及依据民法典第一千一百二十九条规定对被申请人有继承权的亲属应当认定为民法典第四十六条规定的利害关系人。

符合下列情形之一的，被申请人的其他近亲属，以及依据民法典第一千一百二十八条规定对被申请人有继承权的亲属应当认定为民法典第四十六条规定的利害关系人：

（一）被申请人的配偶、父母、子女均已死亡或者下落不明的；

（二）不申请宣告死亡不能保护其相应合法权益的。

被申请人的债权人、债务人、合伙人等民事主体不能认定为民法典第四十六条规定的利害关系人，但是不申请宣告死亡不能保护其相应合法权益的除外。

第十七条 自然人在战争期间下落不明的，利害关系人申请宣告死亡的期间适用民法典第四十六条第一款第一项的规定，自战争结束之日或者有关机关确定的下落不明之日起计算。

《最高人民法院关于适用〈中华人民共和国民事诉讼法〉的解释》

第三百四十四条 符合法律规定的多个利害关系人提出宣告失踪、宣告死亡申请的，列为共同申请人。

第三百四十五条 寻找下落不明人的公告应当记载下列内容：

（一）被申请人应当在规定期间内向受理法院申报其具体地址及其联系方式。否则，被申请人将被宣告失踪、宣告死亡；

（二）凡知悉被申请人生存现状的人，应当在公告期间内将其所知道情况向受理法院报告。

第三百四十六条 人民法院受理宣告失踪、宣告死亡案件后，作出判决前，申请人撤回申请的，人民法院应当裁定终结案件，但其他符合法律规定的利害关系人加入程序要求继续审理的除外。

实务问答

问：失踪人的未成年子女，能否以自己名义通过其监护人向法院申请宣告死亡？

答：该案中，被申请宣告死亡人的原配偶已在此前经法院判决与被申请宣告死亡人解除婚姻关系，故不再具备申请人资格。申请人系失踪人之女，虽未成年，但因其父失踪直接影响其合法权益的实现，故可以自己名义，通过其监护人向人民法院申请宣告死亡。[①]

第四十七条 【宣告死亡的优先适用】对同一自然人，有的利害关系人申请宣告死亡，有的利害关系人申请宣告失踪，符合本法规定的宣告死亡条件的，人民法院应当宣告死亡。

① 庹玉凡：《伍某莎申请宣告伍某奎死亡案》，载《中国审判案例要览》（1995年综合本），中国人民大学出版社1996年版，第593页。

要点提示

本条是关于宣告死亡的优先适用之规定。宣告死亡与宣告失踪都是基于自然人下落不明，但在法律后果上又存在明显差异。宣告死亡不但影响被宣告人财产的处分，而且也影响与其相关的身份关系，如婚姻关系、父母子女关系、继承与被继承关系等。可以看出，宣告死亡解决与失踪人相关的法律问题更多、更深入。为此，本条明确了既有人申请宣告失踪又有人宣告死亡的，应宣告死亡。另需注意，民法典并未规定利害关系人申请宣告死亡的顺序，以防止出现顺序在先的人不申请影响顺序在后的人的利益情形的出现。但基于《最高人民法院关于适用〈中华人民共和国民法典〉总则编若干问题的解释》第 16 条第 2 款的规定可知，该规定实际上在配偶、父母、子女与其他近亲属间还是区分了一定顺序的。

重要关联规定

《最高人民法院关于适用〈中华人民共和国民法典〉总则编若干问题的解释》

第十六条第二款 符合下列情形之一的，被申请人的其他近亲属，以及依据民法典第一千一百二十八条规定对被申请人有继承权的亲属应当认定为民法典第四十六条规定的利害关系人：

（一）被申请人的配偶、父母、子女均已死亡或者下落不明的；

（二）不申请宣告死亡不能保护其相应合法权益的。

《全国法院贯彻实施民法典工作会议纪要》

1. 申请宣告失踪或宣告死亡的利害关系人，包括被申请宣告失踪或宣告死亡人的配偶、父母、子女、兄弟姐妹、祖父母、外祖父母、孙子女、外孙子女以及其他与被申请人有民事权利义务关系的民事主体。宣告失踪不是宣告死亡的必经程序，利害关系人可以不经申请宣告失踪而直接申请宣告死亡。但是，为了确保各方当事人权益的平衡保护，对于配偶、父母、子女以外的其他利害关系人申请宣告死亡，人民法院审查后认为申请人通过申请宣告失踪足以保护其权利，其申请宣告死亡违背民法典第一百三十二条关于不得滥用民事权利的规定的，不予支持。

第四十八条　【死亡时间的确定】被宣告死亡的人，人民法院宣告死亡的判决作出之日视为其死亡的日期；因意外事件下落不明宣告死亡的，意外事件发生之日视为其死亡的日期。

要点提示

本条是关于死亡宣告中死亡时间的确定的规定。本条区分了两种情况：（1）一般的宣告死亡，判决作出之日，即裁判文书上所载明的文书作出日期。（2）因意外事件下落不明被宣告死亡的，意外事件发生之日。当然，意外事件可能是即发性事件，也可能是持续性事件。无论是即发性还是持续性，民法典采取的均是以意外事件发生之日为宣告死亡人的死亡日期，而非事件结束之日。另外，关于判决表述。法院能够确定判决宣告之日，就可以确定该自然人的死亡日期。但宣告分一般情形死亡日期和基于意外事件死亡日期。一般情形的死亡日期为判决书作出之日；意外事件的死亡日期为该事件的发生之日。而就意外事件类型来讲，文书制作日期晚于“事件发生之日”，若仅写明“宣告某某某死亡”易产生矛盾。因而，建议针对基于意外事件宣告死亡的判决书，应列明意外事件的发生日期，并将判项表述为“宣告某某某于某年某月某日（事件发生之日）死亡”。

实务问答

问：宣告死亡情况下，工伤核算计发基数的起算时间如何确定？

答：该案中，《认定工伤决定书》认为邱某某被宣告死亡，符合《工伤保险条例》第14条第5项的规定，属工伤认定范围，予以认定工伤。该决定书虽未认定邱某某的工亡时间，但根据《民法典》第48条的规定，被宣告死亡的人，人民法院宣告死亡的判决作出之日视为其死亡的日期。该案中，法院作出判决的时间为2015年9月8日，该日期应为邱某某的工亡时间。因此，工伤核算计发基数的起算时间应按照邱某某被宣告死亡的时间（2015年9月8日）计算，而非根据失踪时间（2008年1月25日）的上年度职工月平均工资为标准核发一次性工亡补助金及丧葬补助金。①

第四十九条　【被宣告死亡期间的民事法律行为效力】自然人被宣告死亡但是并未死亡的，不影响该自然人在被宣告死亡期间实施的民事法律行为的效力。

---

① 《哈尔滨市医疗保险管理中心、郭某某金融行政管理（金融）行政给付案》，载中国裁判文书网，http：//wenshuapp. court. gov. cn/website/wenshu/181107ANFZ0BXSK4/index. html？docId = e6d73b0a723f4f0495a8a9b700449de4，2022年3月17日访问。

要点提示

本条是关于被宣告死亡期间的民事法律行为效力的规定。就被宣告死亡的自然人参与的具体民事法律关系来说，宣告死亡发生与自然死亡相同的法律后果。但宣告死亡并不是引起该自然人民事权利能力终止的法律事实，民事行为能力人在被宣告死亡期间实施的民事法律行为仍然有效，亦不应当影响自然人的民事行为能力。需注意，宣告死亡判决属非讼判决，并不解决当事人间民事权利义务争议，只解决被宣告死亡人的人身和财产关系问题。在继承中，宣告死亡与自然死亡，都属继承开始的原因，《民法典》第230条虽将继承作为导致物权变动的法定原因，但宣告死亡只是继承开始的原因，而继承的事实才是导致物权变动的直接原因。所以说，宣告死亡判决本身不能直接引起物权变动，直接导致物权变动的是继承的事实。

第五十条　【死亡宣告的撤销】被宣告死亡的人重新出现，经本人或者利害关系人申请，人民法院应当撤销死亡宣告。

要点提示

本条是关于死亡宣告撤销的规定。宣告死亡是拟制（推定）死亡，并不等于自然人生理上的死亡。被宣告死亡的人没有真正死亡的，应撤销宣告死亡判决。宣告死亡案件和撤销宣告死亡案件均适用特殊程序，一审终审，原则上独任审理。但民法典取消了宣告死亡的利害关系人的申请顺序，可能产生一系列纠纷，而宣告死亡又涉及利害关系人的重大身份关系，故此类案件必要时可被归入“重大、疑难的案件”范围，组成合议庭审理。

实务问答

问：宣告死亡应否得到保险理赔？

答：保险包括财产保险和人身保险；其中人身保险是指以生命及身体机能为保险标的的保险，分为人寿保险、伤害保险和健康保险。伤害保险是指当被保险人遭受意外事故致残或死亡时，保险人向被保险人或其受益人给付保险金的保险。一般情况下，被宣告死亡与自然死亡产生相同的法律后果。若保险条款明确约定保险公司不负保险责任的情形中并不包括宣告死亡，此时保险人应对宣告死亡情形承担理赔责任。

第五十一条 【宣告死亡中的婚姻关系】被宣告死亡的人的婚姻关系，自死亡宣告之日起消除。死亡宣告被撤销的，婚姻关系自撤销死亡宣告之日起自行恢复。但是，其配偶再婚或者向婚姻登记机关书面声明不愿意恢复的除外。

要点提示

本条是关于宣告死亡中的婚姻关系的规定。关于死亡宣告被撤销后婚姻关系自行恢复的例外情形，本条不仅包括了配偶已再婚的情况，而且增加了配偶虽未再婚但已通过书面方式向婚姻登记机关声明不愿恢复的情形。此外，需注意，被宣告死亡人的婚姻关系，自死亡宣告之日起消除。但这里的宣告死亡是否包括因意外事件下落不明而被宣告死亡的情形，存在一定疑问，有待后续作出进一步的解释。

第五十二条 【宣告死亡中的亲子关系】被宣告死亡的人在被宣告死亡期间，其子女被他人依法收养的，在死亡宣告被撤销后，不得以未经本人同意为由主张收养行为无效。

要点提示

本条是关于宣告死亡中的亲子关系的规定。被宣告死亡的人在被宣告死亡期间，在法律上与其子女的亲权关系已经消灭，故不存在是否经其同意的问题，本条对此进行了明确。根据本条，即使收养人与被收养人同意，也不改变原收养关系的效力。此时，该被收养人与被撤销宣告死亡人的关系，需进一步研究。当然，收养虽有效，但符合收养关系解除条件的，可通过收养关系的解除来解决。

第五十三条 【死亡宣告撤销后的财产返还】被撤销死亡宣告的人有权请求依照本法第六编取得其财产的民事主体返还财产；无法返还的，应当给予适当补偿。

利害关系人隐瞒真实情况，致使他人被宣告死亡而取得其财产的，除应当返还财产外，还应当对由此造成的损失承担赔偿责任。

要点提示

本条是关于死亡宣告撤销后的财产返还的规定。关于被宣告死亡人的财产，由于依照继承取得其财产的方式为合法取得，故本条第1款规定了“无法返还的，应当给予适当补偿”。但对于被宣告死亡是因利害关系人隐瞒真实情况所致且该利害关系人还因之取得其财产，该利害关系人存在过错，其财产取得具有非法性，不仅不应保护，还应承担相应责任，因而本条第2款规定“除应当返还财产外，还应当对由此造成的损失承担赔偿责任”。

实务问答

问：被撤销死亡宣告的人原享有使用权的房屋在其宣告死亡期间已被出售的，如何处理？

答：《民法典》第53条第1款规定，被依法撤销死亡宣告后，有权请求返还财产，无法返还的，应给予适当补偿。案涉嫩江路房屋原系原告承租的使用权房屋，被告田某2在原告被宣告死亡后，取得了该房的承租权，之后二被告通过购买该房产权，将该房出售给他人，取得了房屋出售款，现原告重新出现，二被告理应返还房产，但嫩江路房屋已于2009年9月变卖，客观上无法返还。被告田某2申请宣告原告死亡系对其权利的正当行使，没有过错，更无恶意，且经法院依法确认，在此事实基础上，二被告有权对嫩江路房屋享有使用、管理和处分的权利，不构成无权处分。二被告与原告同是嫩江路房屋的配房人员，取得并处分嫩江路房屋均有事实及法律依据。宣告死亡系对自然人长期下落不明的生存状态之推定，其制度目的在于确定宣告死亡之人法律关系的状态，保护被宣告死亡之人利害关系人的利益。在宣告原告死亡后，不能以二被告无法预料原告是否生存的事实，要求其就自身正当处分行为承担赔偿责任，否则个人生活及社会关系将处于不确定和不稳定状态，故该案原告诉请系基于原物返还不能的补偿请求权而非基于侵权行为的赔偿请求权。二被告可共同处分嫩江路房屋，但应对原告作出适当补偿。①

---

① 《梁某与田某1、田某2返还原物纠纷案》，载中国裁判文书网，http://wenshuapp.court.gov.cn/website/wenshu/181217BMTKHNT2W0/index.html? pageId=51167000bacc42b90e702004aeac8743&s7，2022年3月17日访问。

第四节　个体工商户和农村承包经营户

第五十四条　【个体工商户】自然人从事工商业经营，经依法登记，为个体工商户。个体工商户可以起字号。

要点提示

本条是关于个体工商户（定义）的规定。个体工商户、农村承包经营户是具有中国特色的民事主体，多年来，其对促进我国经济社会发展与扩大就业发挥了重要作用。虽然“两户”不同于一般的自然人主体，但其与法人、非法人组织相比相差颇多，不具有组织性即其中的最大区别点。为此，立法者再三斟酌，将二者作为自然人章的一节单独规定。需注意，对个体工商户而言，登记是成立的必要条件，但字号不是。个体工商户可以使用名称，也可以不使用。使用的，应向登记机关提出申请，经核准登记后方可使用，且一个个体工商户只能使用一个名称。个体工商户名称由行政区划、字号、行业、组织形式依次组成，且不得使用“企业”“公司”“农民专业合作社”字样，但可以选用“厂”“店”“馆”“中心”“部”“行”等字样。

重要关联规定

《最高人民法院关于适用〈中华人民共和国民事诉讼法〉的解释》

第五十九条　在诉讼中，个体工商户以营业执照上登记的经营者为当事人。有字号的，以营业执照上登记的字号为当事人，但应同时注明该字号经营者的基本信息。

营业执照上登记的经营者与实际经营者不一致的，以登记的经营者和实际经营者为共同诉讼人。

《最高人民法院关于审理企业破产案件若干问题的规定》

第四条　申请（被申请）破产的债务人应当具备法人资格，不具备法人资格的企业、个体工商户、合伙组织、农村承包经营户不具备破产主体资格。

实务问答

问：与“老字号”具有历史渊源的主体，将“老字号”注册为个体工商户字号或企业名称，是否构成不正当竞争或侵犯注册商标专用权？

答：与“老字号”无历史渊源的个人或企业将“老字号”或与其近似的字号注册为商标后，以“老字号”的历史进行宣传的，应认定为虚假宣传，构成不正当竞争。与“老字号”具有历史渊源的个人或企业在未违反诚实信用原则的前提下，将“老字号”注册为个体工商户字号或企业名称，未引人误认且未突出使用该字号的，不构成不正当竞争或侵犯注册商标专用权。①

第五十五条　【农村承包经营户】农村集体经济组织的成员，依法取得农村土地承包经营权，从事家庭承包经营的，为农村承包经营户。

要点提示

本条是关于农村承包经营户（定义）的规定。农村承包经营户中，农户内的成员分家析产的，单独成户的成员可以对原家庭承包的土地进行分别耕作，但承包经营权仍是一个整体，不能分割。关于农村承包经营户诉讼主体资格，第一种意见以农户成员为诉讼主体，第二种意见以农村承包经营户为诉讼主体。我们赞同第二种意见。《农村土地承包法》和《民法典》（总则编、物权编）都规定“户”是承包合同的主体。发生纠纷时，户应是诉讼主体，由“户”享有合同权利、承担义务和责任。

实务问答

问：如何判断是否属于农村承包经营户中的家庭成员？

答：根据《农村土地承包法》关于“家庭承包的承包方是本集体经济组织的农户”及《民法典》第55条关于“农村集体经济组织的成员，依法取得农村土地承包经营权，从事家庭承包经营的，为农村承包经营户”的规定，从事农村土地家庭承包经营的主体为农村承包经营户，即家庭承包经营权的主体为农户而非签订土地承包经营合同的个人，签约人仅系该农户的代表，在农户内部，每位家庭成员均享有土地承包

---

① 《甲公司诉乙公司、余某华侵害商标权及不正当竞争纠纷案》，最高人民法院指导案例58号。

经营权。采用家庭承包的土地承包经营权的取得，需由集体经济组织作为发包方与农户作为承包方签订农村土地承包经营合同，以固定每户应当承包的土地面积。故是否属于承包经营户中的家庭成员，不能以是否共同居住、是否具有近亲属关系或是否属于同一户口簿等作为判断标准，而应当以集体经济组织发包土地时核对的农户为单位，以该家庭成员是否属于农户中的一员作为判断标准。该案中，李某春在一审庭审中自认其在1999年第二轮土地承包中自愿放弃承包土地，所在村一社提供的证据证明，1999年第二轮土地承包中李某廷、李某氏、夏某华为本案涉诉土地承包经营权的共同承包人。故李某春并非该户的共同承包人，其并不能与李某廷、李某氏、夏某华共同享有涉案土地的承包经营权。[①]

第五十六条 【债务承担规则】个体工商户的债务，个人经营的，以个人财产承担；家庭经营的，以家庭财产承担；无法区分的，以家庭财产承担。

农村承包经营户的债务，以从事农村土地承包经营的农户财产承担；事实上由农户部分成员经营的，以该部分成员的财产承担。

要点提示

本条是关于“两户”债务承担规则的规定。对于个体工商户的债务，如不好区分是个人经营还是家庭经营，应根据是个人投资还是家庭投资，是个人享用收益还是家庭共用收益进行确定，一般应注意把握以下标准：一是以个人申请登记的个体工商户，用家庭共有财产投资或收益主要部分供家庭成员享用的，应以家庭共有财产清偿债务。二是夫妻关系存续期间，一方从事个体经营，收入为夫妻共同财产，债务亦应以夫妻共有财产清偿。农村承包经营户中，考虑到城乡经济结构调整和城镇化的发展，很多农户成员进城务工就业，已完全不参与家庭土地承包经营，也不享受承包经营的收益，这种情况下，其可以不再承担原所在家庭承包经营的债务。但实践中对此需严格掌握，防止借此逃避应承担债务情况的出现。

---

① 《李某春、某村一社土地承包经营权继承纠纷案》，载中国裁判文书网，http：//wenshuapp. court. gov. cn/website/wenshu/181107ANFZ0BXSK4/index. html？ docId=0aa19425e8a044349794aa87016497e9，2022年3月17日访问。

第三章 法　　人

第一节 一般规定

第五十七条 【法人概念】法人是具有民事权利能力和民事行为能力，依法独立享有民事权利和承担民事义务的组织。

要点提示

本条是关于法人概念的规定。法人是具有民事权利能力和民事行为能力，依法独立享有民事权利和承担民事义务的组织。法人制度是世界各国规范经济秩序和整个社会秩序的一项重要法律制度。《民法典》总则编对法人制度进行了完善，特别是在法人分类方面，分为营利法人、非营利法人、特别法人三大类，改变了原有的企业法人、机关法人、事业单位法人、社会团体法人的分类方式，是重大亮点，以适应法人制度不断发展的需要。关于法人民事责任承担，需注意两点：一是全部财产。不能只以部分财产承担民事责任。二是独立承担。即其债务只能由它自己承担，国家、投资者、法人组织内部成员不对法人债务负责。

第五十八条 【法人成立条件】法人应当依法成立。

法人应当有自己的名称、组织机构、住所、财产或者经费。法人成立的具体条件和程序，依照法律、行政法规的规定。

设立法人，法律、行政法规规定须经有关机关批准的，依照其规定。

要点提示

本条是关于法人成立条件的规定。就法人的成立条件而言，我国以法定主义为一般原则，根据法人类型、国家管制程度的不同，涵盖了准则主义（登记主义）、许可主义、特许主义等常见情形，由相关法律、法规具体规定。一般情况下，法人成立多采取准则主义，只要符合法律规定的条件，经过登记即可成立。但部分法人还需有关机关批准才能成立，如各种国家机关、特殊行业公司等。

第五十九条 【法人民事权利能力与民事行为能力起止时间】法人的民事权利能力和民事行为能力，从法人成立时产生，到法人终止时消灭。

要点提示

本条是关于法人民事权利能力与民事行为能力起止时间的规定。就法人而言，其民事权利能力与民事行为能力在范围上是一致的，不同于自然人会因精神健康或年龄的原因使得民事权利能力与民事行为能力在范围上产生不一致。

第六十条 【法人民事责任承担】法人以其全部财产独立承担民事责任。

要点提示

本条是关于法人民事责任承担的规定。法人以其全部财产承担责任，本质上是一种无限责任。无限责任是指债务人以其全部财产对其债务承担责任，直至清偿为止方能免责。法人独立承担民事责任需注意以下三点：（1）法人独立承担责任是法人的本质属性。如不能独立承担责任，则表明其不具有相应的权利能力。（2）原则上须是法人自身的民事责任。故在法人为其成员提供担保、承担债务等例外场合，须依法履行批准程序。（3）法人独立承担责任不意味着其他主体不为其承担责任。在法人的出资人出资不足、滥用法人的人格损害债权人利益等情形下，并不排除其成员、股东对法人债务承担连带责任。

第六十一条　【法定代表人及其行为后果】依照法律或者法人章程的规定，代表法人从事民事活动的负责人，为法人的法定代表人。

法定代表人以法人名义从事的民事活动，其法律后果由法人承受。

法人章程或者法人权力机构对法定代表人代表权的限制，不得对抗善意相对人。

要点提示

本条是关于法定代表人及其行为后果的规定。法定代表人只能是自然人，且该自然人只有在代表法人从事民事活动时才具有法定代表人的身份。法定代表人对外以法人名义进行民事活动时，其与法人之间是代表关系而非代理关系，且其来自法律的明确规定，不需要有法人的授权委托书。其对外的职务行为即为法人行为，后果由法人承担。另需注意，对本条第 3 款规定的善意相对人的判断，不仅要考量其事实上是否知道法人章程或权力机构对法定代表人代表权的限制，还要考量其是否应当知道这一情况。

重要关联规定

《最高人民法院关于适用〈中华人民共和国民事诉讼法〉的解释》

第五十条　法人的法定代表人以依法登记的为准，但法律另有规定的除外。依法不需要办理登记的法人，以其正职负责人为法定代表人；没有正职负责人的，以其主持工作的副职负责人为法定代表人。

法定代表人已经变更，但未完成登记，变更后的法定代表人要求代表法人参加诉讼的，人民法院可以准许。

其他组织，以其主要负责人为代表人。

第六十二条　【法定代表人职务侵权责任】法定代表人因执行职务造成他人损害的，由法人承担民事责任。

法人承担民事责任后，依照法律或者法人章程的规定，可以向有过错的法定代表人追偿。

要点提示

本条是关于法定代表人职务侵权责任的规定。因法定代表人职务侵权产生的法人责任，需注意法人承担责任后可向法定代表人追偿的条件：一是法定代表人要存在过错，这里的过错不仅包括故意与重大过失，也包括一般过失（这是与一般工作人员对过错要求不同的一点）；二是要有法律法规或法人章程明确规定。

第六十三条　【法人住所】法人以其主要办事机构所在地为住所。依法需要办理法人登记的，应当将主要办事机构所在地登记为住所。

要点提示

本条是关于法人住所的规定。法人的住所具有重要的法律意义。一是为确定诉讼管辖提供依据；二是确定法律文书的送达处所；三是确定债务履行处所。需注意，“办事机构所在地”是指执行法人业务活动、决定和处理组织事务的机构所在地。“主要办事机构所在地”则应理解为统领法人业务的机构所在地。只设一个办事机构时，该办事机构所在地即为住所；有多个办事机构时，则以其主要办事机构所在地为住所，如总公司所在地、总厂所在地、总行所在地等。

重要关联规定

《最高人民法院关于适用〈中华人民共和国民事诉讼法〉的解释》

第三条　公民的住所地是指公民的户籍所在地，法人或者其他组织的住所地是指法人或者其他组织的主要办事机构所在地。

法人或者其他组织的主要办事机构所在地不能确定的，法人或者其他组织的注册地或者登记地为住所地。

第六十四条　【法人变更登记】法人存续期间登记事项发生变化的，应当依法向登记机关申请变更登记。

要点提示

本条是关于法人变更登记的规定。法人的变更登记，仅针对因登记而取得法人资格的法人。非因登记而取得法人资格的机关法人，以及部分社会团体法人与事业单位法人，其变更无须登记。

重要关联规定

《中华人民共和国市场主体登记管理条例》

第三条 市场主体应当依照本条例办理登记。未经登记，不得以市场主体名义从事经营活动。法律、行政法规规定无需办理登记的除外。

市场主体登记包括设立登记、变更登记和注销登记。

第六十五条 【登记不一致法律后果】 法人的实际情况与登记的事项不一致的，不得对抗善意相对人。

要点提示

本条是关于法人登记不一致的法律后果的规定。依据本条，法人实际情况与登记不一致的，发生的法律后果由法人自行承受，对善意相对人不发生效力。若法人在进行民事活动时已告知相对人实际情形，则其不属善意相对人，不适用该条。判断第三人是否善意，可以第三人实际查阅登记簿载明的内容为前提。一般情况下，只要第三人按登记内容进行交易，即使未查阅登记簿也不宜推定为非善意。

重要关联规定

《中华人民共和国市场主体登记管理条例》

第八条 市场主体的一般登记事项包括：

（一）名称；

（二）主体类型；

（三）经营范围；

（四）住所或者主要经营场所；

（五）注册资本或者出资额；

（六）法定代表人、执行事务合伙人或者负责人姓名。

除前款规定外，还应当根据市场主体类型登记下列事项：

（一）有限责任公司股东、股份有限公司发起人、非公司企业法人出资人的姓名或者名称；

（二）个人独资企业的投资人姓名及居所；

（三）合伙企业的合伙人名称或者姓名、住所、承担责任方式；

（四）个体工商户的经营者姓名、住所、经营场所；

（五）法律、行政法规规定的其他事项。

第六十六条　【登记信息公示】 登记机关应当依法及时公示法人登记的有关信息。

要点提示

本条是关于登记信息公示的规定。法人的登记信息，包括设立登记、注销登记、变更登记都要对外进行公示，公示主体为登记机关。按照《企业法人登记管理条例施行细则》的规定，登记主管机关应当将企业法人登记、备案信息通过企业信用信息公示系统向社会公示；企业法人应于每年1月1日至6月30日，通过该系统向登记主管机关报送上一年度报告，以向社会公示。但须注意，随着《市场主体登记管理条例》于2022年3月1日起施行，《企业法人登记管理条例》等随之不再有效。《企业法人登记管理条例施行细则》也不再有效，其规定的上述内容应体现在《市场主体登记管理条例》及其相应的实施细则之中。

重要关联规定

《中华人民共和国市场主体登记管理条例》

第四十条第二款　登记机关受理申请后，应当及时开展调查。经调查认定存在虚假市场主体登记情形的，登记机关应当撤销市场主体登记。相关市场主体和人员无法联系或者拒不配合的，登记机关可以将相关市场主体的登记时间、登记事项等通过国家企业信用信息公示系统向社会公示，公示期为45日。相关市场主体及其利害关系人在公示期内没有提出异议的，登记机关可以撤销市场主体登记。

第六十七条　【法人合并、分立后的相关权利义务承受】 法人合并的，其权利和义务由合并后的法人享有和承担。

法人分立的，其权利和义务由分立后的法人享有连带债权，承担连带债务，但是债权人和债务人另有约定的除外。

要点提示

本条是关于法人合并、分立后相关权利义务承受的规定。法人合并，是指两个或两个以上的法人合并为一个法人；法人分立，是指一个法人分成两个或者两个以上的法人。法人合并、分立的，权利、义务以变更后的法人享有和承担为原则。但在法人分立情形下，实行协议优先的原则。由于分立行为不仅涉及分立前的法人与存续法人或新设法人的权利和义务，也影响到原法人债权人利益。故协议优先原则适用的前提是，分立后的债务承担约定，须经债权人同意才对债权人产生约束力。

重要关联规定

《最高人民法院关于审理与企业改制相关的民事纠纷案件若干问题的规定》

第三十一条　企业吸收合并后，被兼并企业的债务应当由兼并方承担。

第三十二条　企业新设合并后，被兼并企业的债务由新设合并后的企业法人承担。

第三十四条　以收购方式实现对企业控股的，被控股企业的债务，仍由其自行承担。但因控股企业抽逃资金、逃避债务，致被控股企业无力偿还债务的，被控股企业的债务则由控股企业承担。

实务问答

问：公司丧失自身生产经营能力，保留独立法人身份，将全部生产经营要素入股到新设公司，能否认定属公司分立？

答： 当事人订立合同后分立的，除债权人和债务人另有约定，由分立的法人或者其他组织对合同的权利和义务享有连带债权，承担连带债务。公司将其全部资产与自身剥离，以丧失自身生产经营的能力，但保留独立法人身份为前提，将全部生产经营要素作为入股投入新设公司当中，属于公司分立的行为，新设公司对公司债务承担连带责任。[①]

---

① 沈璟晶：《某包装公司诉某食品公司买卖合同纠纷案》，载《中国审判案例要览》（2014年商事审判案例卷），中国人民大学出版社2016年版，第316页。

第六十八条　【法人终止】有下列原因之一并依法完成清算、注销登记的，法人终止：

（一）法人解散；

（二）法人被宣告破产；

（三）法律规定的其他原因。

法人终止，法律、行政法规规定须经有关机关批准的，依照其规定。

要点提示

本条是关于法人终止的规定。法人终止，即法人民事主体资格消灭。法人作为社会组织体消灭，无继承人可言。故法人终止须严格法定，有法定事由的出现且经法定程序进行。在此，界定终止、解散、清算等概念。简言之，解散指引起法人终止的原因，是法人终止的开始，之后法人进入清算程序，一般情况下完成清算并经注销登记，法人民事主体资格才归于消灭，法人终止这一整体效果才最终达成。此外，本条明确了法人被撤销不再单独作为法人终止的一大类，而是被归入法人解散一类之中；不需要办理法人登记的，无须注销程序。

第六十九条　【法人解散】有下列情形之一的，法人解散：

（一）法人章程规定的存续期间届满或者法人章程规定的其他解散事由出现；

（二）法人的权力机构决议解散；

（三）因法人合并或者分立需要解散；

（四）法人依法被吊销营业执照、登记证书，被责令关闭或者被撤销；

（五）法律规定的其他情形。

要点提示

本条是关于法人解散的规定。法人解散，是指已成立的法人基于一定的合法事由使得法人消灭的法律行为。法人解散与法人破产是法人终止的两种主要情形，法人清算、注销登记是解散或破产过程中一般需要完成的程序。但因合并或分立进行的解散无须清算程序，设立时未经登记的破产也无须注销登记程序。法人解散的原因通常可以分为自愿解散和强制解散。自愿解散，是指法人基于自身意愿而解散，如法人的权力机构决议解散、章程规定的存续期间届满、因合并或者分立需要解散等。强制解散又称非自愿解散，是指法人非因自身意愿，被政府有关部门决定或法院裁判而解散。强制解散又可分为行政解散和司法解散。另外，第5项法律规定的其他情形是一项兜底规定。如公司经营发生严重困难，继续存续会使股东遭受重大损失，通过其他途径不能解决，此时持公司股东表决权10%以上的股东，可请求法院解散公司。

重要关联规定

《最高人民法院关于适用〈中华人民共和国公司法〉若干问题的规定（二）》

第一条 单独或者合计持有公司全部股东表决权百分之十以上的股东，以下列事由之一提起解散公司诉讼，并符合公司法第一百八十二条规定的，人民法院应予受理：

（一）公司持续两年以上无法召开股东会或者股东大会，公司经营管理发生严重困难的；

（二）股东表决时无法达到法定或者公司章程规定的比例，持续两年以上不能做出有效的股东会或者股东大会决议，公司经营管理发生严重困难的；

（三）公司董事长期冲突，且无法通过股东会或者股东大会解决，公司经营管理发生严重困难的；

（四）经营管理发生其他严重困难，公司继续存续会使股东利益受到重大损失的情形。

股东以知情权、利润分配请求权等权益受到损害，或者公司亏损、财产不足以偿还全部债务，以及公司被吊销企业法人营业执照未进行清算等为由，提起解散公司诉讼的，人民法院不予受理。

第二条 股东提起解散公司诉讼，同时又申请人民法院对公司进行清算的，人民法院对其提出的清算申请不予受理。人民法院可以告知原告，在人民法院判决解散公司后，依据民法典第七十条、公司法第一百八十三条和本规定第七条的规定，自行组织清算或者另行申请人民法院对公司进行清算。

第三条 股东提起解散公司诉讼时，向人民法院申请财产保全或者证据保全的，在股东提供担保且不影响公司正常经营的情形下，人民法院可予以保全。

第四条 股东提起解散公司诉讼应当以公司为被告。

原告以其他股东为被告一并提起诉讼的，人民法院应当告知原告将其他股东变更为第三人；原告坚持不予变更的，人民法院应当驳回原告对其他股东的起诉。

原告提起解散公司诉讼应当告知其他股东，或者由人民法院通知其参加诉讼。其他股东或者有关利害关系人申请以共同原告或者第三人身份参加诉讼的，人民法院应予准许。

第五条 人民法院审理解散公司诉讼案件，应当注重调解。当事人协商同意由公司或者股东收购股份，或者以减资等方式使公司存续，且不违反法律、行政法规强制性规定的，人民法院应予支持。当事人不能协商一致使公司存续的，人民法院应当及时判决。

经人民法院调解公司收购原告股份的，公司应当自调解书生效之日起六个月内将股份转让或者注销。股份转让或者注销之前，原告不得以公司收购其股份为由对抗公司债权人。

第六条 人民法院关于解散公司诉讼作出的判决，对公司全体股东具有法律约束力。

人民法院判决驳回解散公司诉讼请求后，提起该诉讼的股东或者其他股东又以同一事实和理由提起解散公司诉讼的，人民法院不予受理。

第十九条 有限责任公司的股东、股份有限公司的董事和控股股东，以及公司的实际控制人在公司解散后，恶意处置公司财产给债权人造成损失，或者未经依法清算，以虚假的清算报告骗取公司登记机关办理法人注销登记，债权人主张其对公司债务承担相应赔偿责任的，人民法院应依法予以支持。

第二十四条 解散公司诉讼案件和公司清算案件由公司住所地人民法院管辖。公司住所地是指公司主要办事机构所在地。公司办事机构所在地不明确的，由其注册地人民法院管辖。

基层人民法院管辖县、县级市或者区的公司登记机关核准登记公司的解散诉讼案件和公司清算案件；中级人民法院管辖地区、地级市以上的公司登记机关核准登记公司的解散诉讼案件和公司清算案件。

实务问答

问：法人能否未经清算直接办理注销登记？

答：《民法典》第 69 条第 4 项规定，法人依法被吊销营业执照、登记证书，被责令关闭或者被撤销的，法人解散。第 70 条规定，法人解散的，除合并或者分立的情形外，清算义务人应当及时组成清算组进行清算。法人的董事、理事等执行机构或者决策机构的成员为清算义务人。清算义务人未及时履行清算义务，造成损害的，应当承担民事责任。清算是企业法人终止的前置程序，企业法人未经清算的，不得办理注销登记。股份合作制企业是 20 世纪 90 年代企业转制过程中出现的特殊商事主体。集体企业转制为股份合作制企业后，一定程度上具备了股东责任有限的特征。在确定股份合作制企业的清算义务人时，应当充分考虑企业转制的历史因素，尊重公司章程中关于清算的规定，合理确定清算义务人的范围。清算义务人应确定为公司的实际控制人，避免清算义务人范围扩大化。

第七十条　【法人清算】法人解散的，除合并或者分立的情形外，清算义务人应当及时组成清算组进行清算。

法人的董事、理事等执行机构或者决策机构的成员为清算义务人。法律、行政法规另有规定的，依照其规定。

清算义务人未及时履行清算义务，造成损害的，应当承担民事责任；主管机关或者利害关系人可以申请人民法院指定有关人员组成清算组进行清算。

要点提示

本条是关于法人清算的规定。清算，是指法人终止前，依照一定程序了结法人事务，清收债权、清偿债务，分配剩余财产，使法人人格消灭的行为。法人解散的，法人资格并不能立即终止，而必须经过清算。清算义务人，指基于与法人间存在的特定法律关系，在法人解散时对法人负有组织清算义务，在法人因未及时清算给相关权利人造成损害时，依法承担相应责任的民事主体。需注意，清算义务人与清算人是两个概念。清算义务人的义务是组织清算，清算人是在清算中具体实施清算事务的主体。另外，清算义务人只有在未及时履行清算义务的情况下，才承担相应民事责任，故“及时”的判断尤为重要。《公司法》及其司法解释规定，公司解散的，应当在解散事由出现之日起 15 日内成立清算组开始清算。对清算时间没有特殊规定的，可进行参照。

重要关联规定

《最高人民法院关于适用〈中华人民共和国公司法〉若干问题的规定（二）》

第七条　公司应当依照民法典第七十条、公司法第一百八十三条的规定，在解散事由出现之日起十五日内成立清算组，开始自行清算。

有下列情形之一，债权人、公司股东、董事或其他利害关系人申请人民法院指定清算组进行清算的，人民法院应予受理：

（一）公司解散逾期不成立清算组进行清算的；

（二）虽然成立清算组但故意拖延清算的；

（三）违法清算可能严重损害债权人或者股东利益的。

第八条 人民法院受理公司清算案件，应当及时指定有关人员组成清算组。

清算组成员可以从下列人员或者机构中产生：

（一）公司股东、董事、监事、高级管理人员；

（二）依法设立的律师事务所、会计师事务所、破产清算事务所等社会中介机构；

（三）依法设立的律师事务所、会计师事务所、破产清算事务所等社会中介机构中具备相关专业知识并取得执业资格的人员。

第九条 人民法院指定的清算组成员有下列情形之一的，人民法院可以根据债权人、公司股东、董事或其他利害关系人的申请，或者依职权更换清算组成员：

（一）有违反法律或者行政法规的行为；

（二）丧失执业能力或者民事行为能力；

（三）有严重损害公司或者债权人利益的行为。

第十条 公司依法清算结束并办理注销登记前，有关公司的民事诉讼，应当以公司的名义进行。

公司成立清算组的，由清算组负责人代表公司参加诉讼；尚未成立清算组的，由原法定代表人代表公司参加诉讼。

第十一条 公司清算时，清算组应当按照公司法第一百八十五条的规定，将公司解散清算事宜书面通知全体已知债权人，并根据公司规模和营业地域范围在全国或者公司注册登记地省级有影响的报纸上进行公告。

清算组未按照前款规定履行通知和公告义务，导致债权人未及时申报债权而未获清偿，债权人主张清算组成员对因此造成的损失承担赔偿责任的，人民法院应依法予以支持。

第十五条 公司自行清算的，清算方案应当报股东会或者股东大会决议确认；人民法院组织清算的，清算方案应当报人民法院确认。未经确认的清算方案，清算组不得执行。

执行未经确认的清算方案给公司或者债权人造成损失，公司、股东、董事、公司其他利害关系人或者债权人主张清算组成员承担赔偿责任的，人民法院应依法予以支持。

第十八条 有限责任公司的股东、股份有限公司的董事和控股股东未在法定期限内成立清算组开始清算，导致公司财产贬值、流失、毁损或者灭失，债权人主张其在造成损失范围内对公司债务承担赔偿责任的，人民法院应依法予以支持。

有限责任公司的股东、股份有限公司的董事和控股股东因怠于履行义务，导致公司主要财产、账册、重要文件等灭失，无法进行清算，债权人主张其对公司债务承担连带清偿责任的，人民法院应依法予以支持。

上述情形系实际控制人原因造成，债权人主张实际控制人对公司债务承担相应民事责任的，人民法院应依法予以支持。

第十九条 有限责任公司的股东、股份有限公司的董事和控股股东，以及公司的实际控制人在公司解散后，恶意处置公司财产给债权人造成损失，或者未经依法清算，以虚假的清算报告骗取公司登记机关办理法人注销登记，债权人主张其对公司债务承担相应赔偿责任的，人民法院应依法予以支持。

第二十三条 清算组成员从事清算事务时，违反法律、行政法规或者公司章程给公司或者债权人造成损失，公司或者债权人主张其承担赔偿责任的，人民法院应依法予以支持。

有限责任公司的股东、股份有限公司连续一百八十日以上单独或者合计持有公司百分之一以上股份的股东，依据公司法第一百五十一条第三款的规定，以清算组成员有前款所述行为为由向人民法院提起诉讼的，人民法院应予受理。

公司已经清算完毕注销，上述股东参照公司法第一百五十一条第三款的规定，直接以清算组成员为被告、其他股东为第三人向人民法院提起诉讼的，人民法院应予受理。

《最高人民法院关于适用〈中华人民共和国民事诉讼法〉的解释》

第六十四条 企业法人解散的，依法清算并注销前，以该企业法人为当事人；未依法清算即被注销的，以该企业法人的股东、发起人或者出资人为当事人。

实务问答

问：清算义务人怠于履行清算义务，导致企业主要财产、账册、重要文件等灭失，无法进行清算，致使投资人的剩余财产索取权无法实现的，如何承担赔偿责任？

答：由于清算义务人怠于履行清算义务，导致企业主要财产、账册、重要文件等灭失，无法进行清算，致使投资人的剩余财产索取权无法实现，应当承担赔偿责任。当事人只能以投资人的身份，就企业清算后的剩余财产主张按照自己的投资比例获得补偿。在清算目的无法实现、获得补偿的具体数额无法确定的情况下，只能向企业的清算义务人主张赔偿。①

第七十一条 【清算法律适用】 法人的清算程序和清算组职权，依照有关法律的规定；没有规定的，参照适用公司法律的有关规定。

---

① 何宜航：《叶某某诉北京市兰龙实业总公司清算财产案》，载《中国审判案例要览》（2012年商事审判案例卷），中国人民大学出版社2014年版，第203页。

要点提示

本条是关于清算法律适用的规定。法人清算还包括破产清算和非破产清算，破产清算受《企业破产法》调整，非属本条范围。有关公司清算的规定，对法人清算有直接借鉴意义。就法人的清算程序而言，清算义务人应遵循法律规定和相应程序，展开自行清算。自行清算不能的，再进入强制清算程序。此外，对非公司类法人的清算程序，有特别规定的按照这些规定处理，如《民法典》第 95 条关于公益目的的非营利法人终止后剩余财产分配的规定。

重要关联规定

《最高人民法院关于适用〈中华人民共和国公司法〉若干问题的规定（二）》

第十二条 公司清算时，债权人对清算组核定的债权有异议的，可以要求清算组重新核定。清算组不予重新核定，或者债权人对重新核定的债权仍有异议，债权人以公司为被告向人民法院提起诉讼请求确认的，人民法院应予受理。

第十三条 债权人在规定的期限内未申报债权，在公司清算程序终结前补充申报的，清算组应予登记。

公司清算程序终结，是指清算报告经股东会、股东大会或者人民法院确认完毕。

第十四条 债权人补充申报的债权，可以在公司尚未分配财产中依法清偿。公司尚未分配财产不能全额清偿，债权人主张股东以其在剩余财产分配中已经取得的财产予以清偿的，人民法院应予支持；但债权人因重大过错未在规定期限内申报债权的除外。

债权人或者清算组，以公司尚未分配财产和股东在剩余财产分配中已经取得的财产，不能全额清偿补充申报的债权为由，向人民法院提出破产清算申请的，人民法院不予受理。

第十六条 人民法院组织清算的，清算组应当自成立之日起六个月内清算完毕。

因特殊情况无法在六个月内完成清算的，清算组应当向人民法院申请延长。

第十七条 人民法院指定的清算组在清理公司财产、编制资产负债表和财产清单时，发现公司财产不足清偿债务的，可以与债权人协商制作有关债务清偿方案。

债务清偿方案经全体债权人确认且不损害其他利害关系人利益的，人民法院可依清算组的申请裁定予以认可。清算组依据该清偿方案清偿债务后，应当向人民法院申请裁定终结清算程序。

债权人对债务清偿方案不予确认或者人民法院不予认可的，清算组应当依法向人民法院申请宣告破产。

第七十二条　【清算中法人地位、清算后剩余财产的处理和法人终止】清算期间法人存续，但是不得从事与清算无关的活动。

法人清算后的剩余财产，按照法人章程的规定或者法人权力机构的决议处理。法律另有规定的，依照其规定。

清算结束并完成法人注销登记时，法人终止；依法不需要办理法人登记的，清算结束时，法人终止。

要点提示

本条是关于清算中法人地位、清算后剩余财产的处理和法人终止的规定。第 1 款规定清算期间法人仍有民事权利能力与民事行为能力，但其民事权利能力受到限制，不得从事与清算无关的活动，以保护债权人等的利益。第 2 款规定的清算后的剩余财产，是指在支付清算费用、职工工资、社会保险费用和法定补偿金、缴纳所欠税款、清偿公司债务后的剩余财产。另外需要注意的是，民法典第 95 条规定的为公益目的而成立的非营利法人在终止时，剩余财产的处理受到了限制，必须用于公益目的。法人的成立与终止决定了其民事权利能力的存续期间。关于成立时间，营利法人营业执照签发日期为其成立日期。关于终止时间，按照本条第 3 款的规定，清算结束完成并注销登记时，法人终止；依法不需要办理法人登记的，清算结束时，法人终止。

重要关联规定

《最高人民法院关于适用〈中华人民共和国公司法〉若干问题的规定（二）》

第十九条　有限责任公司的股东、股份有限公司的董事和控股股东，以及公司的实际控制人在公司解散后，恶意处置公司财产给债权人造成损失，或者未经依法清算，以虚假的清算报告骗取公司登记机关办理法人注销登记，债权人主张其对公司债务承担相应赔偿责任的，人民法院应依法予以支持。

第二十条　公司解散应当在依法清算完毕后，申请办理注销登记。公司未经清算即办理注销登记，导致公司无法进行清算，债权人主张有限责任公司的股东、股份有限公司的董事和控股股东，以及公司的实际控制人对公司债务承担清偿责任的，人民法院应依法予以支持。

公司未经依法清算即办理注销登记，股东或者第三人在公司登记机关办理注销登记时承诺对公司债务承担责任，债权人主张其对公司债务承担相应民事责任的，人民法院应依法予以支持。

《中华人民共和国市场主体登记管理条例》

第三十一条 市场主体因解散、被宣告破产或者其他法定事由需要终止的，应当依法向登记机关申请注销登记。经登记机关注销登记，市场主体终止。

市场主体注销依法须经批准的，应当经批准后向登记机关申请注销登记。

第三十二条 市场主体注销登记前依法应当清算的，清算组应当自成立之日起10日内将清算组成员、清算组负责人名单通过国家企业信用信息公示系统公告。清算组可以通过国家企业信用信息公示系统发布债权人公告。

清算组应当自清算结束之日起30日内向登记机关申请注销登记。市场主体申请注销登记前，应当依法办理分支机构注销登记。

实务问答

问：进入破产清算程序后，股东能否向破产管理人主张知情权？

答：公司进入破产清算程序，股东资格不受影响，股东向破产管理人主张知情权的，在无不正当目的的前提下，人民法院应予准许。查阅会计账簿、原始凭证是股东知情权的重要内容，在不损害公司合法权益的前提下，适当赋予股东查阅会计账簿、原始凭证的权利，不仅是防范和化解公司治理风险的要求，也是基于效率和秩序的理性选择。①

第七十三条 【破产注销登记】法人被宣告破产的，依法进行破产清算并完成法人注销登记时，法人终止。

要点提示

本条是关于破产注销登记的规定。破产清算，是指对于丧失清偿能力的债务人，经法院审理与监督，强制清算其全部财产，对全体债权人公平清偿的法律程序。需注意，破产清算一般是在全面掌握债务人财产和负债情况的基础上，对既有法律关系的彻底清理。依法完成破产清算并注销后终止，对未依破产程序受偿的债权，一般不能请求继续履行，特殊情形除外。

---

① 马士鹏：《汪某卫诉安徽大蔚置业公司股东知情权纠纷案》，载《人民司法·案例》2020年第32期。

重要关联规定

《中华人民共和国市场主体登记管理条例》

第三十一条 市场主体因解散、被宣告破产或者其他法定事由需要终止的，应当依法向登记机关申请注销登记。经登记机关注销登记，市场主体终止。

市场主体注销依法须经批准的，应当经批准后向登记机关申请注销登记。

第三十二条 市场主体注销登记前依法应当清算的，清算组应当自成立之日起10日内将清算组成员、清算组负责人名单通过国家企业信用信息公示系统公告。清算组可以通过国家企业信用信息公示系统发布债权人公告。

清算组应当自清算结束之日起30日内向登记机关申请注销登记。市场主体申请注销登记前，应当依法办理分支机构注销登记。

第三十四条 人民法院裁定强制清算或者裁定宣告破产的，有关清算组、破产管理人可以持人民法院终结强制清算程序的裁定或者终结破产程序的裁定，直接向登记机关申请办理注销登记。

第七十四条 【法人分支机构】法人可以依法设立分支机构。法律、行政法规规定分支机构应当登记的，依照其规定。

分支机构以自己的名义从事民事活动，产生的民事责任由法人承担；也可以先以该分支机构管理的财产承担，不足以承担的，由法人承担。

要点提示

本条是关于法人分支机构的规定。法人分支机构与有独立责任能力的子公司不同，分支机构在性质上属于法人的组成部分，不具有独立责任能力，不能独立承担法律责任，其行为效果仍由法人承担。司法实践中，在涉及分支机构的诉讼中，可将法人与其分支机构一并列为被告。分支机构虽不具有法人资格，但对于分支机构的债务，应允许由分支机构管理的财产承担，不足部分再由法人承担。

重要关联规定

《最高人民法院关于适用〈中华人民共和国民事诉讼法〉的解释》

第五十二条 民事诉讼法第五十一条规定的其他组织是指合法成立、有一定的组织机构和财产，但又不具备法人资格的组织，包括：

（一）依法登记领取营业执照的个人独资企业；

（二）依法登记领取营业执照的合伙企业；

（三）依法登记领取我国营业执照的中外合作经营企业、外资企业；

（四）依法成立的社会团体的分支机构、代表机构；

（五）依法设立并领取营业执照的法人的分支机构；

（六）依法设立并领取营业执照的商业银行、政策性银行和非银行金融机构的分支机构；

（七）经依法登记领取营业执照的乡镇企业、街道企业；

（八）其他符合本条规定条件的组织。

第五十三条 法人非依法设立的分支机构，或者虽依法设立，但没有领取营业执照的分支机构，以设立该分支机构的法人为当事人。

《中华人民共和国市场主体登记管理条例》

第二条 本条例所称市场主体，是指在中华人民共和国境内以营利为目的从事经营活动的下列自然人、法人及非法人组织：

（一）公司、非公司企业法人及其分支机构；

（二）个人独资企业、合伙企业及其分支机构；

（三）农民专业合作社（联合社）及其分支机构；

（四）个体工商户；

（五）外国公司分支机构；

（六）法律、行政法规规定的其他市场主体。

实务问答

问：分支机构以自己名义从事民事活动并独立参加民事诉讼，法院判其对外承担民事责任，公司法人能否对该生效裁判提起第三人撤销之诉？

答：公司法人的分支机构以自己的名义从事民事活动，并独立参加民事诉讼，人民法院判决分支机构对外承担民事责任，公司法人对该生效裁判提起第三人撤销之诉的，不符合《民事诉讼法》第56条规定的第三人条件，人民法院不予受理。[1]

---

[1] 《某建筑公司诉某银行广州粤秀支行、林某武、某装饰公司广州分公司等第三人撤销之诉案》，最高人民法院指导案例149号。

第七十五条　【设立法人行为的权责承受】设立人为设立法人从事的民事活动，其法律后果由法人承受；法人未成立的，其法律后果由设立人承受，设立人为二人以上的，享有连带债权，承担连带债务。

设立人为设立法人以自己的名义从事民事活动产生的民事责任，第三人有权选择请求法人或者设立人承担。

要点提示

本条是关于设立法人行为的权责承受的规定。本条规定涉及两种情形：第 2 款规定的是设立人为设立法人以自己的名义从事的民事活动之情形，若设立法人成功，第三人对此有选择权；第 1 款则并未要求设立人以自己名义设立法人，若设立法人成功，设立中的债权债务由法人承受，若法人未成立，则由设立人承受。

重要关联规定

《最高人民法院关于适用〈中华人民共和国公司法〉若干问题的规定（三）》

第一条　为设立公司而签署公司章程、向公司认购出资或者股份并履行公司设立职责的人，应当认定为公司的发起人，包括有限责任公司设立时的股东。

第二条　发起人为设立公司以自己名义对外签订合同，合同相对人请求该发起人承担合同责任的，人民法院应予支持；公司成立后合同相对人请求公司承担合同责任的，人民法院应予支持。

第三条　发起人以设立中公司名义对外签订合同，公司成立后合同相对人请求公司承担合同责任的，人民法院应予支持。

公司成立后有证据证明发起人利用设立中公司的名义为自己的利益与相对人签订合同，公司以此为由主张不承担合同责任的，人民法院应予支持，但相对人为善意的除外。

第四条　公司因故未成立，债权人请求全体或者部分发起人对设立公司行为所产生的费用和债务承担连带清偿责任的，人民法院应予支持。

部分发起人依照前款规定承担责任后，请求其他发起人分担的，人民法院应当判令其他发起人按照约定的责任承担比例分担责任；没有约定责任承担比例的，按照约定的出资比例分担责任；没有约定出资比例的，按照均等份额分担责任。

因部分发起人的过错导致公司未成立，其他发起人主张其承担设立行为所产生的费用和债务的，人民法院应当根据过错情况，确定过错一方的责任范围。

第五条　发起人因履行公司设立职责造成他人损害，公司成立后受害人请求公司承担侵权赔偿责任的，人民法院应予支持；公司未成立，受害人请求全体发起人承担连带赔偿责任的，人民法院应予支持。

公司或者无过错的发起人承担赔偿责任后，可以向有过错的发起人追偿。

实务问答

问：明知发起人为设立公司以自己名义签订合同的合同相对人，是应向公司还是发起人主张权利？

答：公司发起人为设立公司以自己名义对外签订合同，合同相对人是否享有主张发起人或公司承担责任的选择权，应取决于其签订合同时是否知晓发起人是为设立公司而签订合同。如果合同相对人在签订合同时明知这一情况，公司设立后实际享有了合同权利并履行了合同义务，则合同相对人不具有选择权，应由公司向合同相对人承担责任。①

第二节 营利法人

第七十六条 【营利法人】以取得利润并分配给股东等出资人为目的成立的法人，为营利法人。

营利法人包括有限责任公司、股份有限公司和其他企业法人等。

要点提示

本条是关于营利法人（概念及类型）的规定。出资人设立营利法人的根本目的是自己获取收益。因此，营利法人除以取得利润为目的外，还应以取得的利润分配给出资人为目的。虽以取得利润为目的，但如获取收益只是为实现自身发展，并未分配给出资人，也非属营利法人。公司是营利法人的典型代表，《公司法》关于公司营利性的相关规定可类推适用其他营利法人。例如，《公司法》对利润分配请求权及与此密切相关的知情权等的规定，可类推适用于营利法人。当然，类推适用并非完全适用，应根据拟处理事项与公司法规定的事项是否相同或类似、是否需要作同等对待来判断。

---

① 王一君：《某房地产公司诉张某洲、某餐饮公司房屋租赁合同纠纷案》，载《人民司法·案例》2016 年第 5 期。

第七十七条　【营利法人登记成立】营利法人经依法登记成立。

要点提示

本条是关于营利法人登记成立的规定。就法人的设立登记而言，不同类型的法人要求是不一样的，《民法典》第77条、第88条、第90条、第92条、第74条第1款对此进行了规定。营利法人、捐助法人的设立需进行登记，其他类型法人及法人分支机构的设立则不一定，需根据法律、行政法规的具体规定确定。当然，设立营利法人进行登记并不排除法律对于特定类型的营利法人的设立采行政许可主义。

重要关联规定

《中华人民共和国市场主体登记管理条例》

第二条　本条例所称市场主体，是指在中华人民共和国境内以营利为目的从事经营活动的下列自然人、法人及非法人组织：

（一）公司、非公司企业法人及其分支机构；

（二）个人独资企业、合伙企业及其分支机构；

（三）农民专业合作社（联合社）及其分支机构；

（四）个体工商户；

（五）外国公司分支机构；

（六）法律、行政法规规定的其他市场主体。

第三条　市场主体应当依照本条例办理登记。未经登记，不得以市场主体名义从事经营活动。法律、行政法规规定无需办理登记的除外。

市场主体登记包括设立登记、变更登记和注销登记。

第七十八条　【营利法人成立时间】依法设立的营利法人，由登记机关发给营利法人营业执照。营业执照签发日期为营利法人的成立日期。

要点提示

本条是关于营利法人成立时间的规定。法人的成立与终止决定了其民事权利能力的存续期间。依照本条，就营利法人而言，营业执照签发日期为其成立日期。营业执照具有证明营业资格和法人资格的双重功能，具体包括：营利法人取得从事经营活动的合法身份；营利法人取得法人资格；营利法人取得名称专用权，并对外以法人名义进行活动；取得营利法人经营权，对外以营利法人名义进行活动。

实务问答

问：股东资格的确定是否以出资为前提条件？

答：法律规定了未依章程规定出资的股东应当对已足额缴纳出资的股东承担违约责任，而没有否定不出资者享有股东资格，法律规定了股东权利的取得是以是否记载于股东名册为依据，即认为确认股东资格的依据不以出资为前提条件，而是取决于公司章程和股东名册的记载，以及相关部门的注册登记。

第七十九条　【营利法人章程】设立营利法人应当依法制定法人章程。

要点提示

本条是关于营利法人章程的规定。营利法人章程是法人治理的前提，是营利法人从事生产经营活动的行为准则。法人章程内容可分为绝对必要记载事项与任意记载事项。就营利法人而言，前者包括法人名称、住所、宗旨与经营范围。注册资金、投资数额、投资者姓名与住所、投资者权利义务、法人组织机构和解散条件、利润分配与债务承担等。

实务问答

问：公司依法制定的章程能否对抗善意第三人？

答：虽然某有色金属总公司经理王某未按照该法人章程的规定，未经董事会决定，擅自以总公司的名义任命李某某为下属某分公司的经理，但李某某持有总公司下属分公司的营业执照和法人授权证明书，足以使第三人确信他身份的合法性和他的代理权具有公信力。至于法人章程如何规定，李某某的身份如何取得，这只是某有色金属总公司的内部事务，第三人没有进行查证的义务，没有义务也就不存在过失。银行出于善意且无过失所为的民事法律行为理应受到保护，且该分公司不具有独立的法人地位，没有自己的独立名称和章程，没有自己的独立财产，只是附属于总公司而存在的法人的分支机构，分支机构无力偿还债务时，总公司应承担连带偿还责任，某有色金属总公司不能以其内部事务对抗善意第三人，其应负责偿还银行贷款本息及超期罚息。①

第八十条　【营利法人权力机构】营利法人应当设权力机构。

权力机构行使修改法人章程，选举或者更换执行机构、监督机构成员，以及法人章程规定的其他职权。

要点提示

本条是关于营利法人权力机构的规定。权力机构区别于执行机构，不执行日常业务，也区别于监督机构和咨询机构。营利法人的权力机构负责就法人的重大事项作出决议，法律选择对社员的利害关系有重大影响的事项作为权力机构的职权范围。本条规定的权力机构的其他职权主要包括审议批准董事会报告、监事会（监事）报告，审议批准年度财务预（决）算方案，审议批准利润分配方案和弥补亏损方案，对法人增减注册资本作出决议，对法人合并、分立、解散、清算或变更形式作出决议等。

实务问答

问：股东（大）会基于法定事由将未满任期的董事解职，是否需要通过特别决议的形式进行？

答：就董事而言，其为公司的必设机关。而根据我国《公司法》的规定，董事的选举权和罢免权属于股东大会，因此董事由股东选任并对股东负责，已被视为公司法的一般规则。股东大会基于法定事由才可以将未满任期的董事解职，而且这种罢免也不需要通过特别决议的形式进行，而只需通过普通决议的形式做出即可。

第八十一条　【营利法人执行机构】营利法人应当设执行机构。

执行机构行使召集权力机构会议，决定法人的经营计划和投资方案，

---

① 《某银行诉某有色金属总公司、某有色金属总公司分公司金融借款合同纠纷案》，载中国裁判文书网，http：//wenshuapp. court. gov. cn/website/wenshu/1211010CARHS5Ba3C/index. html，2022 年 4 月 2 日访问。

决定法人内部管理机构的设置，以及法人章程规定的其他职权。

执行机构为董事会或者执行董事的，董事长、执行董事或者经理按照法人章程的规定担任法定代表人；未设董事会或者执行董事的，法人章程规定的主要负责人为其执行机构和法定代表人。

要点提示

本条是关于营利法人执行机构的规定。执行机构是营利法人的必设机构。就公司而言，股东（大）会往往由于股东人数众多和分散，具有不易召集的特点，股东通过股东（大）会表达的意愿和决策必须通过董事会来具体贯彻执行。另根据本条，营利法人的执行机构包括两种模式：一是执行机构为董事会或执行董事；二是未设董事会或执行董事的，执行机构为法人章程规定的主要负责人。在此基础上，营利法人的法定代表人也包括两种情形：一是执行机构为董事会或执行董事，董事长、执行董事或经理为法定代表人；二是未设董事会或执行董事的，章程规定的主要负责人既是执行机构，也是法定代表人。

实务问答

问：股东自行召集的股东会，会议主持人是否必然为董事长或董事长是否具有作为主持人的优先性？

答：依据《公司法》相关的规定，代表十分之一以上表决权的股东可自行召集和主持股东会。因此，该次会议系由股东自行召集和主持的会议。会议主持人的人选应由全体股东自行决定，不必然是董事长，在此情况下，董事长并不具有作为主持人的优先性。故以会议主持人不符合公司法和公司章程规定为由认为股东会决议应撤销不应得到支持。

第八十二条　【营利法人监督机构】营利法人设监事会或者监事等监督机构的，监督机构依法行使检查法人财务，监督执行机构成员、高级管理人员执行法人职务的行为，以及法人章程规定的其他职权。

要点提示

本条是关于营利法人监督机构的规定。营利法人设立权力机构与执行机构是法律的强制性要求，但设立监督不是强制性的。主要在于营利法人范围较宽，除公司外，还有非公司的企业法人。在我国，监督机构仅是公司法人的必设机关，对非公司法人则非属必须设立的。这些非公司类的企业法人没有实行公司的治理模式，没有设立监督机构。故本条没有像前面两条那样规定“应当设立”。

实务问答

问：公司监事能否提起知情权诉讼？

答： 公司监事或监事会行使检查公司财务的职权，属于公司内部的经营管理范畴，该权利的行使并不涉及其民事权益，且公司法未赋予公司监事通过司法途径获取知情权的权利。因此，监事会或监事以其知情权受到侵害为由提起的诉讼不具有可诉性，人民法院不予受理；已经受理的，应当裁定驳回起诉。①

第八十三条　【出资人滥用权利的责任承担】 营利法人的出资人不得滥用出资人权利损害法人或者其他出资人的利益；滥用出资人权利造成法人或者其他出资人损失的，应当依法承担民事责任。

营利法人的出资人不得滥用法人独立地位和出资人有限责任损害法人债权人的利益；滥用法人独立地位和出资人有限责任，逃避债务，严重损害法人债权人的利益的，应当对法人债务承担连带责任。

要点提示

本条是关于出资人滥用权利的责任承担的规定。本条规定的出资人滥用权利责任，包括滥用出资人权利（股东身份权、决策权、选择管理权、知情权、分配利润权等）损害法人利益后，滥用权利的出资人承担民事责任；滥用法人独立地位与出资人有限责任损害债权人利益后，滥用权利的出资人与法人承担连带责任。

---

① 刘浚、王灯、赵卓丰：《黄某与某营养品公司股东知情权纠纷案》，载《人民司法·案例》2010 年第 22 期。

实务问答

问：如何判断关联公司是否构成人格混同？

答：关联公司的人员、业务、财务等方面交叉或混同，导致各自财产无法区分，丧失独立人格的，构成人格混同。关联公司人格混同，严重损害债权人利益的，关联公司相互之间对外部债务承担连带责任。[1]

第八十四条　【不当利用关联关系责任】营利法人的控股出资人、实际控制人、董事、监事、高级管理人员不得利用其关联关系损害法人的利益；利用关联关系造成法人损失的，应当承担赔偿责任。

要点提示

本条是关于不当利用关联关系责任的规定。关联关系，就公司法而言，是指公司控股股东、实际控制人、董事、监事、高级管理人员与其直接或者间接控制的企业之间的关系，以及可能导致公司利益转移的其他关系。需注意，不是所有利用关联关系的交易均被禁止，只有那些利用关联关系损害法人利益的行为，即不当关联关系行为才会被禁止。

重要关联规定

《最高人民法院关于适用〈中华人民共和国公司法〉若干问题的规定（五）》

第一条　关联交易损害公司利益，原告公司依据民法典第八十四条、公司法第二十一条规定请求控股股东、实际控制人、董事、监事、高级管理人员赔偿所造成的损失，被告仅以该交易已经履行了信息披露、经股东会或者股东大会同意等法律、行政法规或者公司章程规定的程序为由抗辩的，人民法院不予支持。

公司没有提起诉讼的，符合公司法第一百五十一条第一款规定条件的股东，可以依据公司法第一百五十一条第二款、第三款规定向人民法院提起诉讼。

实务问答

问：审判实践中应从哪些角度来认定关联交易的非正当性？

答：无论是民法典还是《公司法》，均明确不得利用关联关系损害公司（法人）

---

① 《某机械公司与某工贸公司等买卖合同纠纷案》，最高人民法院指导案例15号。

利益。这说明法律并不是简单地禁止关联交易，而是禁止以关联交易损害公司利益。关于关联交易非正当性的认定，法律仅以“不得损害公司利益”予以规制，审判实践中应主要从交易程序、交易对价、交易结果的角度来认定关联交易的非正当性。就该案而言，主要基于以下事实来认定关联交易的非正当性：一是交易程序存在瑕疵。一方面原告某信息技术公司的章程对于公司资产的处置明确约定“应当由董事会决议”，然而被告某投资管理公司却无证据证明其受益的该项交易行为经原告某信息技术公司的董事会决议通过。另一方面被告魏某某作为原告某信息技术公司的法定代表人及董事长，违背其对原告某信息技术公司的忠实义务，代表原告进行对公司明显无益的交易，存在明显的牟取原告某信息技术公司经营利益的目的，且未向公司董事会及股东会进行披露。二是交易对价不合理。某信息技术公司在与某投资管理公司达成商标转让协议之后，因转让协议约定的转让价格为零元，故并未实际获得某投资管理公司支付的转让价款。显然，该项交易对于某信息技术公司而言，不仅没有获利，还丧失了重要的无形资产，因而应当认定该交易对某信息技术公司的利益产生损害。三是交易结果损害公司利益。被告某投资管理公司在达成商标转让协议之后，不仅未发生实际支付，且被告魏某某随后以董事长身份代表原告某信息技术公司变更域名、注销业务许可证。而原告某信息技术公司作为信息技术类公司，其经营是基于与系争商标密切相关的域名网站的运营，转让系争商标致使原告某信息技术公司无法运营其网站，从而导致无法开展正常经营活动，造成了原告某信息技术公司丧失重要的无形资产和基于该资产的收益权，显然属于损害原告某信息技术公司利益的关联交易。综上所述，该案从交易主体、交易程序、交易对价和交易结果四方面入手考察相关事实后认定系争交易行为属于有损公司利益的关联交易行为，应为无效。[①]

第八十五条　【营利法人决议的撤销】营利法人的权力机构、执行机构作出决议的会议召集程序、表决方式违反法律、行政法规、法人章程，或者决议内容违反法人章程的，营利法人的出资人可以请求人民法院撤销该决议。但是，营利法人依据该决议与善意相对人形成的民事法律关系不受影响。

---

① 《某信息技术公司与某投资管理公司、魏某某关联交易纠纷案》，载中国裁判文书网，http：//wenshuapp. court. gov. cn/website/wenshu/181107AUJIFZ0BXSK4/index. html? docId＝61b3c424f99a4ea3a46aa9c10144baac，2022 年 4 月 2 日访问。

要点提示

本条是关于营利法人决议的撤销之规定。根据本条规定，可知出资人可请求撤销营利法人决议的情况包括两种：一是决议程序（会议召集程序或会议表决方式）违反法律、行政法规或法人章程；二是决议内容违反法人章程。需注意，本条针对营利法人决议内容不当的撤销，只限定在违反法人章程之内。若决议内容违反的是法律、行政法规的强制性规定，则需依据民法典第 143 条、第 153 条的规定认定是否无效，非属第 85 条调整范围。

重要关联规定

《最高人民法院关于适用〈中华人民共和国公司法〉若干问题的规定（一）》

第三条　原告以公司法第二十二条第二款、第七十四条第二款规定事由，向人民法院提起诉讼时，超过公司法规定期限的，人民法院不予受理。

《最高人民法院关于适用〈中华人民共和国公司法〉若干问题的规定（四）》

第四条　股东请求撤销股东会或者股东大会、董事会决议，符合民法典第八十五条、公司法第二十二条第二款规定的，人民法院应当予以支持，但会议召集程序或者表决方式仅有轻微瑕疵，且对决议未产生实质影响的，人民法院不予支持。

实务问答

问：解聘经理事由问题是否属于公司决议撤销之诉的审查范围？

答：人民法院在审理公司决议撤销纠纷案件中应当审查：会议召集程序、表决方式是否违反法律、行政法规或者公司章程，以及决议内容是否违反公司章程。在未违反上述规定的前提下，解聘总经理职务的决议所依据的事实是否属实，理由是否成立，不属于司法审查范围。①

第八十六条　【营利法人社会责任】营利法人从事经营活动，应当遵守商业道德，维护交易安全，接受政府和社会的监督，承担社会责任。

---

① 《李建军与上海佳动力环保科技有限公司公司决议撤销纠纷案》，最高人民法院指导案例 10 号。

要点提示

本条是关于营利法人社会责任的规定。营利法人虽然以将利润分配给出资人为目标，具有营利性，但作为社会经济活动的基本单位，在追逐营利性时，应有一定的限度，需要承担一定的社会责任。需注意，本条与《公司法》第5条对公司社会责任制度的规定一样，属宣示性条款，实践中不能以此作为提起诉讼的依据，不宜直接以本条为依据判决企业承担社会责任或判决企业承担违反社会责任的赔偿责任。

重要关联规定

《最高人民法院关于适用〈中华人民共和国反不正当竞争法〉若干问题的解释》

第三条 特定商业领域普遍遵循和认可的行为规范，人民法院可以认定为反不正当竞争法第二条规定的"商业道德"。

人民法院应当结合案件具体情况，综合考虑行业规则或者商业惯例、经营者的主观状态、交易相对人的选择意愿、对消费者权益、市场竞争秩序、社会公共利益的影响等因素，依法判断经营者是否违反商业道德。

人民法院认定经营者是否违反商业道德时，可以参考行业主管部门、行业协会或者自律组织制定的从业规范、技术规范、自律公约等。

实务问答

问：公司解散之诉中判断公司应否解散是否需充分考虑公司承担的社会责任？

答：公司解散之诉是赋予股东解决公司僵局、维护股东权益的最后法律救济手段。但解散公司作为对公司最为严厉的制裁措施，会直接导致公司人格的消亡，且伴随公司财产清算、债权债务处理、职工安置等一系列棘手问题的产生。司法实践中对股东提起公司解散之诉应持审慎的态度，在判断公司应否解散时不仅要严格把握公司解散的法定条件，而且要综合平衡与公司经营相关的各方利益。在公司解散之诉中，判断公司应否解散时，不仅要考虑股东的利益，还要充分考虑公司解散对社会公众利益的影响，即公司承担的社会责任。在股东个人利益与社会公众利益发生冲突时，应优先保护社会公众利益。①

① 《李某某与某置业公司、薛某某公司解散纠纷案》，载《人民法院案例选》（2016年第3辑），人民法院出版社2016年版，第193页。

第三节　非营利法人

第八十七条　【非营利法人】为公益目的或者其他非营利目的成立，不向出资人、设立人或者会员分配所取得利润的法人，为非营利法人。

非营利法人包括事业单位、社会团体、基金会、社会服务机构等。

要点提示

本条是关于非营利法人（概念及类型）的规定。非营利法人，与“营利法人”相对，指为公益目的或者其他非营利目的成立，不向其成员或设立人分配利润的法人。需注意的是，“非营利目的”或“非营利性”，并不是经济学意义上的无利润，也不是不从事经营活动，而是指这种组织的运作目的不是获取利润，是一个界定组织性质的词语。非营利法人类型较为复杂，包括事业单位、社会团体、基金会、社会服务机构等，各类型又可进一步区分。

第八十八条　【事业单位法人】具备法人条件，为适应经济社会发展需要，提供公益服务设立的事业单位，经依法登记成立，取得事业单位法人资格；依法不需要办理法人登记的，从成立之日起，具有事业单位法人资格。

要点提示

本条是关于事业单位法人的规定。事业单位是指国家为了社会公益目的，由国家机关举办或者其他组织利用国有资产举办的，从事教育、科技、文化、卫生等活动的社会服务组织。根据《中共中央 国务院关于分类推进事业单位改革的指导意见》，改革目标是将承担行政职能和从事生产经营活动的事业单位从事业单位法人中剥离出去，而从事公益服务的事业单位仍保留在事业单位序列中长期存在。考虑到事业单位分类改革正在进行中，而民法典规定应具有稳定性，为此，民法典规定的事业单位法人仅指从事公益服务的事业单位，不再包括承担行政职能和从事生产经营活动的事业单位。

实务问答

问：民办学校为他人借款进行担保的行为效力如何？

答：非营利法人中的事业单位法人不得作为保证人。根据民法典第 683 条第 2 款的规定，以公益为目的的非营利法人、非法人组织不得为保证人。相较于公办学校，民办学校仅是投资渠道的不同，并不能因此否定其公益属性，民办学校中的设施仍属于社会公益设施。民办学校为借款提供担保的行为属不得为保证人的情形，该保证合同无效。①

第八十九条　【事业单位法人组织机构】事业单位法人设理事会的，除法律另有规定外，理事会为其决策机构。事业单位法人的法定代表人依照法律、行政法规或者法人章程的规定产生。

要点提示

本条是关于事业单位法治组织机构的规定。考虑到事业单位改革尚未完成，本条并未强制规定事业单位法人必须设理事会，且对其法定代表人，规定依照法律、行政法规或者法人章程的规定产生。另需注意，事业单位法人理事会成员不一定属清算义务人。“事业单位法人设理事会的，除法律另有规定外，理事会为其决策机构。”也就是说，并非所有事业单位法人的理事会都是决策机构，有的事业单位法人的理事会仅是作为咨询、协商机构存在的。由于并非所有事业单位法人的理事会都是决策机构，针对非属决策机构存在的理事会，其成员并不负有清算义务，也就不是清算义务人。

---

① 《某职业学院与胡某某民间借贷纠纷案》，载中国裁判文书网，http：//wenshuapp. court. gov. cn/website/wenshu/181107ANFZ0BXSK4/index. html？ docId = 882210f5a24449859fdda84800373b66，2022 年 4 月 2 日访问。

第九十条 【社会团体法人】具备法人条件，基于会员共同意愿，为公益目的或者会员共同利益等非营利目的设立的社会团体，经依法登记成立，取得社会团体法人资格；依法不需要办理法人登记的，从成立之日起，具有社会团体法人资格。

要点提示

本条是关于社会团体法人的规定。社会团体是指由中国公民自愿组成，为实现会员共同意愿，按照其章程开展活动的非营利性社会组织。民法典确认了社会团体法人类型，需注意以下几点：（1）须具备会员。依照《社会团体登记管理条例》规定，成立社会团体应有 50 个以上的个人会员或 30 个以上的单位会员；个人会员、单位会员混合组成的，会员总数不得少于 50 个。（2）社会团体法人既有为公益目的设立的，亦有为会员共同利益等非营利目的设立的。前者如中华慈善总会等，后者如商会、校友会等。（3）社会团体既有依法登记成立的，也有依法不需要办理法人登记而成立的。另需注意，民法典规定的社会团体法人不同于传统民法理论所称的社团法人。在新闻报道中，经常有将社会团体简称为“社团”，将社会团体法人简称为“社团法人”的，民法典生效后，这种用法是存在问题的。社团法人是与财团法人（捐助法人）相对应的概念，社团法人的内涵大于社会团体法人，除社会团体法人外，还包括有限责任公司、股份有限公司等。

实务问答

问：社会团体法人能否从事市场经营活动？

答：非营利性社会团体法人虽然不以营利为目的，但并不意味着其不能从事一定的市场经营活动。按照《社会团体登记管理条例》规定，某省足协作为社团法人，可以在章程范围内作为民事主体对外开展民事活动，独立承担民事责任。某省足协关于其作为非营利性社会团体法人，不能作为法律上和经济上独立的商品生产者从事或参与经营活动并获得相关权益的主张，与有关规定和事实不符。[①]

---

① 《某体育发展公司与某省足球协会、某体育经营管理公司垄断纠纷案》，载中国裁判文书网，http：//wenshuapp. court. gov. cn/website/wenshu/181107ANFZ0BXSK4/index. html？docId＝9fae7ccdf21945978612e2054ddb1f52，2022 年 4 月 2 日访问。

第九十一条　【社会团体法人章程与组织机构】 设立社会团体法人应当依法制定法人章程。

社会团体法人应当设会员大会或者会员代表大会等权力机构。

社会团体法人应当设理事会等执行机构。理事长或者会长等负责人按照法人章程的规定担任法定代表人。

要点提示

本条是关于社会团体法人章程与组织机构的规定。是设立社会团体法人的法定必备文件，是社会团体法人内部管理和活动的根本准则，对社会团体法人具有重要意义，故本条明确了设立人订立章程的义务。由于社会团体法人理事会作为执行机构存在，故除法律、行政法规另有规定外，其理事会成员属清算义务人。另需注意，由于是否设立监督机构属会员自治范畴，应由社会团体法人自行决定，故本条未规定必须设立监督机构。

第九十二条　【捐助法人】 具备法人条件，为公益目的以捐助财产设立的基金会、社会服务机构等，经依法登记成立，取得捐助法人资格。

依法设立的宗教活动场所，具备法人条件的，可以申请法人登记，取得捐助法人资格。法律、行政法规对宗教活动场所有规定的，依照其规定。

要点提示

本条是关于捐助法人的规定。之所以采用这个概念，原因在于：以往法律中未使用“社团”与“财团”的概念，“社会团体”则被广泛适用。这与传统民法理论中的“社团”概念极易混淆，同时，“财团”概念也难以被理解。为此，社团法人与财团法人在立法上暂不采用，但仍需对财团性质的法人作出明确规定。因财团法人创设人一旦将财产转移给法人，即丧失对该财产的权利，也不可能置换出相应财产权，故称其为捐助人。在此基础上，以捐助法人的概念来表述财团性质的法人，能够反映财团法人的本质属性，也便于与其他概念区分。另需注意，根据民法典的法人分类，今后设立的民办学校、民办医院等非企业法人组织，可选择登记为营利法人或登记为社会服务机构。登记为营利法人的，存续期间可分配利润，终止时可分配剩余财产。登记为社会服务机构的，取得捐助法人资格，享受国家财政、税收等各方面扶持，但存续期间不得分配利润，法人终止时不可分配剩余财产，剩余财产将继续用于公益目的。

第九十三条　【捐助法人章程与组织机构】设立捐助法人应当依法制定法人章程。

捐助法人应当设理事会、民主管理组织等决策机构，并设执行机构。理事长等负责人按照法人章程的规定担任法定代表人。

捐助法人应当设监事会等监督机构。

要点提示

本条是关于捐助法人章程与组织机构的规定。捐助法人较为特殊，相较其他类型法人，捐助法人没有权力机构，故捐助法人章程及决策机构、执行机构作用尤其重要，因而本条规定捐助法人应制定章程、设立决策机构与执行机构。同时，为健全监督机制也应设立监督机构。设立捐助法人决策机构、执行机构和法定代表人，《慈善法》《基金会管理条例》均有相应规定。另需注意，除法律、行政法规另有规定外，捐助法人的理事会、民主管理组织等决策机构成员为清算义务人。另，捐助法人在理事会之外设立的秘书处等执行机构，其成员并非清算义务人。

第九十四条　【捐助人权利】捐助人有权向捐助法人查询捐助财产的使用、管理情况，并提出意见和建议，捐助法人应当及时、如实答复。

捐助法人的决策机构、执行机构或者法定代表人作出决定的程序违反法律、行政法规、法人章程，或者决定内容违反法人章程的，捐助人等利害关系人或者主管机关可以请求人民法院撤销该决定。但是，捐助法人依据该决定与善意相对人形成的民事法律关系不受影响。

要点提示

本条是关于捐助人权利的规定。捐助人权利主要存在于捐助法人中。对于捐助人的监督，捐助法人应积极配合；对捐助人的意见建议，捐助法人的回复应不仅要如实，也要及时。另，本条第2款规定的申请撤销捐助法人不当决定的权利，包括以下两种情况：(1) 决定程序违反法律、行政法规或法人章程。(2) 决定内容违反法人章程。与民法典第85条的规定类似，本条针对捐助法人决定内容不当的撤销，只限定在违反法人章程之内。若决议内容违反的是法律、行政法规的强制性规定，则需依据民法典第143条、第153条的规定认定是否无效，非属第85条调整范围。此外需注意，本条申请撤销的主体，不仅包括捐助人，也包括其他利害关系人及捐助法人的主管机关。

第九十五条　【非营利法人终止后剩余财产处理】 为公益目的成立的非营利法人终止时，不得向出资人、设立人或者会员分配剩余财产。剩余财产应当按照法人章程的规定或者权力机构的决议用于公益目的；无法按照法人章程的规定或者权力机构的决议处理的，由主管机关主持转给宗旨相同或者相近的法人，并向社会公告。

要点提示

本条是关于非营利法人终止后剩余财产处理的规定。非营利法人终止时，不能向出资人、设立人或者会员等分配剩余财产，这是区别“为公益目的成立的非营利法人”和其他非营利法人的主要标准。违反本条规定，向其出资人、设立人或者会员分配剩余财产，则因无合法根据取得财产，构成不当得利，应予返还。但对非为公益目的设立的非营利法人，其剩余财产的处置规则问题，依照法律适用规则，既然没有为其另设特殊规则，则应适用法人章“一般规定”部分的规定，即民法典第72条第2款：“法人清算后的剩余财产，按照法人章程的规定或者法人权力机构的决议处理。法律另有规定的，依照其规定。”也就是说，非为公益目的成立的非营利法人在存续期间不可分配利润，但终止时可分配剩余财产。

第四节　特别法人

第九十六条　【特别法人】本节规定的机关法人、农村集体经济组织法人、城镇农村的合作经济组织法人、基层群众性自治组织法人，为特别法人。

要点提示

本条是关于特别法人（类型）的规定。根据我国社会生活实际，具有特殊性的法人组织主要有机关法人、基层群众性自治组织和农村集体经济组织、合作经济组织。对上述法人，单独设立一种法人类别，既有利于其更好地参与民事生活，也有利于保护其成员和与其进行民事活动的相对人的合法权益。故在营利法人与非营利法人之外，民法典创设了特别法人一章。需注意，有独立经费的机关和承担行政职能的法定机构、基层群众性自治组织，一律具有法人资格；而农村集体经济组织、城镇农村的合作经济组织，并非一概为特别法人。其取得法人资格为一般性规定，法律、行政法规另有规定的，则依其规定不取得法人资格。这是因为，二者本质上为具有集体合作特点的自治经济主体，采取何种组织形式，可由其成员自由选择决定。

实务问答

问：村民委员会作为被污染土地的经营者、管理者，能否作为原告提起土壤污染责任民事诉讼？

答：《民事诉讼法》《环境保护法》等法律及相关司法解释对我国环境司法中的公益诉讼和私益诉讼进行了较为明确的规定。由于环境侵害的特殊性，在直接利害关系人的私益受到侵害的同时，还会涉及不特定多数人的公共利益和生态环境平衡，尽管侵权人和侵害行为是相同的，但因侵害的权益不同，诉讼目的、诉讼请求存在区别，便出现公益诉讼和私益诉讼并存的局面。法律规定有关机关和社会组织有权提起环境公益诉讼的，并不影响因同一污染环境、破坏生态行为受到人身、财产损害的自然人、法人和其他组织提起私益诉讼，避免出现以涉及公益为名将私益诉讼拒之门外的现象，不能因为我国设立了环境民事公益诉讼制度而否定特定受侵害个体的诉权。村民委员会作为基层群众性自治组织具有依法保护和改善生态环境的义务，且村民委员会作为被污染土地的经营者、管理者，有权作为原告提起土壤污染责任民事诉讼，要求侵权人承担相应的民事责任。①

第九十七条　【机关法人】有独立经费的机关和承担行政职能的法定机构从成立之日起，具有机关法人资格，可以从事为履行职能所需要的民事活动。

要点提示

本条是关于机关法人的规定。机关法人包括两类：一是有独立经费的机关；二是有独立经费的承担行政职能的法定机构。也就是说，具有独立经费是机关法人的必备条件，确保其可对外承担民事法律责任。需注意，本条所谓“有独立经费”，应为有独立的单位预算经费。承担行政职能的法定机构，指不属于行政机关序列但又行使行政机关职能的社会组织，如银保监会、证监会、社保机构等。需注意，机关法人只能从事为履行职能所需要的民事活动，不得从事超出职能范围的民事活动，如党政机关不得投资办企业。

第九十八条　【机关法人终止后的权责承受】机关法人被撤销的，法人终止，其民事权利和义务由继任的机关法人享有和承担；没有继任的机关法人的，由作出撤销决定的机关法人享有和承担。

要点提示

本条是关于机关法人终止后权责承受的规定。本条规定机关法人的终止原因是被撤销。机关法人终止后，若有继任其职能的，由继任的机关法人概括承受。概括承受，是指终止机关法人的全部资产和责任一律由继任的机关法人承受，继任的机关法人不得进行选择，且不得附有任何先决条件。此外，本条还规定，没有继任的机关法人的，由作出撤销决定的机关法人享有和承担。如此可保证机关法人在被撤销且无继承机关

① 《某村民委员会与张某某等土壤污染责任纠纷案》，载中国裁判文书网，http://wenshuapp.court.gov.cn/website/wenshu/181107ANFZ0BXSK4/index.html?docId=46d079b6dd154a0bb912a96900a25847，2022 年 4 月 2 日访问。

的情况下，也有能承担责任的机关法人，以保障利益相关人及国家、社会公共利益。

重要关联规定

《最高人民法院关于民事执行中变更、追加当事人若干问题的规定》

第八条　作为申请执行人的机关法人被撤销，继续履行其职能的主体申请变更、追加其为申请执行人的，人民法院应予支持，但生效法律文书确定的权利依法应由其他主体承受的除外；没有继续履行其职能的主体，且生效法律文书确定权利的承受主体不明确，作出撤销决定的主体申请变更、追加其为申请执行人的，人民法院应予支持。

第九十九条　**【农村集体经济组织法人】**农村集体经济组织依法取得法人资格。

法律、行政法规对农村集体经济组织有规定的，依照其规定。

要点提示

本条是关于农村集体经济组织法人的规定。农村集体经济组织作为法人只是农村集体资产的管理主体，并非集体资产的所有者，农村集体经济组织所有并非农村集体经济组织成员之和。因而，当农村集体经济组织作为法人以自己的名义对外从事民事活动时，其所有的财产或经费并非指其管理的集体成员所有的财产。需注意，农村集体经济组织必须依法取得法人资格。首先依法应该符合法人成立的条件，即依法成立，有自己的名称、组织机构和住所，有独立的财产和经费，能够独立承担民事责任四个原则性条件。其次应符合法律法规关于农村集体经济组织取得法人资格的特别规定，如是否需要经过有关机关批准，是否需要向有关机关进行登记。本条第 2 款是对农村集体经济组织特别法人主体地位的确认，也为未来相关的立法预留空间。

第一百条　**【城镇农村的合作经济组织法人】**城镇农村的合作经济组织依法取得法人资格。

法律、行政法规对城镇农村的合作经济组织有规定的，依照其规定。

要点提示

本条是关于城镇农村的合作经济组织法人的规定。城镇农村的合作经济组织是否取得法人资格，首先要看它是否符合法人的四个基本特征，即有自己的名称、固定的场所、组织机构和独立的财产。农村合作经济组织还要求有自己的章程，这是其成立的基础。城镇农村的合作经济组织，对社员不以营利为目的，是一种人合型企业，这一特性并不符合营利法人和非营利法人的特性。可以说，其是介于企业法人与社会团体法人中间状态的经济组织，无法归入一般法人中，故民法典将其放在“特别法人”一章。

第一百零一条　【基层群众性自治组织法人】居民委员会、村民委员会具有基层群众性自治组织法人资格，可以从事为履行职能所需要的民事活动。

未设立村集体经济组织的，村民委员会可以依法代行村集体经济组织的职能。

要点提示

本条是关于基层群众性自治组织法人的规定。本条赋予了村民委员会、居民委员会法人地位，是民法典关于民事主体制度的重大亮点。其赋予居民委员会、村民委员会法人资格，有助于进一步确定居民委员会、村民委员会的权、责、利，助其更好地开展民事活动，也有利于保护其成员和与其进行民事活动的相对人的合法权益。需注意，村民委员会是村民选举执行村民自治的常设机构，村集体经济组织的经营则不属于村民自治的范畴，村集体经济组织由于历史原因成立得很少，多数地区是以村民委员会代行集体经济组织发包权能的。因此，在未设农村集体经济组织的自然村，由村民委员会代行村集体经济组织职能是可行的，本条第 2 款对此也进行了明确。同时对履职顺序进行了整理，优先由集体经济组织管理，没设村集体经济组织的，村民委员会在有关法律、法规规定的条件下代行农村集体经济组织职能。

重要关联规定

《最高人民法院关于适用〈中华人民共和国民事诉讼法〉的解释》

第六十八条　居民委员会、村民委员会或者村民小组与他人发生民事纠纷的，居民委员会、村民委员会或者有独立财产的村民小组为当事人。

第四章　非法人组织

第一百零二条　【非法人组织定义与类型】非法人组织是不具有法人资格，但是能够依法以自己的名义从事民事活动的组织。

非法人组织包括个人独资企业、合伙企业、不具有法人资格的专业服务机构等。

要点提示

本条是关于非法人组织定义与类型的规定。关于非法人组织，需注意，其具有民事权利能力和民事行为能力，能够以自己名义从事民事活动，只是不具有独立承担民事责任的能力。民事主体分类上，《民法通则》采取了公民、法人二元民事主体结构，民法典则采用了自然人、法人、非法人组织的三元民事主体结构，将非法人组织作为自然人、法人之外的第三类民事主体，是我国民事主体制度的重大创新。

重要关联规定

《最高人民法院关于适用〈中华人民共和国民事诉讼法〉的解释》

第五十二条　民事诉讼法第五十一条规定的其他组织是指合法成立、有一定的组织机构和财产，但又不具备法人资格的组织，包括：

（一）依法登记领取营业执照的个人独资企业；

（二）依法登记领取营业执照的合伙企业；

（三）依法登记领取我国营业执照的中外合作经营企业、外资企业；

（四）依法成立的社会团体的分支机构、代表机构；

（五）依法设立并领取营业执照的法人的分支机构；

（六）依法设立并领取营业执照的商业银行、政策性银行和非银行金融机构的分支机构；

（七）经依法登记领取营业执照的乡镇企业、街道企业；

（八）其他符合本条规定条件的组织。

实务问答

问：合伙企业以公司名义从事经营活动，能否发生对第三人承担有限责任的效力？

答：合伙企业虽然以公司的名义开展经营活动，但并不代表该合伙企业以此排除合伙人的无限责任，不发生对第三人承担有限责任的效力。在该合伙企业的合伙财产不足以清偿其债务时，其不足的部分应当由该合伙企业的合伙人以在合伙企业出资以外的财产承担无限连带清偿责任。

第一百零三条　【非法人组织设立】非法人组织应当依照法律的规定登记。

设立非法人组织，法律、行政法规规定须经有关机关批准的，依照其规定。

要点提示

本条是关于非法人组织设立（程序）的规定。根据本条的规定，非法人组织的设立，登记程序是必要的，但审批程序则不一定。法律、行政法规规定需经有关机关批准的，依照其规定。需注意，非法人组织须是法律允许成立的组织，其成立宗旨不得与法律、法规以社会公共道德相抵触，即非法人组织不属于非法组织。

重要关联规定

《中华人民共和国市场主体登记管理条例》

第二条　本条例所称市场主体，是指在中华人民共和国境内以营利为目的的从事经营活动的下列自然人、法人及非法人组织：

（一）公司、非公司企业法人及其分支机构；

（二）个人独资企业、合伙企业及其分支机构；

（三）农民专业合作社（联合社）及其分支机构；

（四）个体工商户；

（五）外国公司分支机构；

（六）法律、行政法规规定的其他市场主体。

第三条　市场主体应当依照本条例办理登记。未经登记，不得以市场主体名义从事经营活动。法律、行政法规规定无需办理登记的除外。

市场主体登记包括设立登记、变更登记和注销登记。

第一百零四条　【非法人组织债务承担】非法人组织的财产不足以清偿债务的，其出资人或者设立人承担无限责任。法律另有规定的，依照其规定。

要点提示

本条是关于非法人组织债务承担的规定。非法人组织不具有法人资格，不能独立承担民事责任，故在其财产不足以清偿债务时，出资人或设立人需承担无限责任。如《合伙企业法》对有限合伙企业中的有限合伙人，规定的便是以其认缴的出资额为限对合伙企业债务承担责任。当然，法律另有规定的除外。从中可以看出，法人的责任一般是一次性的；而非法人组织的责任则是二次性的，其组织成员除出资非法人组织的财产外，往往还须以其另外的个人财产负二次补充责任。即最终承担相关责任时，先以非法人组织的财产负责，不足以清偿时，由组织成员负连带责任。

重要关联规定

《最高人民法院关于民事执行中变更、追加当事人若干问题的规定》

第十三条第一款　作为被执行人的个人独资企业，不能清偿生效法律文书确定的债务，申请执行人申请变更、追加其出资人为被执行人的，人民法院应予支持。个人独资企业出资人作为被执行人的，人民法院可以直接执行该个人独资企业的财产。

第十四条　作为被执行人的合伙企业，不能清偿生效法律文书确定的债务，申请执行人申请变更、追加普通合伙人为被执行人的，人民法院应予支持。

作为被执行人的有限合伙企业，财产不足以清偿生效法律文书确定的债务，申请执行人申请变更、追加未按期足额缴纳出资的有限合伙人为被执行人，在未足额缴纳出资的范围内承担责任的，人民法院应予支持。

第十六条　个人独资企业、合伙企业、法人分支机构以外的非法人组织作为被执行人，不能清偿生效法律文书确定的债务，申请执行人申请变更、追加依法对该非法人组织的债务承担责任的主体为被执行人的，人民法院应予支持。

实务问答

问：合伙组织形态要求是否意味着合伙企业的各方面均需符合法律规定的要式条件?

答：合伙企业作为一种独立的联合体，具有团体属性，这种属性主要表现为合伙组织的人格、财产利益和民事责任等方面均具有相对的独立性，但是这种独立性并没有法人那么高的要求，团体的属性也没有法人那么强，根源就在于合伙这种组织形态的人合性与合伙人对合伙企业所负的无限连带责任。由于对合伙关系的认定主要依据的是合伙协议，合伙企业的形式要求并不像法人企业那般严格。如果说法人是一种高级的组织形态，那么合伙则是一种低级的组织形态，这种低级的组织形态并不要求合伙组织的各方面均符合法律规定的要式条件，而是要求联合体能够符合合伙这一本质的核心要件，即《合伙企业法》第 14 条规定的相关内容。①

第一百零五条　【非法人组织的代表人】非法人组织可以确定一人或者数人代表该组织从事民事活动。

要点提示

本条是关于非法人组织的代表人之规定。关于非法人组织的代表人，与法人的法定代表人不同，其可以是一人也可以是数人。但非法人组织的代表人对外从事民事活动产生的权利义务，也由非法人组织承担。

第一百零六条　【非法人组织解散】有下列情形之一的，非法人组织解散：

（一）章程规定的存续期间届满或者章程规定的其他解散事由出现；

（二）出资人或者设立人决定解散；

（三）法律规定的其他情形。

---

① 《张某某、林某某与许某某合伙纠纷案》，载中国裁判文书网，http：//wenshuapp. court. gov. cn/website/wenshu/181107ANFZ0BXSK4/index. html？ docId = 7325e72fd19d466d8060a8f30010e2c3，2022 年 4 月 2 日访问。

要点提示

本条是关于非法人组织解散的规定。非法人组织解散，是指出现需要消灭非法人组织民事主体资格的原因，而终止其权利义务的法律行为。决定或宣布非法人组织解散的主体可以是非法人组织的权力机关或出资人、设立人。在某些特定情形下，主管机关、人民法院也可根据申请责令解散。法律依据可以是本条第 2 项、民法典第 70 条第 3 款的规定（根据民法典第 108 条规定参照适用）。

实务问答

问：合伙解散后，相关竞业禁止是否还具有约束力？

答：合伙解散后，相关竞业禁止则不具有约束力。案涉《散伙协议》对经营项目资产进行了全面清算，从形式和内容来看，该协议均是散伙性质的协议，故该协议生效后，之前合伙协议约定的竞业禁止条款已经不具有约束力。①

第一百零七条　【非法人组织清算】非法人组织解散的，应当依法进行清算。

要点提示

本条是关于非法人组织清算的规定。根据本条的规定，非法人组织一旦解散，必须清算。非法人组织清算，是指处理该组织各项未了事务和剩余财产，最终结束该组织所有法律关系、消灭该组织民事主体资格的法律行为和必经程序。清算期间，非法人组织的人格虽不消灭，但权利能力被限定于清算范围内。清算的启动，可分为自行清算与强制清算。前者系非法人组织解散后依法及时从其内部产生清算组成员进行清算；后者系非法人组织解散后未在法定期限内确定清算组成员进行清算，主管机关或人民法院基于申请指定有关人员进行清算。关于非法人组织解散清算的程序，由于本法未作出具体规定，可适用或参照适用《合伙企业法》《企业破产法》《公司法》的相关规定。

---

① 《袁某梅、刘某星与黄某毅、肖某合伙纠纷案》，载中国裁判文书网，http：//wenshuapp.court.gov.cn/website/wenshu/181107ANFZ0BXSK4/index.html？docId=51ce5566f3164103a61eaaa400977827，2022 年 4 月 2 日访问。

第一百零八条　【非法人组织参照适用】 非法人组织除适用本章规定外，参照适用本编第三章第一节的有关规定。

要点提示

本条是关于非法人组织参照适用的规定。本条规定的参照适用，需注意以下几点：(1）参照适用的前提是民法典非法人组织的规定和各非法人组织单行法没有规定的事项。(2）参照适用基础是不涉及法人不同于非法人组织本质属性的规定（独立承担民事义务或者民事责任、破产清算），即可参照适用的内容是不涉及上述区别于法人本质属性的规定。(3）具体参照适用时需结合特定非法人组织的具体情形确定法人一般规定的参照适用性。

第五章　民事权利

第一百零九条　【人身自由、人格尊严受法律保护】 自然人的人身自由、人格尊严受法律保护。

要点提示

本条是关于人身自由、人格尊严受法律保护的规定，即自然人一般人格权的规定。一般人格权是对权利主体依法所享有的人格利益的抽象概括，客体为一般人格利益，是人格权由感性的具体形态达到理性的普遍形式的标志，作用是指导具体人格权，并将没有规定为人格权的人格利益的保护责任归属其中，对具体人格权具有补充作用。换言之，随着社会发展，势必会出现新的人格权益，具体列举难以避免人格权保护的漏洞，故需要规定基于"人身自由、人格尊严"产生的人格利益受保护。另需注意，一般人格利益的规定仅针对自然人，并不针对法人、非法人组织。

第一百一十条　【民事主体具体人格权】 自然人享有生命权、身体权、健康权、姓名权、肖像权、名誉权、荣誉权、隐私权、婚姻自主权等权利。

法人、非法人组织享有名称权、名誉权和荣誉权。

要点提示

本条是关于民事主体具体人格权（列举）的规定。本条列举的具体人格权，按权利主体可划分为自然人的人格权、法人和非法人组织的人格权；按照权利客体和法律保护方法的不同，可划分为物质性人格权和精神性人格权。物质性人格权包括生命权、身体权、健康权，是对自然人的物质表现形式所体现的人格利益设定的权利；精神性人格权包括姓名权、名称权、肖像权、名誉权、荣誉权、隐私权、婚姻自主权等权利。另需说明，本条在列举后加了个“等”字，为具体人格权的发展留出了空间。

重要关联规定

《最高人民法院关于审理利用信息网络侵害人身权益民事纠纷案件适用法律若干问题的规定》

第一条 本规定所称的利用信息网络侵害人身权益民事纠纷案件，是指利用信息网络侵害他人姓名权、名称权、名誉权、荣誉权、肖像权、隐私权等人身权益引起的纠纷案件。

实务问答

问：当姓名权和肖像权具有商业化使用权能时，能否对人格权的精神利益和财产价值一并保护，并将合理的律师费纳入人格权损害赔偿范围？

答：当姓名权和肖像权具有商业化使用权能时，当事人仅以侵权责任进行主张，该人格权的精神利益和财产价值可一并予以保护，包括属于合理开支的律师费在内均应纳入人格权损害的赔偿范围。人民法院在酌定赔偿数额时，应结合权利类型、侵权方式，从侵权程度、侵权人和侵权人的身份地位、职业状况、经济情况、获利情况、过错类型等方面予以综合考量。①

第一百一十一条 【自然人个人信息受法律保护】自然人的个人信息受法律保护。任何组织或者个人需要获取他人个人信息的，应当依法取得并确保信息安全，不得非法收集、使用、加工、传输他人个人信息，不得非法买卖、提供或者公开他人个人信息。

要点提示

本条是关于自然人个人信息受法律保护的规定，即获取个人信息时的要求之规定。个人信息具有不同于其他人格权的丰富内涵，包括：控制权或占有权；自决权；保护权；查询权；更正权；冻结权；删除权，也有学者称为被遗忘权，即权利人有权要求

---

① 《周星驰诉中建荣真无锡建材科技有限公司肖像权、姓名权纠纷案》，载《最高人民法院公报》2020 年第 2 期。

相关义务主体对其掌握的个人信息进行删除或销毁。

实务问答

问：明知合同标的物系非法获取公民个人信息的工具仍予以买卖的，该买卖合同效力如何？

答：手机 MAC 地址虽非传统的能够直接识别特定自然人的信息，但与其他信息结合后就能识别出特定自然人的手机号码，属于未经用户同意即收集手机用户个人信息的行为，违反了《网络安全法》关于收集个人信息须经该自然人同意的法律规定。买卖双方当事人明知合同标的物系非法获取公民个人信息的工具，仍予以买卖，其买卖行为违反法律的强制性规定，并构成对社会公共利益的损害，该买卖合同无效。①

第一百一十二条　【自然人身份权受法律保护】自然人因婚姻家庭关系等产生的人身权利受法律保护。

要点提示

本条是关于自然人身份权受法律保护的规定。身份权是以权利人的特定身份为标的的权利，主要表现在已经私法化（平等化）的亲属关系中，即亲属身份，也称亲属权，如配偶权、亲权、监护权等。身份权是相对性与绝对性统一的权利，在处理涉自然人身份权的案件时，不仅要贯彻保护优先的原则，还需要衡平当事人身份权和人格权的冲突，不能为了保护自然人身份权益而侵犯他人的人格利益。

第一百一十三条　【财产权平等保护】民事主体的财产权利受法律平等保护。

要点提示

本条是关于财产权平等保护的规定。民法典第 4 条确立了平等原则，本条即是该

---

① 《某实业公司与某科技公司买卖合同纠纷案》，载中国法院网，https：//www. chinacourt. org/article/detail/2021/01/id/5787908. shtml，2022 年 3 月 18 日访问。

原则在财产权领域的具体体现。市场经济下，财产权是民事主体进入市场的基础，对财产权进行平等保护正是市场经济内在要求在法律上的体现。法律平等保护各类民事主体的合法财产权利，反映了我国基本经济制度和加强产权保护的要求。

第一百一十四条　【物权】民事主体依法享有物权。

物权是权利人依法对特定的物享有直接支配和排他的权利，包括所有权、用益物权和担保物权。

要点提示

本条是关于物权（概念、类型）的规定。法律调整的是人与人之间的关系，并非人与物之间的关系，权利体现的是社会关系。民法中的所有权是基于所有物而产生的所有权人与他人的财产关系，包括占有、使用、收益与处分的权利。需说明，所有权中的占有权能与物权编第四分编“占有”中的占有并非同一概念，无论是概念层级还是内涵范围均有不同。物权属绝对权。绝对权又称对世权，指无须义务人为积极行为进行协助，仅由权利人合法支配行为即能实现的权利。物权是权利主体对特定物进行管领、支配，享受其利益的权利，直接表现即为权利人对物的直接支配权。所谓支配，是指对物进行占有、使用、收益和处分。本条规定的物权类型包括所有权、用益物权、担保物权。所有权为自物权，用益物权和担保物权为他物权。

第一百一十五条　【物权客体】物包括不动产和动产。法律规定权利作为物权客体的，依照其规定。

要点提示

本条是关于物权客体的规定。物权客体，主要包括动产与不动产。有些情况下，权利可作为物权客体，但必须有法律明确的规定。如民法典第 440 条第 5 项规定的可以转让的注册商标专用权、专利权、著作权等知识产权中的财产权可以出质作为权利质权。在此情况下，权利即可成为物权客体。需注意的是，这里可作为物权客体的权利是指其中的财产权益。

第一百一十六条　【物权法定】物权的种类和内容，由法律规定。

要点提示

本条是关于物权法定（原则）的规定，包括物权的种类与内容法定。种类法定，是指哪些种类的权利属于物权，或者说物权包含哪些种类的权利，需由法律予以明确规定，而不得由当事人随意创设。内容法定，是指各类物权的具体内容应当由法律明确规定，当事人不得创设与法定物权内容不符的物权，也不得自行约定物权的内容，不得作出与法律强制性规定不符的约定。此外，需注意违反物权法定的法律后果。有观点认为物权法定是强制性规范，违反这一原则自由创设物权类型和内容的合同无效。这一观点值得商榷。实践中，应视违反物权法定原则的具体情形判断相应法律后果。若当事人系在合同中创设法定类型之外的新物权类型，则不产生设定物权的效果。若当事人系在合同中约定了物权的某些内容或者行使限制，而这些具体内容虽没有明确法律依据，但不属民法典规定的影响该类物权性质的基本内容，且并未违反法律禁止性规定的，一般可认定该约定效力。若当事人在合同中约定了物权公示方法，但该公示方法并非法定公示方法，则不产生设定或者变更该类物权的效力，但若符合其他种类物权公示方法的，可认定设定或者变更另一种物权。

第一百一十七条　【物的征收、征用】为了公共利益的需要，依照法律规定的权限和程序征收、征用不动产或者动产的，应当给予公平、合理的补偿。

要点提示

本条是关于物的征收、征用的规定。征收，一般是指征收主体（国家或政府）为了公共利益需要，依照法律规定的权限和程序，以国家权力为后盾取得集体或个人财产的所有权并给予适当补偿的行为。而征用与征收目的不同，征用目的在于获得被征收标的的使用权，不导致所有权的变化，使用完成后应当返还给被征用人。根据本条规定可看出，征收、征用有相同之处，二者都是为了公共利益需要，都要经过法定程序，都需给予公平、合理补偿。征收、征用的案件，很大一部分属行政案件。

重要关联规定

《最高人民法院关于办理申请人民法院强制执行国有土地上房屋征收补偿决定案件若干问题的规定》

第六条 征收补偿决定存在下列情形之一的，人民法院应当裁定不准予执行：

（一）明显缺乏事实根据；

（二）明显缺乏法律、法规依据；

（三）明显不符合公平补偿原则，严重损害被执行人合法权益，或者使被执行人基本生活、生产经营条件没有保障；

（四）明显违反行政目的，严重损害公共利益；

（五）严重违反法定程序或者正当程序；

（六）超越职权；

（七）法律、法规、规章等规定的其他不宜强制执行的情形。

人民法院裁定不准予执行的，应当说明理由，并在五日内将裁定送达申请机关。

《最高人民法院关于审理涉及农村土地承包纠纷案件适用法律问题的解释》

第二十条 承包地被依法征收，承包方请求发包方给付已经收到的地上附着物和青苗的补偿费的，应予支持。

承包方已将土地经营权以出租、入股或者其他方式流转给第三人的，除当事人另有约定外，青苗补偿费归实际投入人所有，地上附着物补偿费归附着物所有人所有。

第二十一条 承包地被依法征收，放弃统一安置的家庭承包方，请求发包方给付已经收到的安置补助费的，应予支持。

实务问答

问：经营用房的承租人是否有资格与房屋征收部门签订补偿协议并取得相应补偿？

答：根据合法权益受到损害应得到赔偿的原则，经营用房的承租人有资格与房屋征收部门签订补偿协议并取得相应补偿。但承租人仅限于承租并实际经营人，即实际受到损失的经营者，出租人、转租人因无利益基础，不应认定其在房屋征收过程中具有独立之主张补偿权利。①

---

① 向阳：《某公司与某宾馆房屋租赁合同纠纷案》，载《人民法院报》2022年2月10日。

第一百一十八条　【债权】民事主体依法享有债权。

债权是因合同、侵权行为、无因管理、不当得利以及法律的其他规定，权利人请求特定义务人为或者不为一定行为的权利。

要点提示

本条是关于债权的规定。债权是财产权的重要组成部分，与物权法调整静态的财产关系不同，民法中的债权调整动态的财产关系。债权作为民法财产权的基本权利，其重要性不言而喻。民法典通过本条列举加概括的方式，一方面明确债权的发生原因包括合同、侵权行为、无因管理、不当得利，以及法律的其他规定；另一方面则明确此种特定的权利义务关系就是权利人请求特定义务人为或者不为一定行为的权利，鲜明揭示了债权的本质，对民法典其他编尤其是合同编的内容起到了十分重要的引领作用。

第一百一十九条　【合同之债】依法成立的合同，对当事人具有法律约束力。

要点提示

本条是关于合同之债的原则性规定，即依法成立的合同受法律保护。有两个层面的含义：一是对当事人而言，合同依法成立后，无论是否实际生效，均对当事人产生法律约束力。当事人应当按照合同的约定履行自己的义务，非依法律规定或取得对方同意，不得擅自变更或解除合同。二是对当事人以外的第三人而言，合同依法成立后，当事人之外的任何组织或个人均不得非法干预合同，如强迫变更或解除等。

实务问答

问：买卖合同双方当事人在签订买卖合同时，一并签订的廉政协议效力如何？

答：买卖合同双方当事人在签订买卖合同时，同时签订廉政协议，且该廉政协议是双方自愿平等协商签订的，其内容不违反法律、行政法规的强制性规定，对双方具有法律约束力。故一方当事人违反廉政协议内容的，构成违约，应按协议承担相应的违约责任。该案所涉廉政协议要求合同主体在从事民事活动中，恪守诺言、诚信不欺，有助于防止商业贿赂，营造法治化、可预期的营商环境和弘扬社会主义核心价值观，因此针对某科技股份有限公司提出的赔偿违约金的诉讼请求，应予支持。①

第一百二十条　【侵权之债】民事权益受到侵害的，被侵权人有权请求侵权人承担侵权责任。

要点提示

本条是关于民事侵权责任一般条款，即侵权之债的规定。在侵权法律关系中，当民事主体的合法权益受到侵害的，被侵权人有权请求侵权人承担侵权责任。被侵权人指的是侵权行为损害后果的直接承受者，是因侵权行为而使民事权益受到侵权的人。被侵权人包括自然人、法人和非法人组织。被侵权人的资格不在于其是否具有民事行为能力，但有无民事行为能力关系到其是否可以自己行使请求侵权人承担侵权责任的权利。侵权人一般是直接加害人，直接加害人是直接实施侵权行为，造成被侵权人损害的人。在替代责任形式的特殊侵权责任中，直接造成损害的行为人不直接承担侵权责任，承担侵权责任的主体是替代责任的责任人。需注意，本条属侵权责任的一般条款，司法实践在对某一权益进行界定并判断其是否属于侵权责任所保护范围时，应当适用总则编中关于民事权利的相关规定。此外，由于民法典第 118 条规定了合同债权，而本条又未将合同债权排除于侵权责任所保护的范围，故对于侵害合同债权是否属于侵权可能产生不同认识，有待于进一步探索研究。

第一百二十一条　【无因管理之债】没有法定的或者约定的义务，为避免他人利益受损失而进行管理的人，有权请求受益人偿还由此支出的必要费用。

要点提示

本条是关于无因管理之债的规定。无因管理，是指没有法律规定或约定的义务，

---

① 《某物流配送公司与某科技股份公司买卖合同纠纷案》，载中国法院网，https：//www.chinacourt.org/article/detail/2021/01/id/5771335.shtml，2022 年 3 月 18 日访问。

为避免他人利益受损而为其管理事务。由于无因管理的发生在管理人和本人间产生债权债务关系，故无因管理是债的发生原因之一。本条另从总体上明确了无因管理人有权请求受益人支付必要的费用，该必要费用包括：（1）直接支出的费用。该部分费用主要包括管理事务的必要支出及利息。对“必要”的判断标准，应当按照支出时的客观情况。（2）实际损失的赔偿。一般认为，无因管理的实际损失仅指因特定管理行为造成的损失，既不包括管理人自己的过错所导致的损失，也不包括管理人在不管理该事务时也可能遭受的不特定的损失。

重要关联规定

《最高人民法院关于审理民事案件适用诉讼时效制度若干问题的规定》

第七条 管理人因无因管理行为产生的给付必要管理费用、赔偿损失请求权的诉讼时效期间，从无因管理行为结束并且管理人知道或者应当知道本人之日起计算。

本人因不当无因管理行为产生的赔偿损失请求权的诉讼时效期间，从其知道或者应当知道管理人及损害事实之日起计算。

实务问答

问：未经他人同意私自为他人发起的网络众筹捐款行为，是否构成无因管理？

答：民法典第121条关于无因管理之债中的“为避免他人利益受损失”，顾名思义就是指避免他人现有利益消极减损，而积极增加他人利益显非题中应有之义。换句话说，管理事务利于他人仅限于避免他人损失，而不包括广义上的一切使他人获益的管理行为。这就意味着，为他人增设权益的行为已被立法排除在无因管理范围之外。该案中，网民通过乙的银行账户向甲捐款，这在社会公众与甲之间建立的实际是一种赠与关系，因此乙为甲向网络发帖求助，并接受社会捐赠，等于是为甲增设了一项新的受赠权利，而该权利的取得与甲原本的利益是否减损以及减损大小并无因果关系，因此行为人的行为不构成无因管理。①

第一百二十二条 【不当得利之债】因他人没有法律根据，取得不当利益，受损失的人有权请求其返还不当利益。

① 刘干、殷芹：《甲与乙无因管理纠纷案》，载《人民法院报》2017年10月12日。

要点提示

本条是关于不当得利之债的规定，作为债的发生原因与合同之债、侵权之债、无因管理之债一同规定在总则编民事权利一章。不当得利的构成要件包括如下四个方面：(1) 一方取得利益。不当得利中的利益应仅限于财产性利益，不包括精神利益。财产利益包括积极利益和消极利益。(2) 另一方受到损失。不当得利中的损失仅指财产损失，但财产损失不仅包括现有财产的积极减少（直接损失），也包括财产本应增加而未增加（间接损失）。(3) 获益与受损之间存在因果关系。直接因果关系是指一方得利与他方受损是基于同一原因事实。不当得利是债的发生原因之一，债的关系具有相对性，直接因果关系明确了得利人和受损人的范围，司法实践中更具可操作性。(4) 一方获益无法律根据。对此，需区分给付性与非给付性。给付性不当得利中"无法律根据"的具体形态包括：一是自始欠缺给付目的，如不知债务已经清偿仍履行、合同不成立、无效或被撤销、本拟出售甲物但误交付乙物等。二是为实现特定目的而给付，但该目的未能实现的，如附停止条件的债务。三是给付目的消灭，如在婚姻家庭关系中，订婚时交付聘礼，后婚约解除的。非给付性不当得利中"无法律根据"的具体形态包括：一是因得利人的事实行为造成的，如得利人未经他人同意使用他人财产。二是因得利人的法律行为造成的。如得利人基于强制执行所获得的利益，因据以执行的法律文书被撤销，受损人可请求得利人返还不当得利。三是因受损人的行为产生的不当得利，如误认为他人财产为自己财产而加工。四是因第三人的行为而产生的不当得利，如债权人将其债权让与第三人，债务人不知债权让与而向债权人清偿。五是因自然事件而产生的不当得利，如他人家畜进入自家院落。不当得利的法律效果主要指得利人的返还义务，返还的范围因得利人主观上的心理状态（善意、恶意）而有所不同。民法典合同编第二十九章针对不当得利进行了专门规定。

实务问答

问：恋爱期间为恋爱对象子女出资购买房产，恋爱关系结束后，能否认定构成不当得利？

答：通常情况下，不当得利是指没有合法原因取得利益致使对方受损的法律事实。但不当得利也存在特殊情形，即得益者受益的法律原因消失，得益者也构成不当得利。该案中，老人出资的目的在于维系与恋爱对象的关系及在案涉房屋共同居住。老人恋爱对象的女儿等作为受益人，其得益的原因，系老人为其购买、装修案涉房屋所需支付金钱，以获得案涉房屋的居住权。但双方发生纠纷关系交恶后，对方拒绝老人在案涉房屋居住，老人也因此丧失了案涉房屋的居住权，其权益受到损害。至此，对方得益的原因已经消失，且作为案涉房屋所有者，再继续占有老人付出的金钱或利益，则构成不当得利。根据我国民法典第 122 条“因他人没有法律根据，取得不当利益，受损失的人有权请求其返还不当利益”的规定，对老人要求原恋爱对象的女儿等返还不当得利的诉讼请求应予支持。通过该案可知得益者受益的法律原因消失，得益者也构成不当得利。①

第一百二十三条 【知识产权】民事主体依法享有知识产权。

知识产权是权利人依法就下列客体享有的专有的权利：

（一）作品；

（二）发明、实用新型、外观设计；

（三）商标；

（四）地理标志；

（五）商业秘密；

（六）集成电路布图设计；

（七）植物新品种；

（八）法律规定的其他客体。

要点提示

本条是关于知识产权的规定。本条规定知识产权为民事权利，民事主体享有知识产权，并以列举加兜底的方式规定了知识产权权利人享有专有权利的客体，奠定了知识产权在民法保护体系中的地位与作用。知识产权与物权、债权一样具有私权属性，为民事主体所享有的财产权，属于民事权利范畴。本条明确规定的知识产权客体包括：（1）作品。即著作权，指著作权人对其作品享有的人身权和财产权，包括发表权、署名权、修改权、保护作品完整权、复制权、发行权、出租权、信息网络传播权等权利。（2）发明、实用新型、外观设计。发明，指对产品、方法或者其改进所提出的新的技术方案。实用新型，指对产品的形状、构造或者其结合所提出的适于实用的新的技术方案。外观设计，指对产品的形状、图案或者其结合及色彩与形状、图案的结合所作

① 李静、陈敏华：《老人与原恋爱对象女儿等不当得利纠纷案》，载《人民法院报》2020 年 9 月 18 日。

出的富有美感并适于工业应用的设计。（3）商标。商标专用权是商标专用权人在核准商品上使用注册商标的专有权利。（4）地理标志。指标示某商品来源于某地区，该商品的特定质量、信誉或者其他特征，主要是由该地区的自然因素或者人文因素所决定的标志。（5）商业秘密。指不为公众所知悉、能为权利人带来经济利益、具有实用性并经权利人采取保密措施的技术信息和经营信息。区别于其他知识产权具有公开性、期限性、绝对排他性等特征，商业秘密自产生之日就自动取得，并具有相对排他性，即同一商业秘密可以由多个权利主体进行占有、使用、收益和处分。（6）集成电路布图设计。指集成电路中至少有一个是有源元件的两个以上元件和部分或者全部互联线路的三维配置，或为制造集成电路而准备的上述三维配置。（7）植物新品种。指经过人工培育的或者对发现的野生植物加以开发，具备新颖性、特异性、一致性和稳定性并有适当命名的植物品种。（8）法律规定的其他客体。以兜底条款方式为未来知识产权客体的发展预留了空间。

实务问答

问：已出资的知识产权后因市场变化或其他客观因素导致贬值的，出资人是否需进行补足？

答：出资人以知识产权出资的，知识产权的价值由出资时所作评估确定，出资人不对其后因市场变化或其他客观因素导致的贬值承担责任，除非当事人另有约定。出资人的出资严格遵循了《公司法》对知识产权出资的要求，公司未能提交证据证明涉案评估或者出资人在评估时存在违法情形，其以案涉知识产权被确认无效，要求出资人承担补足出资和赔偿损失责任的，不予支持。①

第一百二十四条　【继承权】自然人依法享有继承权。

自然人合法的私有财产，可以依法继承。

要点提示

本条是关于继承权的规定。本条规定在总则编民事权利一章。本条主要包括两个

---

① 《某生物技术公司与某生物科技公司公司增资纠纷案》，载中国裁判文书网，https://wenshu.court.gov.cn/website/wenshu/181107ANFZ0BXSK4/index.html?docId=8f3e72f131ae4da88a40acee00d074c9，2022年4月3日访问。

方面的内容：一是规定了自然人依法享有继承权；二是明确了自然人合法的私有财产可依法继承。本条字数不多，但却用了两个“依法”、一个“合法”，意在强调无论是继承遗产，还是遗产被继承，以及遗产本身，都应符合法律规定。

实务问答

问：当事人对继承资格、继承权享有不存在争议，仅对共有遗产的分割存在争议，是应认定为析产纠纷还是继承纠纷？

答：继承纠纷主要解决的是当事人是否拥有继承资格、是否享有继承权，以及在当事人之外是否还存在其他继承人等涉及人身利益的继承资质问题；而析产纠纷则主要涉及当事人之间是否成立共同共有关系、所有权是否受到侵犯，以及在共同共有关系中因财产的分割、分配与无权处分等争议而产生的纠纷。若当事人对于继承资格、继承权的享有均不存在争议，仅涉及共有遗产的分割，则该案应当定性为析产纠纷而非继承纠纷。析产纠纷中主要涉及两种请求权的主张，即物权确认请求权和共有物分割请求权。物权请求权一般不适用诉讼时效，作为其种类之一，物权确认请求权也不适用。至于共有物分割请求权，尽管学界对于其性质存在分歧，但均认为不应当对其适用诉讼时效。因此，在析产纠纷中，共有物之物权人可随时请求分割共有物，而不受诉讼时效的限制。①

第一百二十五条 【股权和其他投资性权利】民事主体依法享有股权和其他投资性权利。

要点提示

本条是关于股权和其他投资性权利的规定。股权是股东基于对公司的投资或者其他合法原因而持有公司资本一定份额所享有的权利。股权也称股东权，有狭义和广义之分。狭义的股权，是指股东向公司出资而享有的权利；广义的股权，则是对股东权利和义务的总称。民法典采狭义股权。另，该条规定的其他投资性权利是指民事主体通过投资而享有的民事权利，主要包括信托权、各种期权、多种财产权组合的权利等，

---

① 《王某云与王某卿继承纠纷申诉案》，载中国裁判文书网，http：//wenshuapp. court. gov. cn/website/wenshu/181107ANFZ0BUOSK4/index. html？ docId = 52b7c1a21c87476eb7a3a81201045268，2022 年 4 月 2 日访问。

也包括向公司以外的企业或其他组织进行投资而取得的权利。从本条规定的特点来看，将股权和其他投资性权利共同规定，是因为股权和其他投资性权利在某些方面具有一定的共性，如均是民事主体通过自身财产权益的让渡而获得的权利，权利的特点又具有很强的复合性等。

重要关联规定

《最高人民法院关于适用〈中华人民共和国公司法〉若干问题的规定（三）》

第二十五条 名义股东将登记于其名下的股权转让、质押或者以其他方式处分，实际出资人以其对于股权享有实际权利为由，请求认定处分股权行为无效的，人民法院可以参照民法典第三百一十一条的规定处理。

名义股东处分股权造成实际出资人损失，实际出资人请求名义股东承担赔偿责任的，人民法院应予支持。

实务问答

问：未签订代持股权书面合同的，如何认定真实法律关系性质？

答：在商事交易纠纷中，经常会出现当事人双方所主张的法律关系不一致的情况，尤其是在各方均未能提供充分直接证据证明己方所主张法律关系的情况下，应该如何认定，是审理案件的难点。具体到该案，双方之间的法律关系是借款关系还是股权代持的问题，双方未签订代持股权的书面合同，但已经实际支付了股权转让款，对方虽然主张为借款法律关系，但未能提供其他证据证明的，依据优势证据原则并结合相关案件事实，确信双方代持股权法律关系的存在具有高度可能性的，应当予以确认。①

第一百二十六条 【其他民事权益】民事主体享有法律规定的其他民事权利和利益。

要点提示

本条是关于其他民事权益的规定。本条为兜底性条文。民事权益包括民事权利和利益。权利是指为了保护主体和某种利益而赋予的法律上的力，它是利益与法律之力

① 《薛某坪与陆某生等委托代理合同纠纷案》，载《民事审判指导与参考》（2016 年第 2 辑），人民法院出版社 2016 年版，第 199 页。

的结合。民事主体享有的民事权利不限于本编明确的权利，还包括各相关编及其他法律规定的民事权利。民事利益则是指由民法保护的，因缺乏必需的构成要件尚未上升为权利的利益。民法的很多权利都是在实践及理论的不断发展中逐渐明确其内涵、外延从而成为确定的民事权利的，如隐私权。考虑到民事权利与利益多种多样，随着社会发展更会有新的类型出现，为此，本条作了兜底规定。

实务问答

问：医务人员因产检中存在过错行为，未能检查出胎儿存在先天性缺陷及其可能，出生后的缺陷儿父母是否有权要求医院承担赔偿责任？

答：医务人员在对孕妇进行产前检查过程中存在过错行为，未能检查出胎儿存在先天性缺陷及可能，或者未向孕妇及家属充分告知相关信息，并最终导致孕妇丧失选择终止妊娠的机会，造成缺陷婴儿出生的，如果生育夫妻能够证明医务人员的过错行为与缺陷儿的不当出生结果之间存在因果关系，医院应当就其医务人员的过错行为承担侵权损害赔偿责任。因抚养一个缺陷子女意味着父母必须承担相比抚养正常子女更多的额外的费用和压力，故损害赔偿的范围应当包括特别抚养费用及精神损害抚慰金。缺陷儿出生后因缺陷而死亡的，如果医务人员的过错行为与缺陷儿的死亡结果之间不存在因果关系的，就缺陷儿的死亡结果医院不承担侵权责任。如果生育夫妻自身对于缺陷儿的不当出生存在过错的，可以适当减轻侵权人的赔偿责任。①

第一百二十七条　【数据、网络虚拟财产保护】法律对数据、网络虚拟财产的保护有规定的，依照其规定。

要点提示

本条是关于数据、网络虚拟财产保护的规定。数据是指对客观事件进行记录并可以鉴别的符号，是对客观事物的性质、状态及相互关系进行记载的物理符号或这些物理符号的组合。不仅指数字，还包括文字、字母、数学符号、图形、图像、视频、音频等。网络虚拟财产有广义和狭义之分。广义的网络虚拟财产是指虚拟的网络本身，

① 《闫某娟、张某成与某医院医疗损害责任纠纷案》，载中国裁判文书网，http：//wenshuapp. court. gov. cn/website/wenshu/181107ANFZ0BXSK4/index. html？docId=539b140f7ede450da89ba89400b38906，2022年4月2日访问。

以及存在于网络上具有财产性的电磁记录，是一种能够用现有的度量标准度量其价值的数字化的新型财产。广义的网络虚拟财产范围非常广泛，除网络本身外，还包括特定的网络服务账号、即时通信工具号码、网络店铺、网络游戏角色和装备、道具等。狭义的网络虚拟财产主要是指网络游戏空间内具有可交易性的账号、角色、道具、装备、钱币等可视化的拟人、拟物类财产。网络虚拟财产虽然以数据形式存在于特定空间，但由于其具有一定价值，满足人们的需求，具有合法性，能够为人所掌控，属于在一定条件下可以进行交易的特殊财产，故而其具有财产利益的属性。尽管对数据、网络虚拟财产的范围、法律性质还存在一定争议，但法律应对民事主体享有的数据权益、网络虚拟财产权益进行保护，故本条确立了一个引致性规则。

实务问答

问：微信公众号能否认定属网络虚拟财产，基于合伙而运营的微信公众号登记在一方名下，其财产权利如何认定？

答：微信公众号是个人或企业在微信公众平台上申请的应用账号。设立主体通过设立公众号名称来确立公众号的特定标识，并通过设置账号密码控制其对特定公众号的运营，具有独立性和可支配性。随着网络经济的发展，微信公众号已经不再局限于简单承载、发布信息的传统自媒体形式，而逐步发展成为一种新型的电子商务模式，具有价值性。微信公众号是具有独立性、支配性、价值性的网络虚拟财产，具有独立的财产价值。各合伙人共同投资、共同经营、共担风险，即便该微信公众号仅登记在一方名下，但其使用、收益等财产权利应属全体合伙人共同享有。当合伙关系终止时，对微信公众号相关财产利益的分配，有约定的从约定，没有约定且协商不成的，可以考量出资比例、多数合伙人或占合伙份额较多的合伙人的意见等因素予以综合判定；当事人在诉前已进行过财产分配的，原则上可以按照以往的分配惯例进行分配。①

第一百二十八条　【民事权利的特别保护】法律对未成年人、老年人、残疾人、妇女、消费者等的民事权利保护有特别规定的，依照其规定。

---

① 《尹某等与赵某合伙协议纠纷案》，载中国裁判文书网，http：//wenshuapp. court. gov. cn/website/wenshu/181106ANJIZ0BXSK4/index. html？docId＝81f0db46a0384d73939aae2c00b3a4cc，2022年4月2日访问。

要点提示

本条是关于民事权利的特别保护的规定。民事权利平等地受到民法的保护，但这种平等是法律意义上的平等。由于不同的社会条件、不同的权利要求，以及民事主体在生理、心理、智力等方面的差异，现实中各民事主体在享有权利、行使权利时存在较大的差别，部分民事主体如未成年人、老年人、残疾人、妇女、消费者等在地位、权利能力方面难以和一般的民事主体保持平等。为了解决这种情况，有必要在法律层面进行干预，尽力实现不同民事主体在实质意义上的平等，为此本条作了相应规定。本条从民事主体角度将特定民事主体的保护纳入民法典，为特别法中的民事权利义务条款适用提供了法律依据，体现了民法典与特别法民法规范的呼应，也是民法平等原则在具体规范中的应用。另需注意，最高人民法院公布并于 2021 年 3 月 1 日实施的《关于深入推进社会主义核心价值观融入裁判文书释法说理的指导意见》，要求强化运用社会主义核心价值观在裁判文书中的释法说理，并就应当运用的情形及案件类型作了规定，其中第 4 条（应当运用社会主义核心价值观释法说理的案件类型）第 3 项将“涉及老年人、妇女、儿童、残疾人等弱势群体以及特殊群体保护，诉讼各方存在较大争议且可能引发社会广泛关注的案件”纳入其中。

重要关联规定

《最高人民法院关于深入推进社会主义核心价值观融入裁判文书释法说理的指导意见》

四、下列案件的裁判文书，应当强化运用社会主义核心价值观释法说理：

（一）涉及国家利益、重大公共利益，社会广泛关注的案件；

（二）涉及疫情防控、抢险救灾、英烈保护、见义勇为、正当防卫、紧急避险、助人为乐等，可能引发社会道德评价的案件；

（三）涉及老年人、妇女、儿童、残疾人等弱势群体以及特殊群体保护，诉讼各方存在较大争议且可能引发社会广泛关注的案件；

（四）涉及公序良俗、风俗习惯、权利平等、民族宗教等，诉讼各方存在较大争议且可能引发社会广泛关注的案件；

（五）涉及新情况、新问题，需要对法律规定、司法政策等进行深入阐释，引领社会风尚、树立价值导向的案件；

（六）其他应当强化运用社会主义核心价值观释法说理的案件。

实务问答

问：未成年人大额网络直播打赏后未经监护人追认的，能否要求返还？

答：该案是一起典型的未成年人参与直播打赏案例。司法实践中涉及的网络打赏、网络游戏纠纷主体多数是限制民事行为能力人，也就是8周岁以上的未成年人。这些人在进行网络游戏或者打赏时，有的几千元、几万元，这显然与其年龄和智力水平不相适应，在未得到法定代理人追认的情况下，其行为依法应当是无效的。《最高人民法院关于依法妥善审理涉新冠肺炎疫情民事案件若干问题的指导意见（二）》对未成年人参与网络付费游戏和网络打赏纠纷提供了更为明确的规则指引。该意见明确，限制民事行为能力人未经其监护人同意，参与网络付费游戏或者网络直播平台“打赏”等方式支出与其年龄、智力不相适应的款项，监护人请求网络服务提供者返还该款项的，人民法院应予支持。该规定更多地考量了对未成年人合法权益的保护，同时引导网络公司进一步强化社会责任，为未成年人健康成长创造良好网络环境。[①]

第一百二十九条　【民事权利的取得方式】民事权利可以依据民事法律行为、事实行为、法律规定的事件或者法律规定的其他方式取得。

要点提示

本条是关于民事权利取得方式的规定。民事权利的取得，指民事主体依据合法的方式获得民事权利。这些方式主要有四种：（1）民事法律行为，是指民事主体通过意思表示设立、变更、终止民事法律关系的行为。（2）事实行为，是指行为人主观上没有引起民事法律关系发生、变更或消灭的意思，但依照法律的规定产生了一定民事法律后果的行为，如自建房屋、拾得遗失物等。（3）法律规定的事件，是指与人的意志无关但根据法律规定能引起民事法律关系变动的客观情况，如出生、死亡、洪水灾害等。（4）法律规定的其他方式，如法律文书或政府征收决定的生效导致物权的消灭或变更等。

---

① 《刘某与某科技公司合同纠纷案》，最高人民法院公布案例，载中国法院网，https://www.chinacourt.org/article/detail/2021/03/id/5828818.shtml，2022年4月6日访问。

实务问答

问：偷拍、偷画他人肖像的行为是否构成对他人肖像权的侵犯？

答：肖像权是人格权的一种，所体现的人格利益包含精神利益和物质（财产）利益。公民的肖像权是公民享有的以其肖像所体现的人格利益为内容的专有民事权利。肖像权作为公民专有的民事权利，具体为形象再现的专有性和肖像使用的处分性。他人是否可以取得肖像权人的肖像，属于肖像权人的权利，以偷拍、偷画等方式取得他人的肖像，是对肖像专有权的侵犯。未经肖像权人许可，以营利为目的使用肖像权人的肖像的，构成对肖像权人的肖像权的侵犯。①

第一百三十条　【民事主体依自己意愿行使民事权利】民事主体按照自己的意愿依法行使民事权利，不受干涉。

要点提示

本条是关于民事主体依自己意愿行使民事权利的规定，是民法基本原则——自愿原则的重要体现。需注意，法律赋予民事主体宽泛权限，依照自己意思以自己负责任的方式安排自己的生活关系，在行使权利时履行相应义务。同时也要受到法律、行政法规强制性规定的限制，还要受到实证化秩序的限制。如以人身为交易内容或者所附条件的民事协议，违反道德而为的赠与等，均因违背公序良俗而受到否定性法律评价。对此，民法典第 131 条、第 132 条均有所体现。

第一百三十一条　【权利义务相统一】民事主体行使权利时，应当履行法律规定的和当事人约定的义务。

要点提示

本条是关于权利义务相统一的规定。需注意，权利与义务相统一是宣示性原则，

---

① 《韩某贵与某出版社肖像权纠纷案》，载中国裁判文书网，http：//wenshuapp. court. gov. cn/website/wenshu/180607ANFZUBXSK4/index. html？ docId = 0620544cff814045839080dbec486946，2022 年 4 月 2 日访问。

当事人是否应当承担义务，应当承担何种义务，在什么条件下承担义务都需要视具体的法律关系而定。在某一法律关系中，可能一方当事人只享有权利而另一方当事人只承担义务，如单务合同。但一方当事人权利的享有以另一方当事人义务的承担为前提，因此强调民事权利与义务相统一仍具有积极意义。

实务问答

问：物业公司能否依据业主委员会的决定拒绝业主将共享单车骑入小区？

答：业主委员会有权按照法定程序对小区公共区域的管理作出决定。在法律未对共享单车停放作出明确规定的前提下，业主委员会作出的不允许小区内部骑行、停放共享单车的决定对全体业主具有约束力，物业管理公司据此拒绝业主将共享单车骑入小区的，不构成侵权。①

第一百三十二条 【权利不得滥用】民事主体不得滥用民事权利损害国家利益、社会公共利益或者他人合法权益。

要点提示

本条是关于权利不得滥用的规定。构成本条所谓的“权利滥用”，须满足以下条件：（1）须有权利的存在。如无权利而施加损害于他人，则是侵权行为，而非权利滥用。（2）须权利人有与权利行使相关的行为。此种行为可为积极行为，亦可为消极行为。（3）须权利人的行为有堪称滥用的违法性，即有造成损害国家利益、社会公共利益或他人合法权益的后果。

重要关联规定

《最高人民法院关于适用〈中华人民共和国民法典〉总则编若干问题的解释》

第三条 对于民法典第一百三十二条所称的滥用民事权利，人民法院可以根据权利行使的对象、目的、时间、方式、造成当事人之间利益失衡的程度等因素作出认定。

行为人以损害国家利益、社会公共利益、他人合法权益为主要目的行使民事权利的，人民法院应当认定构成滥用民事权利。

---

① 《常知富诉南京秦房物业管理有限责任公司侵权责任纠纷案》，载《最高人民法院公报》2021年第9期。

构成滥用民事权利的，人民法院应当认定该滥用行为不发生相应的法律效力。滥用民事权利造成损害的，依照民法典第七编等有关规定处理。

《最高人民法院关于深入推进社会主义核心价值观融入裁判文书释法说理的指导意见》

四、下列案件的裁判文书，应当强化运用社会主义核心价值观释法说理：

（一）涉及国家利益、重大公共利益，社会广泛关注的案件；

（二）涉及疫情防控、抢险救灾、英烈保护、见义勇为、正当防卫、紧急避险、助人为乐等，可能引发社会道德评价的案件；

（三）涉及老年人、妇女、儿童、残疾人等弱势群体以及特殊群体保护，诉讼各方存在较大争议且可能引发社会广泛关注的案件；

（四）涉及公序良俗、风俗习惯、权利平等、民族宗教等，诉讼各方存在较大争议且可能引发社会广泛关注的案件；

（五）涉及新情况、新问题，需要对法律规定、司法政策等进行深入阐释，引领社会风尚、树立价值导向的案件；

（六）其他应当强化运用社会主义核心价值观释法说理的案件。

实务问答

问：利用管辖权异议达到拖延诉讼、妨碍诉讼程序正常进行的，是否构成诉讼权利滥用？

答：民事诉讼应当遵循诚信原则，当事人不得拖延或者干扰诉讼的有效进行。管辖权异议虽系当事人依法享有的诉讼权利之一，但当事人在提出管辖权异议时，应有合理的异议理由和依据，对法院移送管辖应有合理期待；若利用管辖权异议达到拖延诉讼、妨碍诉讼程序正常进行的，应认定为恶意滥用该项诉讼权利，人民法院有权对其予以罚款处罚。①

① 蒋紫薇、张玲玲：《陈某与某公司房屋租赁合同纠纷案》，载《人民法院报》2021年1月12日。

第六章 民事法律行为

第一节 一般规定

第一百三十三条 【民事法律行为定义】民事法律行为是民事主体通过意思表示设立、变更、终止民事法律关系的行为。

要点提示

本条是关于民事法律行为定义的规定。需注意，民事法律行为的内涵既包括合法有效的法律行为，也包括无效、可撤销和效力待定的法律行为。民事主体所从事的民事法律行为可能是合法的，也可能是非法的，这与《民法通则》关于民事法律行为的规定有很大不同。民事法律行为是对合同行为、婚姻行为、遗嘱行为等一系列能产生具体权利义务关系行为的抽象与概括，是民事主体在民事活动中实现自己意图的一项重要民事制度。

实务问答

问：打印遗嘱中补写手书未经授权，录制视频中未出现见证人影像，是否符合打印遗嘱法定形式要件?

答：遗嘱是要式行为，即遗嘱除要符合民事法律行为一般的成立和生效实质要件外，还必须符合法律规定的形式要件。民法典第1136条规定，打印遗嘱应当有两个以上见证人在场见证。遗嘱人和见证人应当在遗嘱每一页签名，注明年、月、日。打印遗嘱在形式上必须符合上述法律规定，不符合上述要求的，会被认定无效。民法典之所以这样规定，是由打印遗嘱的性质所决定的。与传统意义上的自书遗嘱和代书遗嘱不同，打印遗嘱并不强调立遗嘱人或代书人必须在现场根据立遗嘱人的意愿当场订立遗嘱。所以，审查打印遗嘱是否有效的关键，并不在于遗嘱如何形成，而在于立遗嘱人对已打印好的遗嘱内容是否完全理解并确认，且见证人是否在场全程见证立遗嘱人确认遗嘱的过程。在这两个条件同时满足的情况下，打印遗嘱才能被认定有效。基于此，民法典第1136条规定，两个以上见证人必须在场见证，立遗嘱人和见证人必须在遗嘱每一页都签名，注明年、月、日，就是为了确保打印的遗嘱内容是立遗嘱人的真实意思表示，并且通过“时空同步”的见证活动，将立遗嘱人确认遗嘱的活动进行固定。该案中，打印遗嘱中补写手书未经授权，录制视频中未出现见证人影像，不符合法定形式要件，该打印遗嘱无效。①

第一百三十四条　【民事法律行为的成立】民事法律行为可以基于双方或者多方的意思表示一致成立，也可以基于单方的意思表示成立。

法人、非法人组织依照法律或者章程规定的议事方式和表决程序作出决议的，该决议行为成立。

要点提示

本条是关于民事法律行为的成立的规定。民事法律行为有双方民事法律行为、多方民事法律行为、单方民事法律行为，还有决议行为。传统意思表示的成立，一般很少有争议，需重视的是决议行为。所谓决议行为，是指法人、非法人组织基于共同的意思表示而意图实现一定法律效果的民事法律行为，以公司决议最为典型。决议行为最大的特殊性体现在：双方或多方民事法律行为需要所有当事人意思表示一致才能成立，而决议行为一般并不需要所有当事人意思表示一致才成立，多数人意思表示一致即可。且决议行为属法人或者非法人组织内部的决议事项，须依照法律或章程规定的议事方式和表决程序进行。

第一百三十五条　【民事法律行为的形式】民事法律行为可以采用书面形式、口头形式或者其他形式；法律、行政法规规定或者当事人约定采用特定形式的，应当采用特定形式。

---

① 陈云峰：《王某波与陈某飞遗嘱继承纠纷案》，载《人民法院报》2021年2月19日。

要点提示

本条是关于民事法律行为的形式的规定。需注意的是，本条中的“特定形式”，如合同领域，可根据当事人的行为或特定情形推定合同的成立。另需注意的是，若法律、行政法规只明确要求或当事人约定采用特殊形式，但没有对未采用该形式的民事法律行为的后果明确规定的，从鼓励交易的角度出发，原则上不宜轻易否定民事法律行为的效力。此外，关于本条规定的“其他形式”的认定，《最高人民法院关于适用〈中华人民共和国民法典〉总则编若干问题的解释》第18条作了相应规定。

重要关联规定

《最高人民法院关于适用〈中华人民共和国民法典〉总则编若干问题的解释》

第十八条 当事人未采用书面形式或者口头形式，但是实施的行为本身表明已经作出相应意思表示，并符合民事法律行为成立条件的，人民法院可以认定为民法典第一百三十五条规定的采用其他形式实施的民事法律行为。

《最高人民法院关于审理劳动争议案件适用法律问题的解释（一）》

第四十三条 用人单位与劳动者协商一致变更劳动合同，虽未采用书面形式，但已经实际履行了口头变更的劳动合同超过一个月，变更后的劳动合同内容不违反法律、行政法规且不违背公序良俗，当事人以未采用书面形式为由主张劳动合同变更无效的，人民法院不予支持。

实务问答

问：非危机情况下采用口头形式立的遗嘱是否有效？

答：遗嘱在法理上是一种要式民事法律行为。通俗地讲，就是法律对遗嘱的形式有具体而明确的规定，自然人只有按照法律规定的方式和要求设立遗嘱，遗嘱才合法有效。有效的口头遗嘱应当具备四个法定条件且缺一不可，即遗嘱人必须处在情况危急时刻；遗嘱人立遗嘱时必须具有民事行为能力；应当有两个以上的见证人在场见证；遗嘱人要以口述形式表示其处理遗产的真实意思。口头遗嘱只能是在危急情况下的应急措施，并不是在任何时候都可以立遗嘱，且“危急情况”是指遗嘱人有生命危险，来不及或不宜用其他形式立遗嘱的情况。①

---

① 《李小某与李某所有权确认纠纷案》，载中国裁判文书网，http://wenshuapp.court.gov.cn/website/wenshu/182107ANYUZ0BXSK4/index.html? docId = 3a3907c8f1e74f118f73aca80123de71，2022年4月2日访问。

第一百三十六条 【民事法律行为的生效时间】 民事法律行为自成立时生效，但是法律另有规定或者当事人另有约定的除外。

行为人非依法律规定或者未经对方同意，不得擅自变更或者解除民事法律行为。

要点提示

本条是关于民事法律行为的生效时间的规定。民事法律行为的成立是一种事实判断，而民事法律行为的生效则是一种价值判断。首先，在法律性质上，法律行为的成立只涉及当事人个人的意思，与国家意志无关。而法律行为的生效与否则取决于当事人的意思是否符合法定的标准。其次，在逻辑体系上，只有区分成立与生效，才能进一步区分法律行为的不成立、可撤销及无效。如果法律行为尚未成立，则不存在效力的判断问题；如果法律行为已成立，但不符合或不完全符合法定生效要件，则可能会出现无效、可撤销或效力待定的法律行为。最后，在法律后果上，一般来讲，法律行为的生效与否，时间均溯及至法律行为成立之时。已成立并生效的法律行为，自成立时生效；无效法律行为自成立时无效。另需注意一个例外情况，即附条件的法律行为与须经批准的法律行为，这两种法律行为的成立与生效将可能存在阶段差别。

第二节 意思表示

第一百三十七条 【有相对人的意思表示生效时间】 以对话方式作出的意思表示，相对人知道其内容时生效。

以非对话方式作出的意思表示，到达相对人时生效。以非对话方式作出的采用数据电文形式的意思表示，相对人指定特定系统接收数据电文的，该数据电文进入该特定系统时生效；未指定特定系统的，相对人知道或者应当知道该数据电文进入其系统时生效。当事人对采用数据电文形式的意思表示的生效时间另有约定的，按照其约定。

要点提示

本条是关于有相对人的意思表示生效时间的规定。意思表示，是指行为人为了产生一定民法上的效果而将其内心意思通过一定方式表达于外部的行为。意思表示生效时间，按照有相对人、无相对人、公告三种类型进行规定。有相对人的意思表示，又按照对话、非对话的方式进行不同规定。对话方式，是指采用相对方可同步受领的方式进行，如面对面交谈、电话、视频通话等。非对话方式，则表现为意思表示的作出与受领不同步，存在时间差，如传真、信函等。本条第 2 款规定的到达，并未意味着相对人必须亲自收到，只要进入相对人常用的地址、住所或能够控制的地方（如信箱），即视为到达。此外，非对话方式中，如采用数据电文形式，在相对人未指定特定系统时，以相对人知道或应当知道该数据电文进入其系统时生效。但“知道或者应当知道”较为主观，为平衡双方利益，当数据电文抵达收件人系统时即应推定其能够知道。若其否认的，应对自己不知道且不应知道承担证明责任。

重要关联规定

《最高人民法院关于适用〈中华人民共和国民法典〉总则编若干问题的解释》

第二十九条 法定代理人、被代理人依据民法典第一百四十五条、第一百七十一条的规定向相对人作出追认的意思表示的，人民法院应当依据民法典第一百三十七条的规定确认其追认意思表示的生效时间。

第一百三十八条 【无相对人的意思表示生效时间】 无相对人的意思表示，表示完成时生效。法律另有规定的，依照其规定。

要点提示

本条是关于无相对人的意思表示生效时间的规定。一般情况下，无相对人的意思表示生效时间自表意人的意思表示完成时生效。如行为人作出悬赏广告，生效时间应是其在媒体上发布时间。但社会生活相当复杂，法律需为特殊情况留出空间，故本条规定法律另有规定的，依照其规定。如民法典第 1121 条第 1 款规定，继承从被继承人死亡时开始。即遗嘱或遗赠自遗嘱人或遗赠人死亡时发生效力。

第一百三十九条　【以公告方式作出的意思表示生效时间】以公告方式作出的意思表示，公告发布时生效。

要点提示

本条是关于以公告方式作出的意思表示生效时间的规定。所谓公告方式，指意思表示有相对人时，在穷尽联系方式仍然联系不到对方当事人时，允许以公告的方式向对方发出意思表示，并赋予其法律效力。依据本条，以公告方式作出的意思表示，自公告发布时生效。需注意，按照《民事诉讼法》的规定，公告发布后需要一段时间才生效。对此应认识到，还没有进入诉讼的当事人，在穷尽了意思表示的送达方式之后还通知不到对方当事人，赋予公告发布时即生效的效力，仅是视为意思表示已经送达对方当事人。法院通过公告方式向被告送达有关法律文书，规定公告后一段时间才发生效力，实际上是从诉讼程序上对被告进行一定保护，避免有人恶意利用公告程序损害被告的诉讼权利和民事权利。

第一百四十条　【意思表示作出方式】行为人可以明示或者默示作出意思表示。

沉默只有在有法律规定、当事人约定或者符合当事人之间的交易习惯时，才可以视为意思表示。

要点提示

本条是关于意思表示作出方式的规定。明示，指行为人通过书面、口头等积极作为的方式，使对方当事人直接了解到意思表示的内容。默示，指意思表示没有通过口头或书面方式表达出来，但仍然是“示”，可以通过行为人的行为来推定、认定行为人意思表示的内容。而沉默，则是一种既无语言表示也无行为表示的纯粹的缄默，是一种完全的不作为，是一种推定。沉默原则上不应视为当事人有意思表示，但在有法律规定、当事人约定或符合当事人的交易习惯时例外。

第一百四十一条　【意思表示的撤回】 行为人可以撤回意思表示。撤回意思表示的通知应当在意思表示到达相对人前或者与意思表示同时到达相对人。

要点提示

本条是关于意思表示的撤回的规定。需注意以下两点：（1）撤回原则上只在有相对人的情形下有意义，若无相对人则不存在撤回与否的问题。因为无相对人的意思表示在作出时就已发生效力，不可能撤回，只可能撤销。（2）意思表示的撤回不同于意思表示的撤销。意思表示的撤回是在意思表示未生效前使其不发生效力；而意思表示的撤销则是在意思表示生效后又作出取消意思表示的表示。

第一百四十二条　【意思表示的解释】 有相对人的意思表示的解释，应当按照所使用的词句，结合相关条款、行为的性质和目的、习惯以及诚信原则，确定意思表示的含义。

无相对人的意思表示的解释，不能完全拘泥于所使用的词句，而应当结合相关条款、行为的性质和目的、习惯以及诚信原则，确定行为人的真实意思。

要点提示

本条是关于意思表示的解释的规定。本条关于意思表示的解释，按有无相对人进行了不同规定。通常情况下，意思表示都是有相对人的。有相对人的意思表示解释应当按照所使用的词句，因为意思表示以文字方式表示于外时，想要确定其意义，就必须先了解所用词句，确定词句的意义。少数意思表示无相对人，无相对人的意思表示解释不能拘泥于所使用的词句，因为不涉及相对人信赖保护的问题，应当尽可能地按照表意人的真意赋予其法律效果。在表意人所使用的词句未能准确地反映其真意甚至根本扭曲的情况下，不宜拘泥于表意人所使用的词句，而有必要探求表意人的真意。

实务问答

问：如何理解共享单车计费规则的性质？

答：作为共享单车的某单车方，关于调度费等规则并无特定的相对人，对于无相对人的意思表示的解释，不能完全拘泥于所使用的词句，而应当结合相关条款、行为的性质和目的、习惯以及诚信原则确定行为人的真实意思。因此，当事人不能仅依据是否存在实际调度行为而狭义地理解调度费的性质，某单车计费规则中的调度费属于违约责任预先约定范畴，系具有惩罚性功能的违约金。①

第三节　民事法律行为的效力

第一百四十三条　【民事法律行为有效条件】具备下列条件的民事法律行为有效：

（一）行为人具有相应的民事行为能力；

（二）意思表示真实；

（三）不违反法律、行政法规的强制性规定，不违背公序良俗。

要点提示

本条是关于民事法律行为有效条件的规定。民事法律行为效力的有效发生，是当事人实现意思自治目的的关键。但民事法律行为并不是在任何情况下都具备具体有效的条件，其效力可能因民事主体的民事行为能力健全与否、意思表示真实与否、违法与否及是否契合公序良俗等情形而受影响。一般而言，当民事法律行为同时具备本条所述的三个要件时，其为有效。但特殊情形下，民事法律行为除需具备本条所述的三个要件外，尚需满足其他条件方为有效，如附条件民事法律行为、附期限民事法律行为等。可以说，本条规定的仅为民事法律行为一般有效要件，或者说是民事法律行为有效的必要条件。

---

① 《武某与某公司合同纠纷案》，载中国裁判文书网，http：//wenshuapp. court. gov. cn/website/wenshu/181107ANFZ0BXSK4/index. html？ docId = a9e620ff606a427bbfb9ac67011eeff9，2022 年 4 月 2 日访问。

重要关联规定

《最高人民法院关于深入推进社会主义核心价值观融入裁判文书释法说理的指导意见》

四、下列案件的裁判文书，应当强化运用社会主义核心价值观释法说理：

（一）涉及国家利益、重大公共利益，社会广泛关注的案件；

（二）涉及疫情防控、抢险救灾、英烈保护、见义勇为、正当防卫、紧急避险、助人为乐等，可能引发社会道德评价的案件；

（三）涉及老年人、妇女、儿童、残疾人等弱势群体以及特殊群体保护，诉讼各方存在较大争议且可能引发社会广泛关注的案件；

（四）涉及公序良俗、风俗习惯、权利平等、民族宗教等，诉讼各方存在较大争议且可能引发社会广泛关注的案件；

（五）涉及新情况、新问题，需要对法律规定、司法政策等进行深入阐释，引领社会风尚、树立价值导向的案件；

（六）其他应当强化运用社会主义核心价值观释法说理的案件。

实务问答

问：能否仅以办理股权变更登记时出示了转让人身份证原件来推定转让人具有股权转让的真实意思表示？

答：意思表示是将意图发生一定私法上效果的意思表示于外的行为。意思表示的成立包含两个阶段：一是内心意思阶段，即表意人内心思想的形成；二是外部表示阶段，即把该内心意思通过一定方式表达出来，使内心的意思能够被了解。通说认为，意思表示的主观要素包含行为意思、表示意思及效果意思；客观要素即表示行为。认定股权转让合同中转让人是否具有股权转让的意思表示，首先应当从其行为意思、表示意思及效果意思等方面进行考量，在转让人不具备转让股权意思表示的主观要素时，仅因办理股权变更登记时出示了转让人身份证原件，不能推定转让人具有股权转让的真实意思表示。我国有限责任公司的股权变动采“登记对抗主义”，股权转让合同无效对股权变动的影响应区分对内效力与对外效力，在第三人善意取得被转让的股权后，被冒名转让的股东可向冒名行为人主张损害赔偿。①

---

① 《左某与某投资顾问公司、某实业发展公司股权转让纠纷案》，载《人民法院案例选》（2018 年第 9 辑），人民法院出版社 2018 年版，第 187 页。

第一百四十四条 【无民事行为能力人实施的民事法律行为无效】 无民事行为能力人实施的民事法律行为无效。

要点提示

本条是关于无民事行为能力人实施的民事法律行为无效的规定。需注意，本条规定的无效是没有例外的。对于纯获利益的行为亦是如此，但这并不妨碍其代理人代理实施此类行为，如此规定也是给予无民事行为能力人的一种保护。此外，无民事行为能力人所实施的民事法律行为之无效，无可补救，即不能被追认。民事法律行为一旦无效，对该民事法律行为的效力评价即告结束，其不同于效力待定的民事法律行为，并不存在待追认或拒绝追认之必要和可能。

第一百四十五条 【限制民事行为能力人实施的民事法律行为效力】 限制民事行为能力人实施的纯获利益的民事法律行为或者与其年龄、智力、精神健康状况相适应的民事法律行为有效；实施的其他民事法律行为经法定代理人同意或者追认后有效。

相对人可以催告法定代理人自收到通知之日起三十日内予以追认。法定代理人未作表示的，视为拒绝追认。民事法律行为被追认前，善意相对人有撤销的权利。撤销应当以通知的方式作出。

要点提示

本条是关于限制民事行为能力人实施的民事法律行为效力的规定。限制民事行为能力人实施的民事法律行为效力，包括有效和效力待定两种情况。若行为属纯获利益的行为，或行为与其年龄、智力、精神健康状况相适应，则有效；其他行为需经法定代理人同意或追认才有效。所谓纯获利益，一般指只享有利益不承担义务。另需注意，本条第 2 款不仅规定了相对人的催告权，还规定了相对人的撤销权。但撤销权行使主体限定为善意相对人。

实务问答

问：未成年人购买彩票并中奖，该彩票买卖合同是否有效？

答：未成年人购买彩票未中奖的，属于效力待定的合同，其效力的最终确定，需要其监护人的意思表示。对于获大奖的彩票，该合同对于未成年人来说属于纯获利益的合同，不需要征得监护人的同意，彩票买卖合同就是有效的。即使彩票销售点是善意的，也不能行使撤销该合同的权利。①

第一百四十六条　【虚假表示、隐藏行为的效力】行为人与相对人以虚假的意思表示实施的民事法律行为无效。

以虚假的意思表示隐藏的民事法律行为的效力，依照有关法律规定处理。

要点提示

本条是关于虚假表示、隐藏行为的效力的规定。本条涉及两个行为，第一个是虚假意思行为。由于虚假意思行为中的意思表示所指向的法律效果并非双方当事人的内心真意，双方对此相互知晓，若认定其有效则有悖于意思自治原则，且不符合民法典第143条民事法律行为有效要件的规定，故规定其无效。第二个是隐藏行为。本条第2款对隐藏并未直接明确其效力，而是依照有关法律规定处理。其所谓相关法律规定，系指民法典“民事法律行为的效力”一节的相关规定，以及其他与法律行为效力有关之规定。隐藏行为依其情形，可呈现出有效、无效、效力待定、可撤销等多种法律效力状态。

重要关联规定

《最高人民法院关于审理网络消费纠纷案件适用法律若干问题的规定（一）》

第九条　电子商务经营者与他人签订的以虚构交易、虚构点击量、编造用户评价等方式进行虚假宣传的合同，人民法院应当依法认定无效。

实务问答

问：当事人以签订股权转让协议方式为借贷进行担保的行为是否有效？

答：民间借贷合同是否已成立、生效并全面实际履行，应从签约和履约两个方面

① 《何某、何某荣与周某锋等彩票买卖合同纠纷案》，载中国司法案例网，https://anli.court.gov.cn/static/web/index.html#/alk/detail/9CB3B59DEB9296DC2EFA866FFAEFADB4，2022年3月19日访问。

来判断，出借人应举示借款合同、银行交易记录、对账记录等证据证明，且相关证据应能相互印证。当事人以签订股权转让协议方式为民间借贷债权进行担保，此种非典型担保方式为让与担保。在不违反法律、行政法规效力性强制性规定的情况下，相关股权转让协议有效。签订股权让与担保协议并依约完成股权登记变更后，因借款人未能按期还款，当事人又约定对目标公司的股权及资产进行评估、抵销相应数额债权、确认此前的股权变更有效，并实际转移目标公司控制权的，应认定此时当事人就真实转让股权达成合意并已实际履行。以此为起算点一年以后借款人才进入重整程序，借款人主张依《企业破产法》相关规定撤销该以股抵债行为的，则不应支持。对于股权让与担保是否具有物权效力，应以是否已按照物权公示原则进行公示作为核心判断标准。在股权质押中，质权人可就已办理出质登记的权优先受偿。在已将作为担保财产的股权变更登记到担保权人名下的股权让与担保中，担保权人形式上已经是作为担保标的物的股份持有者，其就作为担保的股权享有优先受偿的权利，更应受到保护，原则上享有对抗第三人的物权效力。当借款人进入重整程序时，确认股权让与担保权人享有优先受偿的权利，不构成《企业破产法》第 16 条规定所指的个别清偿行为。以股权设定让与担保并办理变更登记后，让与担保权人又同意以该股权为第三人对债务人的债权设定质押并办质押登记的，第三人对该股权应优于让与担保权人受偿。①

第一百四十七条　【基于重大误解实施的民事法律行为可撤销】 基于重大误解实施的民事法律行为，行为人有权请求人民法院或者仲裁机构予以撤销。

要点提示

本条是关于基于重大误解实施的民事法律行为可撤销的规定。不同于原来的规定，民法典对基于重大误解、一方欺诈实施的民事法律行为以及显失公平的民事法律行为，规定的仅是“可撤销”，删除了“可变更”，但并不妨碍当事人私下协商的变更。需注意，重大误解制度中的误解，必须是重大的，会对行为人民事权利义务产生重大影响。且重大误解是因表意人自己的过错造成的，而非相对人的欺诈、误导造成。关于重大误解的认定以及第三人转达错误是否适用重大误解规则，《最高人民法院关于适用

① 《黑龙江闽成投资集团有限公司与西林钢铁公司民间借贷纠纷案》，载《最高人民法院公报》2020 年第 1 期。

〈中华人民共和国民法典〉总则编若干问题的解释》第 19 条、第 20 条专门进行了明确规定。

重要关联规定

《最高人民法院关于适用〈中华人民共和国民法典〉总则编若干问题的解释》

第十九条 行为人对行为的性质、对方当事人或者标的物的品种、质量、规格、价格、数量等产生错误认识，按照通常理解如果不发生该错误认识行为人就不会作出相应意思表示的，人民法院可以认定为民法典第一百四十七条规定的重大误解。

行为人能够证明自己实施民事法律行为时存在重大误解，并请求撤销该民事法律行为的，人民法院依法予以支持；但是，根据交易习惯等认定行为人无权请求撤销的除外。

第二十条 行为人以其意思表示存在第三人转达错误为由请求撤销民事法律行为的，适用本解释第十九条的规定。

《最高人民法院关于审理劳动争议案件适用法律问题的解释（一）》

第三十五条 劳动者与用人单位就解除或者终止劳动合同办理相关手续、支付工资报酬、加班费、经济补偿或者赔偿金等达成的协议，不违反法律、行政法规的强制性规定，且不存在欺诈、胁迫或者乘人之危情形的，应当认定有效。

前款协议存在重大误解或者显失公平情形，当事人请求撤销的，人民法院应予支持。

《全国法院贯彻实施民法典工作会议纪要》

第二条 行为人因对行为的性质、对方当事人、标的物的品种、质量、规格和数量等的错误认识，使行为的后果与自己的意思相悖，并造成较大损失的，人民法院可以认定为民法典第一百四十七条、第一百五十二条规定的重大误解。

实务问答

问：网购平台在优惠活动或促销期间标价错误出现低价商品，是否构成重大误解？

答：网购平台在优惠活动或促销期间出现的低价商品，能够使消费者产生合理信赖的，应当认定消费者属于善意交易相对人，双方当事人应当继续履行合同，经营者主张是基于重大误解导致出现低于成本价格出售商品的，法院应不予支持。就该案而言，首先，在某珠宝公司与某平台对可以参与优惠活动商品类型进行磋商的过程中，双方未达成一致意思或双方对彼此的意思存在误解。之后，某珠宝公司将商品信息展示在网上，该过程是某珠宝公司的动机形成过程，并不涉及具体的意思表示。而赵某圳是领取到某平台优惠券后参与的优惠，即对赵某圳而言，在该案交易模式中，出现优惠价格符合赵某圳的正常意思表示。其次，某珠宝公司对于订立买卖合同的合同性质、销售何种商品、以何种价格销售商品、是否参加促销活动等认识均无错误，即其对涉案买卖合同的主要内容均不存在认识错误。最后，当某一低价商品出现在网购平台，实难判断该情形系属经营者标价错误或是经营者开展的促销活动甚至是恶意促销。因此，应根据交易时的具体环境来判断，如果是普通的交易，未进行促销优惠活动，作为一名正常的消费者而言，其应清楚商家这种价格是明显低于正常市场价格的，商家主张重大误解可以得到支持。但如果是在参与优惠活动，或者是其他类型的优惠服务或促销活动时，消费者面对商家标价明显低于正常价格的商品，产生了合理信赖，此时应保护善意交易相对人，维护交易安全。作为消费者即赵某圳是善意的，并无过错，出现价格错误是某珠宝公司和某平台在磋商过程中存在的问题，该不利后果属于某珠宝公司的正常经营风险，该风险不应通过主张重大误解的方式转由赵某圳来承担。①

第一百四十八条　【以欺诈手段实施的民事法律行为可撤销】一方以欺诈手段，使对方在违背真实意思的情况下实施的民事法律行为，受欺诈方有权请求人民法院或者仲裁机构予以撤销。

要点提示

本条是关于以欺诈手段实施的民事法律行为可撤销的规定。欺诈，指一方当事人故意告知对方虚假情况或故意隐瞒真实情况，诱使对方当事人作出错误意思表示的行为。相较《民法通则》《合同法》，民法典关于以欺诈手段实施的民事法律行为规定为可撤销的民事法律行为，而不再以区分欺诈的对象来认定法律效力，欺诈国家的无效，欺诈其他的可撤销。关于欺诈（包括本条规定的一方欺诈以及民法典第 149 条规定的第三人欺诈）的认定，《最高人民法院关于适用〈中华人民共和国民法典〉总则编若干问题的解释》第 21 条作了明确规定。

重要关联规定

《最高人民法院关于适用〈中华人民共和国民法典〉总则编若干问题的解释》

第二十一条　故意告知虚假情况，或者负有告知义务的人故意隐瞒真实情况，致使当事人基于错误认识作出意思表示的，人民法院可以认定为民法典第一百四十八条、

① 《赵某圳与某珠宝公司网络购物合同纠纷案》，载《人民司法·案例》2020 年第 26 期。

第一百四十九条规定的欺诈。

《最高人民法院关于审理技术合同纠纷案件适用法律若干问题的解释》

第九条 当事人一方采取欺诈手段，就其现有技术成果作为研究开发标的与他人订立委托开发合同收取研究开发费用，或者就同一研究开发课题先后与两个或者两个以上的委托人分别订立委托开发合同重复收取研究开发费用，使对方在违背真实意思的情况下订立的合同，受损害方依照民法典第一百四十八条规定请求撤销合同的，人民法院应当予以支持。

《全国法院贯彻实施民法典工作会议纪要》

第三条 故意告知虚假情况，或者故意隐瞒真实情况，诱使当事人作出错误意思表示的，人民法院可以认定为民法典第一百四十八条、第一百四十九条规定的欺诈。

实务问答

问：隐瞒重大事故信息诱使买主基于错误意思表示购买含重大事故的二手机动车的，是否构成欺诈？

答：在买卖二手车时需注意，卖方根据诚信原则应将车辆的状况、性能、是否发生重大事故等重要信息，向买方如实、完整地告知，在出售过程中对足以影响买方购买决定的重要信息予以隐瞒或者未如实告知的，当属对买方的欺诈。就该案而言，案涉车辆之前发生过交通事故，并更换车前盖、前保险杠等多处零件，维修费用达18万元，修理后虽然能够正常行驶，但车辆的品质必然同之前存在差异。且从买受人心理因素考量，其交易价值大幅降低，势必会影响买受人在交易时缔约意思的形成。同时结合车辆交易价格40万元，而维修费用18万元等情况，应认为车辆发生过重大事故。关于是否构成民事欺诈的问题。该案中，一方当事人故意告知对方虚假情况，或者故意隐瞒真实情况，诱使对方当事人作出错误意思表示的，可以认定为欺诈行为。综合双方的陈述、聊天记录，以及涉案车辆最早的挂牌价格是41万元，而在发生过事故后，周某仍以40万元价格将涉案车辆出售给张某，可见周某未就2018年1月3日的交通事故信息如实告知，亦未能提供证据证明如实告知过张某。法院依法认定周某未如实告知张某涉案车辆发生的重大事故信息，其行为导致张某在签订买卖合同时未能将此次重大事故因素考量在内，对于涉案车辆真实车况产生错误认知，并作出了违背其真实意思表示的购车决定，周某的行为构成民事欺诈，买卖合同属可撤销合同，张某主张撤销合同，有事实与法律依据，应予支持。①

① 张意格：《张某与周某买卖合同纠纷案》，载《人民法院报》2021年1月23日。

第一百四十九条　【受第三人欺诈实施的民事法律行为可撤销】第三人实施欺诈行为，使一方在违背真实意思的情况下实施的民事法律行为，对方知道或者应当知道该欺诈行为的，受欺诈方有权请求人民法院或者仲裁机构予以撤销。

要点提示

本条是关于受第三人欺诈实施的民事法律行为可撤销的规定。基于第三人实施的欺诈行为而生的撤销权，需要受欺诈人的相对方不属于善意，即在知道或应当知道欺诈行为时，受欺诈人才能行使撤销权。需注意，本条“第三人”的范围，应指民事法律行为当事人、代理人、法定代表人以外的人。若当事人、代理人或法定代表人实施欺诈，属当事人一方实施欺诈的行为，而非第三人欺诈。

重要关联规定

《最高人民法院关于适用〈中华人民共和国民法典〉总则编若干问题的解释》

第二十一条　故意告知虚假情况，或者负有告知义务的人故意隐瞒真实情况，致使当事人基于错误认识作出意思表示的，人民法院可以认定为民法典第一百四十八条、第一百四十九条规定的欺诈。

实务问答

问：居间方为赚租金差价骗取出租人低价对外出租，承租人高价承租的行为，是否构成第三人欺诈？

答：居间人（民法典规定为中介人）为赚取租金差价，虚构事实以骗取出租人与其控制的公司签订租金较低的租赁合同，再以出租人代理人的身份与实际承租人签订租金较高的租赁合同，构成第三人欺诈的可撤销事由，出租人可主张撤销该租赁合同。①

第一百五十条　【受胁迫实施的民事法律行为可撤销】一方或者第三人以胁迫手段，使对方在违背真实意思的情况下实施的民事法律行为，受胁迫方有权请求人民法院或者仲裁机构予以撤销。

① 王长鹏：《李某与倪某房屋租赁合同纠纷案》，载《人民法院报》2019年10月15日。

要点提示

本条是关于受胁迫实施的民事法律行为可撤销的规定。不同于欺诈就一方欺诈、第三人欺诈分别规定，本条的胁迫包括了一方胁迫与第三人胁迫。之所以如此规定，在于胁迫侵害情节较欺诈更重，法律应对受胁迫方赋予更高的保护。故在胁迫情形下，并不区分受胁迫方的相对人是否善意，因而可将一方胁迫与第三人胁迫放在一起规定。关于是否构成胁迫的认定，《最高人民法院关于适用〈中华人民共和国民法典〉总则编若干问题的解释》第22条作了较为明确的规定。

重要关联规定

《最高人民法院关于适用〈中华人民共和国民法典〉总则编若干问题的解释》

第二十二条 以给自然人及其近亲属等的人身权利、财产权利以及其他合法权益造成损害或者以给法人、非法人组织的名誉、荣誉、财产权益等造成损害为要挟，迫使其基于恐惧心理作出意思表示的，人民法院可以认定为民法典第一百五十条规定的胁迫。

《全国法院贯彻实施民法典工作会议纪要》

第四条 以给自然人及其亲友的生命、身体、健康、名誉、荣誉、隐私、财产等造成损害或者以给法人、非法人组织的名誉、荣誉、财产等造成损害为要挟，迫使其作出不真实的意思表示的，人民法院可以认定为民法典第一百五十条规定的胁迫。

实务问答

问：货运代理企业依法行使扣单的行为，能否认定构成胁迫？

答：民事法律中胁迫的构成要件一般应包括如下四个方面：一是胁迫人主观上有胁迫的故意，即故意实施胁迫行为使他人陷入恐惧以及基于此恐惧心理作出意思表示。二是胁迫人客观上实施了胁迫的行为，即以将要实施某种加害行为威胁受胁迫人，以此使受胁迫人产生心理恐惧。这种加害既可以是对受胁迫人自身人身、财产权益的加害，也可以是对受胁迫人的亲友甚至与之有关的他人人身、财产权益的加害，客观上使受胁迫人产生了恐惧心理。三是胁迫须具有不法性，包括手段或者目的的不法性，反之则不构成胁迫。四是受胁迫人基于胁迫产生的恐惧心理作出意思表示，即受胁迫人意思表示的作出与胁迫存在因果关系。该案中，当事人在往来邮件中表述的“留置”“扣押集装箱”等并不准确，被告在涉案运输环节中并未合法占有涉案货物，不具有留置货物的现实条件。因涉案货物系作电放安排，实际承运人并未实际签发提单，因此被告不向实际承运人给出电放指令的行为与拒绝向委托人交付海洋提单具有等效性，被告实施的行为性质上是扣单而非扣货。货运代理企业依法行使的扣单行为，是对抗货运代理合同相对人违约行为的救济手段，可阻却违法性。扣单行为并未针对无货运代理合同关系的一方，即使该方的商业利益客观上受到了影响，但因不具有胁迫的故意和违法性，故不构成对该方的胁迫。①

第一百五十一条　【显失公平的民事法律行为可撤销】一方利用对方处于危困状态、缺乏判断能力等情形，致使民事法律行为成立时显失公平的，受损害方有权请求人民法院或者仲裁机构予以撤销。

要点提示

本条是关于显失公平的民事法律行为可撤销的规定。民法典施行后，乘人之危被纳入显失公平范围，其不再作为可撤销事由的一种独立类型。显失公平与乘人之危虽各有侧重，但从以往实践看，二者在主客观方面有类似要求，手段也相近，均利用了对方不利情境。为此，民法典将二者合并规定，赋予显失公平新的内涵。

重要关联规定

《最高人民法院关于审理劳动争议案件适用法律问题的解释（一）》

第三十五条　劳动者与用人单位就解除或者终止劳动合同办理相关手续、支付工资报酬、加班费、经济补偿或者赔偿金等达成的协议，不违反法律、行政法规的强制性规定，且不存在欺诈、胁迫或者乘人之危情形的，应当认定有效。

前款协议存在重大误解或者显失公平情形，当事人请求撤销的，人民法院应予支持。

《最高人民法院关于审理与企业改制相关的民事纠纷案件若干问题的规定》

第十九条　企业出售中，出卖人实施的行为具有法律规定的撤销情形，买受人在法定期限内行使撤销权的，人民法院应当予以支持。

实务问答

问：如何判断以租抵债协议是否显失公平？

答：以租抵债协议是否显失公平，应当从原债与新债两个方面进行衡量，结合原

---

①《某联合公司与某国际货物运输代理公司其他海事海商纠纷案》，载中国裁判文书网，http：//wenshuapp. court. gov. cn/website/wenshu/181107ANFZ0BXSK4/index. html？ docId＝9dbc8ae60ddc4b70a3e6a98500c791f6，2022 年 4 月 2 日访问。

债的性质及数额、租赁物的使用价值、协议签订的背景等因素综合判断。以租抵债协议中被抵偿之原债权可能基于不同给付而产生，用于抵偿之给付为租赁物使用权的让渡，金钱给付变更为非金钱给付，对此类协议公平性的判断缺乏自带的参照。该案中，甲公司一方以租金抵偿工程价款，双方协商议定互负给付的价格，并非客观的价值金额或第三方评估的结果，体现的是当事人基于合意而形成的主观价值，其本身并不能作为认定协议是否显失公平的客观依据。该案中，被抵偿之原债系建设工程价款，并非借款，以受法律保护的民间借贷利率上限作为约定利息是否过高的判断标准于法无据。在甲公司违约的情形下，乙公司享有就其施工的工程折价或者拍卖的价款优先受偿的权利，但双方在履行期限届满后达成了新的协议。在本金中扣除利息俗称“砍头息”，其违反了孳息生于原物的基本原理，故为法律所禁止。而复利的计算方式系将到期利息折算为本金继续计息，到期利息系表现为债权形式的财产，与“砍头息”存在本质区别，我国法律并未对此种计算方式本身作出明确的禁止性规定，且在该案法律关系中亦不存在民间借贷行为所涉金融秩序的问题。另就双方确认的原债权数额而言，在10年的租赁期间将不再计算利息。甲公司是营利性法人，其法定代表人许某以自己名义加入债务关系，对其行为后果应当具有判断能力。且在建设工程施工合同关系中，不能认定作为发包方的甲公司处于相对弱势的地位。案涉以租抵债协议签订前，甲公司一方长期、多次违约，多次与对方进行结算后签订还款协议。可见《协议书》系建立在双方权衡各自利益、充分磋商的基础之上，属于商主体之间的商行为，可以认定在其成立时甲公司一方认可其给付与对待给付之间的对价关系。案涉以租抵债协议不能认定为显失公平。①

第一百五十二条　【撤销权消灭】有下列情形之一的，撤销权消灭：

（一）当事人自知道或者应当知道撤销事由之日起一年内、重大误解的当事人自知道或者应当知道撤销事由之日起九十日内没有行使撤销权；

（二）当事人受胁迫，自胁迫行为终止之日起一年内没有行使撤销权；

---

① 罗正环：《甲公司等与乙公司等合同纠纷案》，载《人民法院报》2020年11月12日。

（三）当事人知道撤销事由后明确表示或者以自己的行为表明放弃撤销权。

当事人自民事法律行为发生之日起五年内没有行使撤销权的，撤销权消灭。

要点提示

本条是关于撤销权消灭的规定。撤销权多数针对意思表示不真实的场合，如对于限制民事行为能力人实施的民事法律行为，在其法定代理人追认前，善意相对人有撤销的权利。而本条的撤销权，并非意思表示不真实，而是意思表示受限制。因撤销权的行使将会对相对人的利益产生重大影响。因此，从平衡双方利益、维护交易安全的角度考虑，享有撤销权的权利人必须在一定期间内行使，即除斥期间。撤销权消灭的期间，一般为1年，但重大误解有其特殊性，民法典规定为90日。另需注意，不同类型撤销权当事人的主观状态是不同的。（1）撤销权人知道或者应当知道撤销事由的（第1项），指欺诈、重大误解、显失公平，以及限制民事行为能力人实施民事法律行为的情形。（2）撤销权人知道撤销事由的（第3项），指撤销权人知道撤销事由后明确表示或以自己的行为表明放弃撤销权，以及因受胁迫而实施民事法律行为的情形。这里不包括应当知道的主观状态。

重要关联规定

《最高人民法院关于审理民事案件适用诉讼时效制度若干问题的规定》

第五条　享有撤销权的当事人一方请求撤销合同的，应适用民法典关于除斥期间的规定。对方当事人对撤销合同请求权提出诉讼时效抗辩的，人民法院不予支持。

合同被撤销，返还财产、赔偿损失请求权的诉讼时效期间从合同被撤销之日起计算。

第一百五十三条　【民事法律行为无效事由】违反法律、行政法规的强制性规定的民事法律行为无效。但是，该强制性规定不导致该民事法律行为无效的除外。

违背公序良俗的民事法律行为无效。

要点提示

本条是关于民事法律行为无效事由的规定。本条第 1 款中的强制性规定如何判断，是司法实践中的一大难点。某些强制性规定尽管要求民事主体不得违反，但其并不导致民事法律行为无效。有观点认为可按照效力性强制性规定与管理性强制性规定进行区分，但在具体判断合同效力时，很难凭一个简单的标准加以认定，仍需综合认定某一强制性规定究竟是属于该条前半句所谓的效力性规定，还是属于该条后半句所谓的管理性规定。如下方式可供参考：（1）区别某一规定究竟是强制性规定，还是倡导性规定，抑或任意性规定。若是强制性规定，进一步区分是公法上的强制性规定，还是私法上的强制性规定。只有公法上的强制性规定才可能是管理性规定，但私法上的强制性规定也不都是效力性规定，还存在一些权限性规定、赋权性规定，其后果就不是无效。（2）考察规范对象。一般来讲，合同内容违法，表明该行为是法律、行政法规所禁止的，原则上合同无效；主体违法、要素违法，表明法律、行政法规并不禁止该法律行为本身，但在认定合同效力时，不能一概认定合同有效或无效。（3）进行法益衡量。在初步认定合同无效或者有效后，还要根据法益衡量说进行检验校正，最终确定合同效力。对因内容违法而原则上认定无效的行为，还要通过法益衡量考察是否存在不影响合同效力的情形。反之，对于原则上不影响合同效力的行为，则要通过法益衡量考察是否存在合同无效的情形。另，本条第 2 款规定的民事法律行为因违背公序良俗而无效，体现了法律对意思自治的限制，但由于公序良俗概念本身弹性较大，在具体案件中应审慎适用，避免过度克减民事主体的意思自治。民法学说一般采用类型化方式，对违反公序良俗的行为进行了分类，包括但不限于以下类型：危害国家政治、经济、财政、税收、金融、治安等秩序类型；危害家庭关系行为类型；危害性道德行为类型；违反人权和人格尊严行为类型；限制经济自由行为类型；违反公平竞争行为类型；违反消费者保护行为类型；违反劳动者保护行为类型等。

重要关联规定

《最高人民法院关于人民法院司法拍卖房产竞买人资格若干问题的规定》

第四条 买受人虚构购房资格参与司法拍卖房产活动且拍卖成交，当事人、利害关系人以违背公序良俗为由主张该拍卖行为无效的，人民法院应予支持。

依据前款规定，买受人虚构购房资格导致拍卖行为无效的，应当依法承担赔偿责任。

《最高人民法院关于审理外商投资企业纠纷案件若干问题的规定（一）》

第三条 人民法院在审理案件中，发现经外商投资企业审批机关批准的外商投资企业合同具有法律、行政法规规定的无效情形的，应当认定合同无效；该合同具有法律、行政法规规定的可撤销情形，当事人请求撤销的，人民法院应予支持。

《最高人民法院关于国内水路货物运输纠纷案件法律问题的指导意见》

3. 根据《国内水路运输管理条例》和《国内水路运输经营资质管理规定》的有关规定，从事国内水路运输的企业和个人，应当达到并保持相应的经营资质条件，并在核定的经营范围内从事水路运输经营活动。没有取得国内水路运输经营资质的承运人签订的国内水路货物运输合同，人民法院应当根据合同法第五十二条第（五）项的规定认定合同无效。

4. 国内水路货物运输合同无效，但是承运人已经按照运输合同的约定将货物安全运输到约定地点，承运人请求托运人或者收货人参照合同的约定支付运费，人民法院可以适当予以保护。

国内水路货物运输合同无效，而且运输过程中货物发生了毁损、灭失，托运人或者收货人向承运人主张损失赔偿的，人民法院可以综合考虑托运人或者收货人和承运人对合同无效和货物损失的过错程度，依法判定相应的民事责任。

《最高人民法院关于适用〈中华人民共和国公司法〉若干问题的规定（三）》

第二十四条 有限责任公司的实际出资人与名义出资人订立合同，约定由实际出资人出资并享有投资权益，以名义出资人为名义股东，实际出资人与名义股东对该合同效力发生争议的，如无法律规定的无效情形，人民法院应当认定该合同有效。

前款规定的实际出资人与名义股东因投资权益的归属发生争议，实际出资人以其实际履行了出资义务为由向名义股东主张权利的，人民法院应予支持。名义股东以公司股东名册记载、公司登记机关登记为由否认实际出资人权利的，人民法院不予支持。

实际出资人未经公司其他股东半数以上同意，请求公司变更股东、签发出资证明书、记载于股东名册、记载于公司章程并办理公司登记机关登记的，人民法院不予支持。

《最高人民法院关于当前形势下审理民商事合同纠纷案件若干问题的指导意见》

15. 正确理解、识别和适用合同法第五十二条第（五）项中的“违反法律、行政法规的强制性规定”，关系到民商事合同的效力维护以及市场交易的安全和稳定。人民法院应当注意根据《合同法解释（二）》第十四条之规定，注意区分效力性强制规定和管理性强制规定。违反效力性强制规定的，人民法院应当认定合同无效；违反管理性强制规定的，人民法院应当根据具体情形认定其效力。

《全国法院民商事审判工作会议纪要》

30. 【强制性规定的识别】合同法施行后，针对一些人民法院动辄以违反法律、行政法规的强制性规定为由认定合同无效，不当扩大无效合同范围的情形，合同法司法解释（二）第14条将《合同法》第52条第5项规定的“强制性规定”明确限于“效力性强制性规定”。此后，《最高人民法院关于当前形势下审理民商事合同纠纷案件若干问题的指导意见》进一步提出了“管理性强制性规定”的概念，指出违反管理性强制性规定的，人民法院应当根据具体情形认定合同效力。随着这一概念的提出，审判实践中又出现了另一种倾向，有的人民法院认为凡是行政管理性质的强制性规定都属于“管理性强制性规定”，不影响合同效力。这种望文生义的认定方法，应予纠正。

人民法院在审理合同纠纷案件时，要依据《民法总则》第153条第1款和合同法司法解释（二）第14条的规定慎重判断“强制性规定”的性质，特别是要在考量强制性规定所保护的法益类型、违法行为的法律后果以及交易安全保护等因素的基础上认定其性质，并在裁判文书中充分说明理由。下列强制性规定，应当认定为“效力性强制性规定”：强制性规定涉及金融安全、市场秩序、国家宏观政策等公序良俗的；交易标的禁止买卖的，如禁止人体器官、毒品、枪支等买卖；违反特许经营规定的，如场外配资合同；交易方式严重违法的，如违反招投标等竞争性缔约方式订立的合同；交易场所违法的，如在批准的交易场所之外进行期货交易。关于经营范围、交易时间、交易数量等行政管理性质的强制性规定，一般应当认定为“管理性强制性规定”。

《最高人民法院关于深入推进社会主义核心价值观融入裁判文书释法说理的指导意见》

四、下列案件的裁判文书，应当强化运用社会主义核心价值观释法说理：

（一）涉及国家利益、重大公共利益，社会广泛关注的案件；

（二）涉及疫情防控、抢险救灾、英烈保护、见义勇为、正当防卫、紧急避险、助人为乐等，可能引发社会道德评价的案件；

（三）涉及老年人、妇女、儿童、残疾人等弱势群体以及特殊群体保护，诉讼各方存在较大争议且可能引发社会广泛关注的案件；

（四）涉及公序良俗、风俗习惯、权利平等、民族宗教等，诉讼各方存在较大争议且可能引发社会广泛关注的案件；

（五）涉及新情况、新问题，需要对法律规定、司法政策等进行深入阐释，引领社会风尚、树立价值导向的案件；

（六）其他应当强化运用社会主义核心价值观释法说理的案件。

实务问答

问：将存在严重结构隐患或将造成重大安全事故的危房出租用于经营酒店的，租赁合同效力如何？

答：违反行政规章一般不影响合同效力，但违反行政规章签订租赁合同，约定将经鉴定机构鉴定存在严重结构隐患，或将造成重大安全事故应当尽快拆除的危房出租用于经营酒店，危及不特定公众人身及财产安全，属于损害社会公共利益、违背公序良俗的行为，应当依法认定租赁合同无效，按照合同双方的过错大小确定各自应当承担的法律责任。①

第一百五十四条　【恶意串通的民事法律行为效力】 行为人与相对人恶意串通，损害他人合法权益的民事法律行为无效。

要点提示

本条是关于恶意串通的民事法律行为效力的规定。本条所谓的恶意串通，是指行为人与相对人勾结，为牟取私利而实施的损害他人合法权益的民事法律行为。本条中的他人应作广义理解，包括国家、集体、第三人。此外，需注意恶意串通与虚假表示的不同。在虚假表示的民事法律行为中，行为人与相对人表示出的意思均非内心真意，而恶意串通的双方当事人所表达的都是内心真意，尽管二者都是无效行为，但不可混淆。

实务问答

问：贿赂犯罪情形下民事合同的效力如何认定？

答： 认定贿赂犯罪情形下民事合同效力是否有效，应当综合考虑是否存在恶意串通，损害国家、集体或者第三人利益及违反公序良俗等情况。该案审理中，通过查明刘某强通过恶意串通程某佳，并以向程某佳行贿的非法手段，排挤其他竞争对手，以明显低于市场租金的价格承租了涉案物业，严重损害了某煤建公司合法利益的事实，从而对民事交易过程进行了整体性审查，结合其他证据材料综合认定本案达成的合同无效。民法原则以及民法规则贯穿于整个民法制度之中，它们在实际的运行过程中都能够对民事法律秩序的建立起到指导作用。人民法院在处理价值争议较大的案件时，要注意原则与规则的结合适用。该案主要依据合同无效具体情形的规定，同时也因考虑到犯罪手段达成的民事合同，属于民法典第 154 条所规定“行为人与相对人恶意串通，损害他人合法权益的民事法律行为无效”的情形，综合原则和规则二者进行法律适用，达到了以案释法的典型效果。总之，准确认定合同的效力是维护市场稳定和交

---

① 《饶国礼与某物资供应站等房屋租赁合同纠纷案》，最高人民法院指导案例 170 号。

易安全的必要前提，对于刑事犯罪情形下民事案件的审理，一方面既需要保护市场正常交易，防止以刑事手段干预经济纠纷，依法保障和服务各类市场主体健康发展；另一方面也要维护市场交易秩序，在社会中倡导公序良俗原则，让公众对于交易后果产生预判及合理期待，共同营造优良的法治营商环境。[①]

第一百五十五条　【无效、被撤销的民事法律行为自始无效】 无效的或者被撤销的民事法律行为自始没有法律约束力。

要点提示

本条是关于无效、被撤销的民事法律行为自始无效的规定。由于无效民事法律行为本质上具有违法性，所以法律不承认此类民事法律行为的效力，给予否定评价。一旦被确认无效，就将产生溯及力，使该民事法律行为自实施时起就不具有法律效力。但需注意，可撤销的民事法律行为撤销后自始没有法律约束力。但其在未被撤销前，既非效力待定，也非当然无效，应认为自成立之时起已经生效，不同于无效与效力待定的民事法律行为。

第一百五十六条　【民事法律行为部分无效】 民事法律行为部分无效，不影响其他部分效力的，其他部分仍然有效。

要点提示

本条是关于民事法律行为部分无效的规定。需注意，民事法律行为部分无效，仅在不影响其他部分的情况下，其他部分才可继续有效。但若部分无效的民事法律行为会影响到其他部分效力，则其他部分也应无效。如遗嘱继承中，未给胎儿保留必要的遗产份额，遗嘱中涉及胎儿的部分无效。在遗产总额中已保留胎儿必要份额的情况下，对该必要份额之外的遗产处分有效。

---

① 钟育、周李焕、胡玮瑶：《某煤建公司与刘某强租赁合同纠纷案》，载《人民法院案例选》（2019 年第 11 辑），人民法院出版社 2020 年版，第 89 页。

实务问答

问：合同部分条款无效影响合同基础的，是否应认定合同整体无效？

答：合同部分条款无效不影响其余部分效力的，其余部分仍然有效。反之，无效条款若足以影响其余部分效力的，应认定合同整体无效。换言之，合同部分无效与整体无效关系的判定原则主要取决于该无效条款在整个合同中的作用，如果无效部分是当事人的行为基础或主要目的，没有这一部分，缔约当事人就不会缔结合同，这种部分无效将导致整个合同无效。反之，则不会导致合同整体无效，而是不影响其余部分的效力。就该案而言，案涉抵押协议中虽然并存设定抵押权、流押条款、免息及借款展期等诸多约定，但综观该抵押协议的整体内容，均是围绕设定流押条款展开，故流押条款无效应认定抵押协议整体无效。①

第一百五十七条　【民事法律行为无效、被撤销或确定不发生效力的法律后果】民事法律行为无效、被撤销或者确定不发生效力后，行为人因该行为取得的财产，应当予以返还；不能返还或者没有必要返还的，应当折价补偿。有过错的一方应当赔偿对方由此所受到的损失；各方都有过错的，应当各自承担相应的责任。法律另有规定的，依照其规定。

要点提示

本条是关于民事法律行为无效、被撤销或确定不发生效力的法律后果的规定。民事法律行为无效、被撤销或确认不发生效力后，一般会出现财产返还、折价补偿、依照过错进行损害赔偿等后果，本条即对此进行了总括性规定。需注意，本条所谓民事法律行为确定不发生效力，指民事法律行为虽已成立，但由于生效条件确定无法具备而不能生效的情况。有两种典型情形：（1）按法律、行政法规须经批准的民事法律行为，因未经批准而无法生效。（2）附条件生效的民事法律行为，生效条件尚不具备。此外需注意，本条并未规定民事法律行为不成立的相关后果。但《最高人民法院关于适用〈中华人民共和国民法典〉总则编若干问题的解释》第 23 条对此作了补充，明

---

① 《熊某某、谭某某与陈某某抵押协议纠纷案》，载中国裁判文书网，http://wenshuapp.court.gov.cn/website/wenshu/181106BNFZ0BXSK4/index.html? docId = 5414330393f341d3a85bade900943684，2022 年 4 月 2 日访问。

确民事法律行为不成立，当事人请求返还财产、折价补偿或者赔偿损失的，参照适用本条的规定。

重要关联规定

《最高人民法院关于适用〈中华人民共和国民法典〉总则编若干问题的解释》

第二十三条 民事法律行为不成立，当事人请求返还财产、折价补偿或者赔偿损失的，参照适用民法典第一百五十七条的规定。

《最高人民法院关于审理城镇房屋租赁合同纠纷案件具体应用法律若干问题的解释》

第四条 房屋租赁合同无效，当事人请求参照合同约定的租金标准支付房屋占有使用费的，人民法院一般应予支持。

当事人请求赔偿因合同无效受到的损失，人民法院依照民法典第一百五十七条和本解释第七条、第十一条、第十二条的规定处理。

《全国法院民商事审判工作会议纪要》

32.【合同不成立、无效或者被撤销的法律后果】《合同法》第58条就合同无效或者被撤销时的财产返还责任和损害赔偿责任作了规定，但未规定合同不成立的法律后果。考虑到合同不成立时也可能发生财产返还和损害赔偿责任问题，故应当参照适用该条的规定。

在确定合同不成立、无效或者被撤销后财产返还或者折价补偿范围时，要根据诚实信用原则的要求，在当事人之间合理分配，不能使不诚信的当事人因合同不成立、无效或者被撤销而获益。合同不成立、无效或者被撤销情况下，当事人所承担的缔约过失责任不应超过合同履行利益。比如，依据《最高人民法院关于审理建设工程施工合同纠纷案件适用法律问题的解释》第2条规定，建设工程施工合同无效，在建设工程经竣工验收合格情况下，可以参照合同约定支付工程款，但除非增加了合同约定之外新的工程项目，一般不应超出合同约定支付工程款。

33.【财产返还与折价补偿】合同不成立、无效或者被撤销后，在确定财产返还时，要充分考虑财产增值或者贬值的因素。双务合同不成立、无效或者被撤销后，双方因该合同取得财产的，应当相互返还。应予返还的股权、房屋等财产相对于合同约定价款出现增值或者贬值的，人民法院要综合考虑市场因素、受让人的经营或者添附等行为与财产增值或者贬值之间的关联性，在当事人之间合理分配或者分担，避免一方因合同不成立、无效或者被撤销而获益。在标的物已经灭失、转售他人或者其他无法返还的情况下，当事人主张返还原物的，人民法院不予支持，但其主张折价补偿的，人民法院依法予以支持。折价时，应当以当事人交易时约定的价款为基础，同时考虑当事人在标的物灭失或者转售时的获益情况综合确定补偿标准。标的物灭失时当事人获得的保险金或者其他赔偿金，转售时取得的对价，均属于当事人因标的物而获得的利益。对获益高于或者低于价款的部分，也应当在当事人之间合理分配或者分担。

34.【价款返还】双务合同不成立、无效或者被撤销时，标的物返还与价款返还互为对待给付，双方应当同时返还。关于应否支付利息问题，只要一方对标的物有使用情形的，一般应当支付使用费，该费用可与占有价款一方应当支付的资金占用费相互抵销，故在一方返还原物前，另一方仅须支付本金，而无须支付利息。

35.【损害赔偿】合同不成立、无效或者被撤销时，仅返还财产或者折价补偿不足以弥补损失，一方还可以向有过错的另一方请求损害赔偿。在确定损害赔偿范围时，既要根据当事人的过错程度合理确定责任，又要考虑在确定财产返还范围时已经考虑过的财产增值或者贬值因素，避免双重获利或者双重受损的现象发生。

36.【合同无效时的释明问题】在双务合同中，原告起诉请求确认合同有效并请求继续履行合同，被告主张合同无效的，或者原告起诉请求确认合同无效并返还财产，而被告主张合同有效的，都要防止机械适用“不告不理”原则，仅就当事人的诉讼请求进行审理，而应向原告释明变更或者增加诉讼请求，或者向被告释明提出同时履行抗辩，尽可能一次性解决纠纷。例如，基于合同有给付行为的原告请求确认合同无效，但并未提出返还原物或者折价补偿、赔偿损失等请求的，人民法院应当向其释明，告知其一并提出相应诉讼请求；原告请求确认合同无效并要求被告返还原物或者赔偿损失，被告基于合同也有给付行为的，人民法院同样应当向被告释明，告知其也可以提出返还请求；人民法院经审理认定合同无效的，除了要在判决书“本院认为”部分对同时返还作出认定外，还应当在判项中作出明确表述，避免因判令单方返还而出现不公平的结果。

第一审人民法院未予释明，第二审人民法院认为应当对合同不成立、无效或者被撤销的法律后果作出判决的，可以直接释明并改判。当然，如果返还财产或者赔偿损失的范围确实难以确定或者双方争议较大的，也可以告知当事人通过另行起诉等方式解决，并在裁判文书中予以明确。

当事人按照释明变更诉讼请求或者提出抗辩的，人民法院应当将其归纳为案件争议焦点，组织当事人充分举证、质证、辩论。

124.【案外人依据另案生效裁判对金钱债权的执行提起执行异议之诉】作为执行依据的生效裁判并未涉及执行标的物，只是执行中为实现金钱债权对特定标的物采取了执行措施。对此种情形，《最高人民法院关于人民法院办理执行异议和复议案件若干问题的规定》第26条规定了解决案外人执行异议的规则，在审理执行异议之诉时可以参考适用。依据该条规定，作为案外人提起执行异议之诉依据的裁判将执行标的物确权给案外人，可以排除执行；作为案外人提起执行异议之诉依据的裁判，未将执行标的物确权给案外人，而是基于不以转移所有权为目的的有效合同（如租赁、借用、保管合同)，判令向案外人返还执行标的物的，其性质属于物权请求权，亦可以排除执行；基于以转移所有权为目的有效合同（如买卖合同)，判令向案外人交付标的物的，其性质属于债权请求权，不能排除执行。

应予注意的是，在金钱债权执行中，如果案外人提出执行异议之诉依据的生效裁判认定以转移所有权为目的的合同（如买卖合同）无效或应当解除，进而判令向案外人返还执行标的物的，此时案外人享有的是物权性质的返还请求权，本可排除金钱债权的执行，但在双务合同无效的情况下，双方互负返还义务，在案外人未返还价款的情况下，如果允许其排除金钱债权的执行，将会使申请执行人既执行不到被执行人名下的财产，又执行不到本应返还给被执行人的价款，显然有失公允。为平衡各方当事人的利益，只有在案外人已经返还价款的情况下，才能排除普通债权人的执行。反之，案外人未返还价款的，不能排除执行。

实务问答

问：分支机构未经公司授权而加入债务的效力及法律后果如何？

答：《民法典》施行后，在现行法律并未对公司分支机构加入债务的效力、责任承担等问题作出具体规定的情况下，基于债务加入与保证所具有的法律评价意义上的相似性，对于公司分支机构加入债务纠纷，可参照适用《民法典》及其担保制度司法解释关于公司分支机构提供担保的相关规定进行处理。公司分支机构加入债务须经公司有权机关决议。公司分支机构未经公司授权与债务人或者债权人达成的债务加入协议对公司不发生效力，公司分支机构根据其过错承担相应的民事责任。①

第四节　民事法律行为的附条件和附期限

第一百五十八条　【附条件的民事法律行为】民事法律行为可以附条件，但是根据其性质不得附条件的除外。附生效条件的民事法律行为，自条件成就时生效。附解除条件的民事法律行为，自条件成就时失效。

---

① 周梅芳：《张三诉 C 公司、B 公司借款合同纠纷案》，载最高人民法院民事审判第一庭编：《民事审判指导与参考》（总第 81 辑），人民法院出版社 2021 年版，第 120 页。

要点提示

本条是关于附条件的民事法律行为的规定。民事法律行为中所附的条件，具有如下特点：（1）条件是当事人共同约定并作为民事法律行为的一部分；（2）条件是未来可能发生的事实；（3）所附条件中的事实应为合法事实；（4）所附条件是当事人用以限定民事法律行为效力的附属意思表示。此外，某些不允许效力处于不确定状态的行为，依其性质是不得附条件的，如票据行为、撤销权或解除权行使等。关于所附条件不可能发生时的效果，《最高人民法院关于适用〈中华人民共和国民法典〉总则编若干问题的解释》第 24 条分别就其作为生效条件、解除条件的情形作了规定。

重要关联规定

《最高人民法院关于适用〈中华人民共和国民法典〉总则编若干问题的解释》

第二十四条　民事法律行为所附条件不可能发生，当事人约定为生效条件的，人民法院应当认定民事法律行为不发生效力；当事人约定为解除条件的，应当认定未附条件，民事法律行为是否失效，依照民法典和相关法律、行政法规的规定认定。

实务问答

问：能否将抵押登记作为抵押合同的生效条件?

答：该案争议焦点在于抵押合同约定的“自抵押登记办理完毕之日起生效”条件是否具有法律效力，该合同是否生效。一种观点认为，抵押合同已经成立并生效。《民法典》第 215 条明确规定了不动产物权合同自合同成立时生效，未办理物权登记不影响合同的效力。当事人约定办理抵押登记作为合同生效条件，与法律规定相冲突，所以该条件无效。且法律上的条件是指决定民事法律行为的效力产生或消灭的不确定的事实，当事人在合同中约定的一方应履行的合同义务不能成为法律上的条件。另一种观点认为，抵押合同未生效。《民法典》第 215 条规定了例外条款“除法律另有规定或者当事人另有约定外，自合同成立时生效”，即尊重当事人通过约定排除区分原则的适用。如果当事人约定将登记作为该合同的生效要件，则应按照附生效条件合同对待。笔者赞同第二种观点。

一方面，抵押合同所附条件不属于不法条件。首先，从抵押合同所附条件是否存在违反法律规定的情形上分析，《民法典》第 215 条规定了不动产物权合同效力与不动产物权登记的物权区分原则，但同时允许当事人约定排除，故该案条件并未与该法律规定相冲突。其次，《民法典》第 153 条规定，违反法律、行政法规的强制性规定的民事法律行为无效，该强制性规定是指效力性强制性规定，而《民法典》第 215 条并非效力性强制性规定，故不能导致抵押合同所附条件无效。最后，抵押合同附登记生效条件是双方当事人意思自治的结果，是抵押权人对自身权利的进一步保障，亦未违背公序良俗。故该条件亦不属于不法条件。

另一方面，抵押合同所附条件可以成为法律上的条件。上述第一种观点认为，配合办理抵押登记是抵押人在抵押合同中应当履行的合同义务，而从条件的概念和特征分析，条件是未来发生的事实，条件是否发生具有不确定性，正因为具有不确定性才符合对风险的分配功能。故抵押登记作为抵押人应当履行的义务不能成为法律上的条件。需注意，意思自治是民法的灵魂，附条件法律行为是对私法自治的尊重。法律不仅允许当事人对法律行为的内容自治，对于其效力也允许当事人以自治的方式作出安排，以提前分配风险和预防损失。另外，《民法典》第215条并未规定合同的履行内容不能作为合同的附加生效条件，且本案中办理抵押登记系双方当事人的共同义务，并非仅抵押人一方的义务，抵押登记是否办理完毕并非抵押人一人能够决定，该事实是否发生仍具有不确定性，符合条件的本质特征和制度价值。综上，案涉抵押合同所附条件应为有效条件。根据《民法典》第158条的规定，当事人因未办理抵押登记，所附条件未成就，故该合同未生效。①

第一百五十九条　【条件的拟制效力】附条件的民事法律行为，当事人为自己的利益不正当地阻止条件成就的，视为条件已经成就；不正当地促成条件成就的，视为条件不成就。

要点提示

本条是关于条件的拟制效力的规定。附条件的民事法律行为成立后条件成就前，当事人负有必须顺应条件地自然发展而不是加以不正当地干预的义务，即不作为。本条规定即在于制裁不正当行为，保护因条件成就或者不成就而受利益的当事人。实践中，审查条件成就或不成就的拟制效力，可考虑以下因素：（1）主体应为因条件成就或不成就而获得利益或损失利益的当事人，排除第三人；（2）当事人须故意为不正当行为。

① 张海洋、张清：《A公司诉甲借款合同纠纷、抵押合同纠纷案》，载《人民法院报》2021年7月22日。

实务问答

问：工程竣工并交付使用，但因公司内部管理不善致无法审计结算的，能否视为付款条件成就？

答：当事人为自己的利益不正当地阻止条件成就的，视为条件已成就，工程现已经竣工并交付使用，由于支付价款一方当事人公司内部管理不善，致使无法进行审计结算的，应当视为付款条件成就。①

第一百六十条　【附期限的民事法律行为】民事法律行为可以附期限，但是根据其性质不得附期限的除外。附生效期限的民事法律行为，自期限届至时生效。附终止期限的民事法律行为，自期限届满时失效。

要点提示

本条是关于附期限的民事法律行为的规定。不同于附条件民事法律行为中的“条件”成就与否的不确定性，附期限的民事法律行为中，期限的到来是必然确定的，其或早或晚总会到来。当然，也存在依性质不得附期限的行为，主要为身份上的行为，如结婚、收养等。

实务问答

问：对附期限合同中的期限有争议时，该期限如何确定？

答：附期限的合同是指合同双方当事人在合同中规定一定的期限，把期限的到来作为合同生效或者失效的前提。当事人在规定期限时通常采取以下几种方式：（1）以日历设定期限的，即确定合同生效或者失效的具体年、月、日，这是最为常用的确定期限的方式。如在合同中约定，2022年12月31日为合同的生效时间。（2）以一定期间为期限的，以该期间的最后一日的终止时为期限届至，如规定一合同自2021年12月31日到2022年12月31日生效。（3）以事件的发生为期限的，以该事件发生的时间为期限届至。该案中，某桥梁制造厂与某精工机械厂签订的合同就是一个附期限的

① 《某园林建筑公司与彭某富等买卖合同纠纷案》，载孙华璞主编：《审判监督指导》（总第66辑），人民法院出版社2020年版，第164页。

合同。争议问题在于这个附期限的合同中，合同规定的期限究竟是合同签订后6个月，还是桥梁主体部分完工的时间？从合同订立的目的及双方当事人约定期限的目的上看，应当将桥梁主体部分完工的时间作为合同生效的时间。6个月只是双方当事人对于桥梁主体部分完工时间的估计，双方签订这个加工承揽合同的目的在于满足桥梁建设的需要。因此，合同的生效期限应该与桥梁工程的进展速度相配合，而不能简单机械地从6个月的字面意思上理解。该案中，既然桥梁主体工程提前完工，那么相应地，加工承揽合同的生效日期也应该提前，即在桥梁主体工程完工时合同已经生效。某精工机械厂以6个月期限未届满为由，认为合同未生效，拒绝提前生产是错误的。由此造成桥梁制造厂工期延误，当事人双方均有责任。某桥梁制造厂对工程进度估计有误，错误地确定了合同的生效期限，而某精工机械厂拒绝根据工程进度合理变更合同所附期限，给某桥梁制造厂造成损失。对方应各自承担相应的责任。简言之，双方对合同期限有争议时，从合同订立的目的及双方当事人约定期限的目的上看，是附期限的合同中对期限的确定。①

---

① 《某桥梁制造厂与某精工机械厂合同纠纷案》，载中国裁判文书网，http：//wenshuapp.court.gov.cn/website/wenshu/181107ANFZ0BXSK4/index.html？docId = ffa3a1f96787934976a82aac23003b5002，2022年4月2日访问。

第七章　代　　理

第一节　一般规定

第一百六十一条　【代理适用范围】民事主体可以通过代理人实施民事法律行为。

依照法律规定、当事人约定或者民事法律行为的性质，应当由本人亲自实施的民事法律行为，不得代理。

要点提示

本条是关于代理适用范围的规定。代理的适用范围原则上限于民事法律行为，但一些与合同密切相关的准民事法律行为、事实行为与程序行为，如要约邀请或撤回、订约样品交付或受领、合同公证办理等，一般认为也是可以代理的。关于本条规定的依照“民事法律行为的性质”不得代理的，主要指具有人身性质的身份行为，如结婚离婚、收养、遗嘱遗赠等。

实务问答

问：离婚后，一方委托父母代理行使探望权的，能否支持?

答：基于婚姻、继承、监护等身份关系而产生的法律行为不能委托他人代理。探望权是基于特定身份关系而产生的法定权利，不得委托他人代理。法律规定，离婚后，不直接抚养子女的父或母，有探望子女的权利，另一方有协助的义务。但关于祖父母、外祖父母对孙子女、外孙子女的隔代探望权，法律并无明确规定。在父母受主客观原因的限制，无法行使探望权时，是否可以委托祖父母、外祖父母代为行使探望权，法律未作规定。但由于探望权是基于特定身份关系而产生的法定权利，不得委托他人代理。该案中，赵某某的委托并不能使她的父母取得代为行使探望权的权利，要探望儿子，最好的办法是赵某某与马某协商，可以通过和儿子视频通话的方式见面，也可以请求马某带儿子到赵某某父母处见面。[①]

第一百六十二条 【代理效力】代理人在代理权限内，以被代理人名义实施的民事法律行为，对被代理人发生效力。

要点提示

本条是关于代理效力的规定。《民法典》总则编的代理，主要针对的是显名代理，即代理人以被代理人名义实施民事法律行为。而有关隐名代理和间接代理则规定在《民法典》合同编委托合同一章中。另需注意，代理与使者的区别。对代理而言，使者主要特征在于，使者无权决定意思表示的内容，因而不能决定法律行为是否成立。

第一百六十三条 【代理类型】代理包括委托代理和法定代理。

委托代理人按照被代理人的委托行使代理权。法定代理人依照法律的规定行使代理权。

要点提示

本条是关于代理类型的规定。《民法通则》将代理分为委托代理、法定代理与指定代理，在《民法典》制定过程中认为，指定代理只是法定代理的一种特殊形式，与委托代理和法定代理相比，指定代理适用的范围较小，没有必要单独列为一种代理类型。尤为重要的是，法院或其他有关机关在特定情形下的指定代理，在本质上也必须是依据法律规定而进行的指定，法律规定可以指定的情形才可以指定。与委托代理相比，指定代理也应属于法定代理的范畴，在逻辑层次上，不能与委托代理、法定代理处于同一位阶，而应是法定代理项下的一种类型。在法律适用上，指定代理除了依据有关法律就指定代理的规定之外，还可以适用法定代理的一般规定。故本

---

① 《赵某某父母与马某探望权纠纷案》，载中国裁判文书网，http://wenshuapp.court.gov.cn/website/wenshu/181117ARTFZ0BXSK4/index.html?docId=86a929820dc44d3d978bae51012aae54，2022年4月2日访问。

条规定的代理类型只有委托代理与法定代理。根据《民法典》与其他法律的规定，法定代理人主要包括监护人、失踪的财产代管人、清算组等。

第一百六十四条 【代理人责任】代理人不履行或者不完全履行职责，造成被代理人损害的，应当承担民事责任。

代理人和相对人恶意串通，损害被代理人合法权益的，代理人和相对人应当承担连带责任。

要点提示

本条是关于代理人责任的规定。本条规定的代理人责任主要包括代理人不当履职的民事责任、代理人相对人恶意串通的民事责任。本条第2款规定的“恶意串通”要求代理人与相对人串通在一起共同实施某种行为损害被代理人的合法权益。若双方或一方不知道且不应知道其行为的损害后果，则不构成恶意串通，不应适用本款，而应根据各自行为承担相应责任。

第二节 委托代理

第一百六十五条 【授权委托书】委托代理授权采用书面形式的，授权委托书应当载明代理人的姓名或者名称、代理事项、权限和期限，并由被代理人签名或者盖章。

要点提示

本条是关于授权委托书的规定。本条虽删除了《民法通则》第65条规定的口头形式的内容，但在解释上并非禁止委托代理适用口头形式，只是在行为导向上鼓励当事人更多地选择书面形式订立授权委托书。应该说，委托代理的授权委托可以采取口头、书面或者其他形式。授权的方式既可以明示授权也可以默示授权（如职务授权）。

第一百六十六条　【共同代理】 数人为同一代理事项的代理人的，应当共同行使代理权，但是当事人另有约定的除外。

要点提示

本条是关于共同代理的规定。关于共同行使代理权的具体方式，该条并未规定。通常而言，这不能有过于硬性的要求，在代理人与被代理人之间有约定的情况下，按照约定进行。在没有约定的情况下，则应当允许数个代理人之间通过约定进行分工，在出现争议时可以通过协商多数决的方法进行，即经全体代理人的协商或者按照多数人意思形成代理意见，但这时应当将数个代理人的分工情况及协商情况及时向被代理人报告。此外，关于共同代理情形下部分代理人行使代理权行为的效力问题，《最高人民法院关于适用〈中华人民共和国民法典〉总则编若干问题的解释》第 25 条作了明确规定。

重要关联规定

《最高人民法院关于适用〈中华人民共和国民法典〉总则编若干问题的解释》

第二十五条　数个委托代理人共同行使代理权，其中一人或者数人未与其他委托代理人协商，擅自行使代理权的，依据民法典第一百七十一条、第一百七十二条等规定处理。

第一百六十七条　【违法代理及法律后果】 代理人知道或者应当知道代理事项违法仍然实施代理行为，或者被代理人知道或者应当知道代理人的代理行为违法未作反对表示的，被代理人和代理人应当承担连带责任。

要点提示

本条是关于违法代理及法律后果（责任承担）的规定。依据“反对解释”①，对于被代理人委托代理人进行违法行为，代理人不知道也不应当知道代理事项违法，则这

① 反对解释，即根据法律规定的正面含义推理出的反面含义解释。

时委托事项违法的责任应由本人承担；同样，如果委托事项不违法，但代理人的代理行为违法，但被代理人不知道或知道后表示反对的，则应由代理人承担违法后果。另需注意，本着发挥代理制度功能作用、鼓励交易与制裁打击违法行为的平衡考虑，“违法”应当理解为违反法律强制性规定的行为或事项，这里的法律可以作适当广义理解，包括行政法规。至于违反的是效力性强制性规定还是管理性强制性规定在所不问。

第一百六十八条 【自我代理与双方代理】 代理人不得以被代理人的名义与自己实施民事法律行为，但是被代理人同意或者追认的除外。

代理人不得以被代理人的名义与自己同时代理的其他人实施民事法律行为，但是被代理的双方同意或者追认的除外。

要点提示

本条是关于自我代理与双方代理的规定。关于自我代理与双方代理的效力问题，存在无效、可撤销、效力待定等不同观点，各观点都有一定道理，但效力待定说在逻辑上更为可取。根据条文，在被代理人追认或者同意的情况下，该代理行为应当属于有效，故在其未作追认的情况下，该行为应处于效力待定状态。如果该行为在未追认或者同意前认定为无效，同意或者追认后变成有效，有悖逻辑。

第一百六十九条 【复代理】 代理人需要转委托第三人代理的，应当取得被代理人的同意或者追认。

转委托代理经被代理人同意或者追认的，被代理人可以就代理事务直接指示转委托的第三人，代理人仅就第三人的选任以及对第三人的指示承担责任。

转委托代理未经被代理人同意或者追认的，代理人应当对转委托的第三人的行为承担责任；但是，在紧急情况下代理人为了维护被代理人的利益需要转委托第三人代理的除外。

要点提示

本条是关于复代理的规定。复代理又称为再代理，本条中称为转委托代理。被代理人与代理人均作了指示但不一致时，复代理人应优先按照被代理人的指示来实施民事法律行为。此外，按照本条第3款规定，在代理人未经被代理人同意或追认而选任复代理人时，复代理人实施的代理人行为构成无权代理，除符合《民法典》第172条规定的表见代理外，其行为对被代理人不发生效力，代理人应对复代理人行为承担责任。另需说明，依照学界通说，复代理人虽规定在委托代理一节，但也可适用于法定代理，即法定代理人可以为被代理人选择复代理人。此外，关于本条第3款所谓的紧急情况的认定，《最高人民法院关于适用〈中华人民共和国民法典〉总则编若干问题的解释》第26条作了规定。

重要关联规定

《最高人民法院关于适用〈中华人民共和国民法典〉总则编若干问题的解释》

第二十六条　由于急病、通讯联络中断、疫情防控等特殊原因，委托代理人自己不能办理代理事项，又不能与被代理人及时取得联系，如不及时转委托第三人代理，会给被代理人的利益造成损失或者扩大损失的，人民法院应当认定为民法典第一百六十九条规定的紧急情况。

《最高人民法院关于审理海上货运代理纠纷案件若干问题的规定》

第五条　委托人与货运代理企业约定了转委托权限，当事人就权限范围内的海上货运代理事务主张委托人同意转委托的，人民法院应予支持。

没有约定转委托权限，货运代理企业或第三人以委托人知道货运代理企业将海上货运代理事务转委托或部分转委托第三人处理而未表示反对为由，主张委托人同意转委托的，人民法院不予支持，但委托人的行为明确表明其接受转委托的除外。

第一百七十条　**【职务代理】**执行法人或者非法人组织工作任务的人员，就其职权范围内的事项，以法人或者非法人组织的名义实施的民事法律行为，对法人或者非法人组织发生效力。

法人或者非法人组织对执行其工作任务的人员职权范围的限制，不得对抗善意相对人。

要点提示

本条是关于职务代理的规定。本条第 2 款明确了职权限制“不得对抗善意相对人”的规则，也就是说只要交易相对人对该职权限制不知情，即产生本条第 1 款规定的合法有效职务代理的法律后果。在构成要件上并没有如同表见代理要求相对人举证证明其有理由相信代理人有代理权这一要件。因此在遇到本条第 2 款规定情形时，可以直接适用本款规定，而无须结合《民法典》第 172 条关于表见代理的规定处理。需注意的是，在本款规定情形下，该代理人所实施的行为如果超出其职权范围，即超出了被代理人的授权范围，应当属于无权代理的情形，在符合《民法典》第 172 条规定的情形下，也可以构成表见代理，这时构成了请求权竞合。另需注意的是，超越职权不同于超经营范围。若职务代理行为超越了该法人或者非法人组织的经营范围，就产生了超范围经营行为的效力认定问题。这一问题已非本条第 2 款所能涵盖，而应一并适用《民法典》第 505 条“当事人超越经营范围订立的合同的效力，应当依照本法第一编第六章第三节和本编的有关规定确定，不得仅以超越经营范围确认合同无效”的规定。

第一百七十一条　【无权代理】行为人没有代理权、超越代理权或者代理权终止后，仍然实施代理行为，未经被代理人追认的，对被代理人不发生效力。

相对人可以催告被代理人自收到通知之日起三十日内予以追认。被代理人未作表示的，视为拒绝追认。行为人实施的行为被追认前，善意相对人有撤销的权利。撤销应当以通知的方式作出。

行为人实施的行为未被追认的，善意相对人有权请求行为人履行债务或者就其受到的损害请求行为人赔偿。但是，赔偿的范围不得超过被代理人追认时相对人所能获得的利益。

相对人知道或者应当知道行为人无权代理的，相对人和行为人按照各自的过错承担责任。

要点提示

本条是关于无权代理的规定。需注意以下三点：（1）对善意相对人的救济范围，以“被代理人追认时相对人所能获得的利益”为限。这也符合损害赔偿的可预见性规则。(2)关于相对人非善意的情形，即知道或者应当知道代理人无权代理的，本条第4款明确规定了“相对人和行为人按照各自的过错承担责任”。其改变了《民法通则》的做法，适用范围上既包括含被代理人在内的他人致损的赔偿，也包括代理人与相对人之间责任确定的情形。(3)在相对人恶意的情况下，无权代理的法律行为是否有效，需具体分析。如果被代理人追认的，这时在被代理人与相对人之间发生与有权代理相同的法律后果。但符合本条第4款规定情形的，相对人和代理人仍要依据本款规定承担过错责任。若被代理人未追认，按照本条第1款，这时应理解为该行为仍在代理人与相对人之间发生法律效力，但在他们的外部责任上，仍按照本条第4款规定确定责任承担规则，即只是在他们内部责任承担上实际转化为过失相抵规则的适用。此外，就“相对人知道或者应当知道行为人无权代理”的举证责任分配而言，《最高人民法院关于适用〈中华人民共和国民法典〉总则编若干问题的解释》第27条进行了明确。

重要关联规定

《最高人民法院关于适用〈中华人民共和国民法典〉总则编若干问题的解释》

第二十七条 无权代理行为未被追认，相对人请求行为人履行债务或者赔偿损失的，由行为人就相对人知道或者应当知道行为人无权代理承担举证责任。行为人不能证明的，人民法院依法支持相对人的相应诉讼请求；行为人能够证明的，人民法院应当按照各自的过错认定行为人与相对人的责任。

第一百七十二条 【表见代理】行为人没有代理权、超越代理权或者代理权终止后，仍然实施代理行为，相对人有理由相信行为人有代理权的，代理行为有效。

要点提示

本条是关于表见代理的规定。表见代理的法律后果将产生与有权代理相同的法律效力。这种效力最典型的表现，就是表见代理人代理实施的民事法律行为的后果，直接由被代理人承担。但是在被代理人承担了表见代理后果后，被代理人对于因此遭受的损失，有权向表见代理人主张损害赔偿责任。在此需注意，表见代理在本质上也属于无权代理的情形，从法律适用的角度讲，《民法典》第171条关于无权代理的规定同样可以适用于表见代理的情形。这时应允许善意相对人有选择权（无权代理或表见代理）。在相对人选择主张无权代理时，代理人无权主张表见代理；被代理人无权主张表见代理。此外，关于“相对人有理由相信行为人有代理权”的认定以及是否构成表见代理中的相关举证证明责任问题，《最高人民法院关于适用〈中华人民共和国民法典〉总则编若干问题的解释》第28条作了较为明确的规定。

重要关联规定

《最高人民法院关于适用〈中华人民共和国民法典〉总则编若干问题的解释》

第二十八条　同时符合下列条件的，人民法院可以认定为民法典第一百七十二条规定的相对人有理由相信行为人有代理权：

（一）存在代理权的外观；

（二）相对人不知道行为人行为时没有代理权，且无过失。

因是否构成表见代理发生争议的，相对人应当就无权代理符合前款第一项规定的条件承担举证责任；被代理人应当就相对人不符合前款第二项规定的条件承担举证责任。

《最高人民法院关于审理海上货运代理纠纷案件若干问题的规定》

第六条　一方当事人根据双方的交易习惯，有理由相信行为人有权代表对方当事人订立海上货运代理合同，该方当事人依据民法典第一百七十二条的规定主张合同成立的，人民法院应予支持。

《最高人民法院关于审理期货纠纷案件若干问题的规定》

第九条　期货公司授权非本公司人员以本公司的名义从事期货交易行为的，期货公司应当承担由此产生的民事责任；非期货公司人员以期货公司名义从事期货交易行为，具备民法典第一百七十二条所规定的表见代理条件的，期货公司应当承担由此产生的民事责任。

实务问答

问：在银行工作人员实施犯罪行为引发民事责任的情形下，如何判断银行工作人员是否构成表见代理？

答：银行工作人员在从事业务活动中实施犯罪行为，如果其行为构成表见代理，则应认定银行与相对人之间的合同成立；反之，不能认定银行与相对人之间存在合同关系，银行不应承担合同责任。在银行工作人员实施的犯罪活动中，如果相对人存在过错，则不能认定银行工作人员的行为构成表见代理。对于相对人是否存在过错，可从其是否尽到适当的注意义务、其行为对银行工作人员实施犯罪所起的作用等方面加以综合判断。在银行正常业务中，基于对银行的信赖，相对人只需要尽一般注意义务即可。但在非正常业务中，相对人应尽充分的注意义务。该案中，如果原告在银行购买的是年息4.22%的理财产品，则其在业务办理过程中无须尽太多的注意义务，即使银行经办人员实施了让相对人在空白转账凭证上签名而将款项转出这一与本案相同的行为，也不能由此认定相对人未尽注意义务。而该案原告购买的是年息40%以上的理财产品，对购买过银行理财产品的原告而言，其应当意识到目前银行不可能有这样的业务，原告最终因疏于防范而导致资金损失，由此可以认定相对人未尽适当的注意义务。而且，该案由于相对人在空白的转账凭证上签名，使得实施犯罪的银行工作人员能够将150万元成功转入第三人银行卡中，该签名的行为客观上对实施犯罪活动具有帮助作用。相反，如果相对人没有在空白的转账凭证上签名，而是银行工作人员自行将资金转出，则不能认定相对人存在过错。[①]

第三节　代理终止

第一百七十三条　【委托代理终止情形】有下列情形之一的，委托代理终止：

（一）代理期限届满或者代理事务完成；

（二）被代理人取消委托或者代理人辞去委托；

（三）代理人丧失民事行为能力；

（四）代理人或者被代理人死亡；

（五）作为代理人或者被代理人的法人、非法人组织终止。

要点提示

本条是关于委托代理终止情形的规定。本条规定的五种情形，并不难理解。需注意的是第5项，法人、非法人组织终止，指其作为民事主体的资格消灭。如法人、非法人组织被吊销营业执照但还没办理注销登记或正在清算期间，则其主体资格尚未消灭，并不导致委托代理终止。另需注意，委托代理终止后将产生以下法律后果：（1）代理人应向被代理人交回代理证书及其他证明代理权的凭证。（2）代理人在必要和可能的情况下，应当向被代理人或者其继承人、遗嘱执行人、清算人、新代理人等，就其

---

① 冒金山：《高某钰与某银行泰兴广源支行、某银行泰兴支行金融委托理财合同纠纷案》，载杜万华主编：《商事审判指导》（总第45辑），人民法院出版社2019年版，第140页。

代理事务及有关财产事项作出报告或者移交。(3) 行为人不得再以代理人的身份进行活动，否则为无权代理，行为人仍然实施代理行为的，其行为效力待定，被代理人有追认的权利。被代理人的追认应当以明示的意思表示向相对人作出，如果仅向无代理权人作出意思表示，也必须使相对人知道后才能产生法律效果。(4) 委托代理终止后，行为人仍然实施代理行为，相对人有理由相信行为人有代理权的，代理行为有效，即构成表见代理。

实务问答

问：无明确约定时，诉讼代理人的代理权限何时终止？

答：民事诉讼委托代理人基于民事诉讼当事人的委托产生，其代理权限也基于当事人的委托授权范围确定。一般情况下，当事人的诉讼代理授权委托书中如未特别授权可以代为上诉、申请再审等，代理人的代理期限即应理解为到本审级终结。本审级终结后，当事人如需委托同一代理人再为诉讼代理（无论是再次起诉、上诉还是申请再审），仍需再办委托代理手续，否则，法院不认可代理人的代理权。该案中，原告律师在前一案件的审级终结后（裁定按撤诉处理也是一种终结方式），在没有原告再次授权的情形下，以原告的名义再次起诉，应为一种无权代理行为。因被告律师提出异议，原告律师又不能拿出原告追认的证据，故该无权代理行为转为无效，不能产生实体原告再次起诉的诉讼效果。简言之，无明确约定情况下，诉讼代理人的代理权限始于当事人的授权，终于案件审结。一个案件结案，诉讼代理人的委托权限也随之终止。相同当事人就相同案件重新向法院起诉的，应另行办理授权委托书。[①]

第一百七十四条 【被代理人死亡后委托代理继续有效的情形】 被代理人死亡后，有下列情形之一的，委托代理人实施的代理行为有效：

（一）代理人不知道且不应当知道被代理人死亡；

（二）被代理人的继承人予以承认；

（三）授权中明确代理权在代理事务完成时终止；

---

① 《谭某某以原告在已终结的前案中的委托书复印件为据再次以原告名义起诉案》，载中国裁判文书网，http：//wenshuapp. court. gov. cn/website/wenshu/181107ANFZ0BUYSK4/index. html?docId = 185ab12a6c8d473585721b4af1660a46，2022 年 4 月 2 日访问。

（四）被代理人死亡前已经实施，为了被代理人的继承人的利益继续代理。

作为被代理人的法人、非法人组织终止的，参照适用前款规定。

要点提示

本条是关于被代理人死亡后委托代理继续有效的情形的规定。被代理人死亡后，基于本条所列举的情形，委托代理人实施的代理行为被认定为有效的，将产生有权代理的法律效果。需注意，此种情形下，法律直接认定其为有权代理，而非表见代理。这一法律效果将直接归属于被代理人的继承人。即代理行为的法律效果在被代理人的继承人与第三人之间发生，代理人与第三人之间并无法律关系。第三人有权以代理行为当事人地位，请求被代理人的继承人承受代理行为效果、履行代理行为所生义务。如果被代理人的继承人不履行义务的，第三人有权依法向法院起诉，请求被代理人的继承人承担违约责任。

第一百七十五条　【法定代理终止情形】有下列情形之一的，法定代理终止：

（一）被代理人取得或者恢复完全民事行为能力；

（二）代理人丧失民事行为能力；

（三）代理人或者被代理人死亡；

（四）法律规定的其他情形。

要点提示

本条是关于法定代理终止情形的规定。前三项作为法定代理终止的原因而言，不难理解。需要说明的是第 4 项“法律规定的其他情形”，这里是指因其他原因引起的被代理人和代理人之间监护关系消灭，比如法院或者指定单位取消指定监护，又如夫妻离婚、收养关系解除、组织关系解除、户口迁移等情况引起的法定监护关系终止，进而导致法定代理关系的终止。此外，法律还规定了其他情形，如财产代管人变更致原财产代管人与失踪人之间代理关系的终止。

第八章　民事责任

第一百七十六条　【民事义务与责任】民事主体依照法律规定或者按照当事人约定，履行民事义务，承担民事责任。

要点提示

本条是关于民事义务与责任的规定。《民法典》总则编民事责任一章规定的民事责任，实际上包含了侵权责任、违约责任以及不当得利、无因管理等多种类型的民事责任。在民商事案件审判中，确定民事主体具体责任，还需要结合各分编规定，分别把握相应民事责任的构成要件、民事责任免除和减轻情形、责任主体和责任范围、责任形式等。这里，一并区分民事责任与民事义务，二者区别主要体现在：（1）民事责任产生在民事义务的不履行之后；（2）二者的性质不同，民事义务属“当为”，民事责任不仅是“当为”，更要求“必为”。

实务问答

问：再保险接受人能否直接向第三者行使代位求偿权？

答：再保险是原保险人在原保险合同的基础上将其所承保的风险和责任向其他保险人进行摊派的行为。虽然再保险与原保险具有关联性，但两者系不同的法律关系，当事人、标的、法律性质各不相同。再保险合同关系的当事人是再保险接受人和原保险人，而原保险的投保人系与原保险人成立保险合同法律关系。根据合同的相对性，保险代位求偿权也应发生在承担保险金赔付责任的原保险人与第三者之间，再保险接受人不直接向第三者行使代位求偿权，要求第三者直接向再保险接受人承担责任。①

① 《某实业公司与某保险公司保险代位求偿权纠纷案》，载中国裁判文书网，http：//wenshuapp. court. gov. cn/website/wenshu/181107ANFZ0BXSK4/index. html？docId = 84cc3c4bc6c54b8b8f83aae600c11103，2022 年 3 月 18 日访问。

第一百七十七条　【按份责任】二人以上依法承担按份责任，能够确定责任大小的，各自承担相应的责任；难以确定责任大小的，平均承担责任。

要点提示

本条是关于按份责任的规定。民事责任按照责任主体划分，可以分为单独责任和共同责任，其中共同责任又可以按照责任人之间的关系区分为按份责任和连带责任。按份责任是指共同承担民事责任的多个当事人之间，是依据法律规定或者合同约定，按照一定的份额比例承担相应民事责任，也被称作分割责任，即指各个按份责任人将同一民事责任进行分割，各自承担其中一定份额。按份责任责任大小的确定，一般综合每个民事主体的过错程度、未依照法律规定或者当事人约定履行义务的具体行为与法律后果关系的紧密程度、公平原则、诚信原则等因素。本条作为总则编的一条，从总体上明确了按份责任的一般规定。

重要关联规定

《最高人民法院关于审理道路交通事故损害赔偿案件适用法律若干问题的解释》

第十条　多辆机动车发生交通事故造成第三人损害，当事人请求多个侵权人承担赔偿责任的，人民法院应当区分不同情况，依照民法典第一千一百七十条、第一千一百七十一条、第一千一百七十二条的规定，确定侵权人承担连带责任或者按份责任。

实务问答

问：前加害行为为后加害行为创造条件，而前加害行为本身不能产生后加害行为所造成的损害的，前后数行为的因果关系是否成立？

答：《民法典》第1172条规定："二人以上分别实施侵权行为造成同一损害，能够确定责任大小的，各自承担相应的责任……"行为与损害的对应为"非全部足以"而非"都不足以造成全部损害"。该条规定的按份责任既可能是因为每个人的行为都对结果有直接作用，也可能是因为并列存有直接作用行为和在法律价值判断中认为应受否定性评判的间接作用行为。前加害行为为后加害行为创造条件，而前加害行为本身不能产生后加害行为所造成的损害的，前后数行为的因果关系成立。符合侵权责任的构成要件的，应根据《民法典》第1172条承担相应的责任。[①]

第一百七十八条 【连带责任】二人以上依法承担连带责任的，权利人有权请求部分或者全部连带责任人承担责任。

连带责任人的责任份额根据各自责任大小确定；难以确定责任大小的，平均承担责任。实际承担责任超过自己责任份额的连带责任人，有权向其他连带责任人追偿。

连带责任，由法律规定或者当事人约定。

要点提示

本条是关于连带责任的规定。连带责任，是指依照法律规定或者当事人的约定，由两名或两名以上当事人对共同产生的不履行民事义务的民事责任承担全部责任，并因此引起内部债务关系的一种民事责任。其可能基于合同产生，也可能基于侵权行为等产生。连带责任的意义在于增加责任主体的数量，加强对受损人的保护。本条作为总则编的一条，从总体上对连带责任作了规定。内部关系上，承担连带责任的责任人，在对外实际承担了超出其应当承担份额的清偿责任后，才可以向其他应当承担连带责任的责任人追偿。换言之，在追偿权行使条件上，《民法典》采纳了追偿人履行义务超过其自身所负份额的积极说观点，而没有采纳责任人一旦履行义务即获得追偿权的消极说观点。可以说，这一追偿权行使条件可以有效避免循环求偿，减少对司法资源的浪费。

重要关联规定

《最高人民法院关于审理道路交通事故损害赔偿案件适用法律若干问题的解释》

第十条 多辆机动车发生交通事故造成第三人损害，当事人请求多个侵权人承担赔偿责任的，人民法院应当区分不同情况，依照民法典第一千一百七十条、第一千一百七十一条、第一千一百七十二条的规定，确定侵权人承担连带责任或者按份责任。

《最高人民法院关于审理环境侵权责任纠纷案件适用法律若干问题的解释》

第三条 两个以上侵权人分别实施污染环境、破坏生态行为造成同一损害，每一

---

① 《刘某与袁某等生命权、健康权、身体权纠纷案》，载中国裁判文书网，http：//wenshuapp.court.gov.cn/website/wenshu/181107ANFZ0BXUK4/index.html？docId＝0194e2d9adbe4edhiaa263aa3de9abac9c，2022年4月2日访问。

个侵权人的污染环境、破坏生态行为都足以造成全部损害，被侵权人根据民法典第一千一百七十一条规定请求侵权人承担连带责任的，人民法院应予支持。

两个以上侵权人分别实施污染环境、破坏生态行为造成同一损害，每一个侵权人的污染环境、破坏生态行为都不足以造成全部损害，被侵权人根据民法典第一千一百七十二条规定请求侵权人承担责任的，人民法院应予支持。

两个以上侵权人分别实施污染环境、破坏生态行为造成同一损害，部分侵权人的污染环境、破坏生态行为足以造成全部损害，部分侵权人的污染环境、破坏生态行为只造成部分损害，被侵权人根据民法典第一千一百七十一条规定请求足以造成全部损害的侵权人与其他侵权人就共同造成的损害部分承担连带责任，并对全部损害承担责任的，人民法院应予支持。

《最高人民法院关于审理人身损害赔偿案件适用法律若干问题的解释》

第二条 赔偿权利人起诉部分共同侵权人的，人民法院应当追加其他共同侵权人作为共同被告。赔偿权利人在诉讼中放弃对部分共同侵权人的诉讼请求的，其他共同侵权人对被放弃诉讼请求的被告应当承担的赔偿份额不承担连带责任。责任范围难以确定的，推定各共同侵权人承担同等责任。

人民法院应当将放弃诉讼请求的法律后果告知赔偿权利人，并将放弃诉讼请求的情况在法律文书中叙明。

《最高人民法院关于审理证券市场虚假陈述侵权民事赔偿案件的若干规定》

第二十条 发行人的控股股东、实际控制人组织、指使发行人实施虚假陈述，致使原告在证券交易中遭受损失的，原告起诉请求直接判令该控股股东、实际控制人依照本规定赔偿损失的，人民法院应当予以支持。

控股股东、实际控制人组织、指使发行人实施虚假陈述，发行人在承担赔偿责任后要求该控股股东、实际控制人赔偿实际支付的赔偿款、合理的律师费、诉讼费用等损失的，人民法院应当予以支持。

第二十一条 公司重大资产重组的交易对方所提供的信息不符合真实、准确、完整的要求，导致公司披露的相关信息存在虚假陈述，原告起诉请求判令该交易对方与发行人等责任主体赔偿由此导致的损失的，人民法院应当予以支持。

第二十二条 有证据证明发行人的供应商、客户，以及为发行人提供服务的金融机构等明知发行人实施财务造假活动，仍然为其提供相关交易合同、发票、存款证明等予以配合，或者故意隐瞒重要事实致使发行人的信息披露文件存在虚假陈述，原告起诉请求判令其与发行人等责任主体赔偿由此导致的损失的，人民法院应当予以支持。

第二十三条 承担连带责任的当事人之间的责任分担与追偿，按照民法典第一百七十八条的规定处理，但本规定第二十条第二款规定的情形除外。

保荐机构、承销机构等责任主体以存在约定为由，请求发行人或者其控股股东、实际控制人补偿其因虚假陈述所承担的赔偿责任的，人民法院不予支持。

实务问答

问：网店售卖“年检神器”帮助尾气不合格的车辆规避年度检测，是否需与车主承担连带责任？

答：网店售卖“年检神器”帮助尾气不合格的车辆规避年度检测，构成以弄虚作假的方式教唆或协助机动车车主实施大气污染行为，应当与环境侵权行为实施人机动车车主承担连带侵权责任。依据《民法典》第 178 条之规定，原告有权请求部分连带责任人承担全部赔偿责任；网络平台服务未违反《民法典》第 1195 条第 1 款和第 2 款规定的“通知—删除”义务或者不具有显而易见违法情形的，可排除网络信息平台服务提供者连带责任的适用。[①]

第一百七十九条　【民事责任承担方式】承担民事责任的方式主要有：

（一）停止侵害；

（二）排除妨碍；

（三）消除危险；

（四）返还财产；

（五）恢复原状；

（六）修理、重作、更换；

（七）继续履行；

（八）赔偿损失；

（九）支付违约金；

（十）消除影响、恢复名誉；

（十一）赔礼道歉。

---

① 《某基金会诉某网络公司、某环保公司大气污染责任纠纷案》，载中国法院网，https：//www.chinacourt.org/article/detail/2020/05/id/5195797.shtml，2022 年 3 月 20 日访问。

法律规定惩罚性赔偿的，依照其规定。

本条规定的承担民事责任的方式，可以单独适用，也可以合并适用。

要点提示

本条是关于民事责任承担方式的规定。民事责任的承担方式又称民事责任形式，依照本条第 3 款规定，本条第 1 款规定的民事责任形式间原则上不存在适用的排他性，当事人可以根据所受损害的实际情况提出一种或多种形式责任请求，法院也应根据请求权基础、受损害的法益、当事人主观过错等具体案件情况，确定应当适用一种或叠加适用几种民事责任形式。另外，本条第 2 款规定了惩罚性赔偿。由于惩罚性赔偿是赔偿损失的一种特别赔偿，故惩罚性赔偿应在法律有特别规定的情况下才能适用。《民法典》施行之前，我国法律对惩罚性赔偿的规定主要体现在消费者权益保护法、食品安全法、商标法、电子商务法等单行法中。《民法典》总则编对惩罚性赔偿作了原则性规定，侵权责任编对知识产权侵权责任、产品责任、环境污染和生态破坏侵权责任等亦明确了惩罚性赔偿。值得关注的是，2021 年 3 月 3 日《最高人民法院关于审理侵害知识产权民事案件适用惩罚性赔偿的解释》对知识产权民事案件中惩罚性赔偿的适用范围，故意、情节严重的认定，计算基数、倍数的确定等作出了具体规定。

重要关联规定

《最高人民法院关于适用〈中华人民共和国反不正当竞争法〉若干问题的解释》

第二十五条 依据反不正当竞争法第六条的规定，当事人主张判令被告停止使用或者变更其企业名称的诉讼请求依法应予支持的，人民法院应当判令停止使用该企业名称。

《最高人民法院关于审理消费民事公益诉讼案件适用法律若干问题的解释》

第十三条 原告在消费民事公益诉讼案件中，请求被告承担停止侵害、排除妨碍、消除危险、赔礼道歉等民事责任的，人民法院可予支持。

经营者利用格式条款或者通知、声明、店堂告示等，排除或者限制消费者权利、减轻或者免除经营者责任、加重消费者责任，原告认为对消费者不公平、不合理主张无效的，人民法院应依法予以支持。

《最高人民法院关于审理环境侵权责任纠纷案件适用法律若干问题的解释》

第十三条 人民法院应当根据被侵权人的诉讼请求以及具体案情，合理判定侵权人承担停止侵害、排除妨碍、消除危险、修复生态环境、赔礼道歉、赔偿损失等民事责任。

《最高人民法院关于审理环境民事公益诉讼案件适用法律若干问题的解释》

第十八条 对污染环境、破坏生态，已经损害社会公共利益或者具有损害社会公共利益重大风险的行为，原告可以请求被告承担停止侵害、排除妨碍、消除危险、修复生态环境、赔偿损失、赔礼道歉等民事责任。

第十九条第一款 原告为防止生态环境损害的发生和扩大，请求被告停止侵害、排除妨碍、消除危险的，人民法院可以依法予以支持。

《最高人民法院关于审理侵害知识产权民事案件适用惩罚性赔偿的解释》

第二条 原告请求惩罚性赔偿的，应当在起诉时明确赔偿数额、计算方式以及所依据的事实和理由。

原告在一审法庭辩论终结前增加惩罚性赔偿请求的，人民法院应当准许；在二审中增加惩罚性赔偿请求的，人民法院可以根据当事人自愿的原则进行调解，调解不成的，告知当事人另行起诉。

第五条 人民法院确定惩罚性赔偿数额时，应当分别依照相关法律，以原告实际损失数额、被告违法所得数额或者因侵权所获得的利益作为计算基数。该基数不包括原告为制止侵权所支付的合理开支；法律另有规定的，依照其规定。

前款所称实际损失数额、违法所得数额、因侵权所获得的利益均难以计算的，人民法院依法参照该权利许可使用费的倍数合理确定，并以此作为惩罚性赔偿数额的计算基数。

人民法院依法责令被告提供其掌握的与侵权行为相关的账簿、资料，被告无正当理由拒不提供或者提供虚假账簿、资料的，人民法院可以参考原告的主张和证据确定惩罚性赔偿数额的计算基数。构成民事诉讼法第一百一十一条规定情形的，依法追究法律责任。

第六条 人民法院依法确定惩罚性赔偿的倍数时，应当综合考虑被告主观过错程度、侵权行为的情节严重程度等因素。

因同一侵权行为已经被处以行政罚款或者刑事罚金且执行完毕，被告主张减免惩罚性赔偿责任的，人民法院不予支持，但在确定前款所称倍数时可以综合考虑。

《最高人民法院关于审理侵害植物新品种权纠纷案件具体应用法律问题的若干规定（二）》

第十七条 除有关法律和司法解释规定的情形以外，以下情形也可以认定为侵权行为情节严重：

（一）因侵权被行政处罚或者法院裁判承担责任后，再次实施相同或者类似侵权行为；

（二）以侵害品种权为业；

（三）伪造品种权证书；

（四）以无标识、标签的包装销售授权品种；

（五）违反种子法第七十七条第一款第一项、第二项、第四项的规定；

（六）拒不提供被诉侵权物的生产、繁殖、销售和储存地点。

存在前款第一项至第五项情形的，在依法适用惩罚性赔偿时可以按照计算基数的二倍以上确定惩罚性赔偿数额。

《最高人民法院关于审理铁路运输人身损害赔偿纠纷案件适用法律若干问题的解释》

第八条第一款 铁路机车车辆与机动车发生碰撞造成机动车驾驶人员以外的人人身损害的，由铁路运输企业与机动车一方对受害人承担连带赔偿责任。铁路运输企业与机动车一方之间的责任份额根据各自责任大小确定；难以确定责任大小的，平均承担责任。对受害人实际承担赔偿责任超出应当承担份额的一方，有权向另一方追偿。

实务问答

问：污染物排放的精确数量无法查明的，行为人需赔偿的生态环境损害费用如何确定?

答：污染物排放的精确数量无法查明的，可根据生产量、单位产量、污染物产出量、单次排污量、排污频次来推定污染物排放数量，进而确定行为人需赔偿的生态环境损害费用。为充分实现环境民事公益诉讼事后救济与事前预防的功能，人民法院应当综合能否救济社会公共利益受到的现实损害、能否消除社会公共利益受损的风险两个方面，判断诉讼请求是否足以保护社会公共利益。①

第一百八十条 【不可抗力】因不可抗力不能履行民事义务的，不承担民事责任。法律另有规定的，依照其规定。

不可抗力是不能预见、不能避免且不能克服的客观情况。

要点提示

本条是关于不可抗力的规定。需注意，不可抗力作为民事责任的免责事由，必须是在不可抗力作为损害后果发生的唯一原因时方能成立。若当事人行为对损害发生或扩大

---

① 《重庆市人民检察院第一分院诉重庆市昆仑化工有限公司水污染责任纠纷环境民事公益诉讼案》，载《最高人民法院公报》2021年第11期。

具有因果关系，就需进一步查清不可抗力与损害后果间的关系，确定不可抗力条件下对损害后果的作用，明确当事人过错对损害的影响，确定依据自身过错应承担的民事责任。另需注意，不可抗力与意外事件的差别主要表现在：不可抗力通常是一般人不可预见的，但意外事件有时是可预见的，且一些意外事件是能够避免和克服的。正因为存在差异，所以意外事件不能像不可抗力那样广泛地适用，成为一般的民事责任免责事由。

实务问答

问：如何判断政府行为是否构成不可抗力？

答：审判实践中，判断政府行为是否构成不可抗力，应当看两个方面：一是政府行为是否属于不能预见、不能避免并不能克服的客观情况；二是政府行为是否确实对合同的履行产生了实质影响。只有符合上述两个条件，才能认定政府行为构成不可抗力。情势变更的本质是使当事人享有变更或解除合同的请求权，同时授予法院公平裁量权，并非法定免责事由。合同一方当事人认为构成情势变更，在不能与合同相对方协商解除合同的情况下，应当请求人民法院变更或解除合同，由人民法院裁量决定是否准许，而不能在单方擅自终止合同后，以构成情势变更为由要求免除其违约责任。①

第一百八十一条　【正当防卫】因正当防卫造成损害的，不承担民事责任。

正当防卫超过必要的限度，造成不应有的损害的，正当防卫人应当承担适当的民事责任。

要点提示

本条是关于正当防卫的规定。正当防卫，指行为人为保护社会公共利益、他人或自身合法权益免受正在进行的紧迫侵害，针对这一非法侵害在必要限度内采取的防卫措施。因正当防卫本身具有正当性，是合法的，故符合正当防卫构成要件的，防卫人不承担赔偿责任。但正当防卫超过必要限度，造成不应有的损害，防卫人应承担适当的民事责任。所谓适当的民事责任，是指不对侵害人的全部损失进行赔偿，而是根据

---

① 《某科技公司诉某集团公司合同纠纷案》，载中国裁判文书网，http：//wenshuapp. court. gov. cn/website/wenshu/181107ANFZ0BXSK4/index. html？ docId = 5a461504000746b5805da769011f487d，2022 年 4 月 11 日访问。

正当防卫人的过错程度，由正当防卫人在损失范围内承担一部分责任。关于正当防卫是否超过必要限度的判断，需考虑以下因素：(1) 侵害行为的手段和强度。侵害行为本身没有很大强度，没有防卫也不会造成难以弥补的损失的，此时只要用较缓和的手段就足以制止该侵害，而防卫人仍采用较强烈的手段并造成侵权人损害的，一般可认定超过必要限度。(2) 防卫行为所保护权益与防卫行为所侵害权益对比。若二者明显不在同一位阶，如为保护较少财产利益使用严重损害侵权人人身权益的方法反击的，一般可认定超过必要限度。具体判断时需考虑的因素，《最高人民法院关于适用〈中华人民共和国民法典〉总则编若干问题的解释》第 31 条作了规定。另需注意，2021 年 3 月 1 日《最高人民法院关于深入推进社会主义核心价值观融入裁判文书释法说理的指导意见》要求强化运用社会主义核心价值观在裁判文书中的释法说理，并就应当运用的情形及案件类型作了规定，其中第 4 条（应当运用社会主义核心价值观释法说理的案件类型）第 2 项将涉及“正当防卫”并可能引发社会道德评价的案件明确纳入其中。

重要关联规定

《最高人民法院关于适用〈中华人民共和国民法典〉总则编若干问题的解释》

第三十条 为了使国家利益、社会公共利益、本人或者他人的人身权利、财产权利以及其他合法权益免受正在进行的不法侵害，而针对实施侵害行为的人采取的制止不法侵害的行为，应当认定为民法典第一百八十一条规定的正当防卫。

第三十一条 对于正当防卫是否超过必要的限度，人民法院应当综合不法侵害的性质、手段、强度、危害程度和防卫的时机、手段、强度、损害后果等因素判断。

经审理，正当防卫没有超过必要限度的，人民法院应当认定正当防卫人不承担责任。正当防卫超过必要限度的，人民法院应当认定正当防卫人在造成不应有的损害范围内承担部分责任；实施侵害行为的人请求正当防卫人承担全部责任的，人民法院不予支持。

实施侵害行为的人不能证明防卫行为造成不应有的损害，仅以正当防卫人采取的反击方式和强度与不法侵害不相当为由主张防卫过当的，人民法院不予支持。

《最高人民法院关于深入推进社会主义核心价值观融入裁判文书释法说理的指导意见》

四、下列案件的裁判文书，应当强化运用社会主义核心价值观释法说理：

（一）涉及国家利益、重大公共利益，社会广泛关注的案件；

（二）涉及疫情防控、抢险救灾、英烈保护、见义勇为、正当防卫、紧急避险、助人为乐等，可能引发社会道德评价的案件；

（三）涉及老年人、妇女、儿童、残疾人等弱势群体以及特殊群体保护，诉讼各方存在较大争议且可能引发社会广泛关注的案件；

（四）涉及公序良俗、风俗习惯、权利平等、民族宗教等，诉讼各方存在较大争议且可能引发社会广泛关注的案件；

（五）涉及新情况、新问题，需要对法律规定、司法政策等进行深入阐释，引领社会风尚、树立价值导向的案件；

（六）其他应当强化运用社会主义核心价值观释法说理的案件。

第一百八十二条　【紧急避险】因紧急避险造成损害的，由引起险情发生的人承担民事责任。

危险由自然原因引起的，紧急避险人不承担民事责任，可以给予适当补偿。

紧急避险采取措施不当或者超过必要的限度，造成不应有的损害的，紧急避险人应当承担适当的民事责任。

要点提示

本条是关于紧急避险的规定。紧急避险，是指为了社会公共利益、他人或自身合法利益免受更大损害，在不得已的情况下采取造成他人少量损失的紧急措施。紧急避险是在两种合法利益不可能同时得到保护的情况下，不得已而采用牺牲其中较轻的利益，保全较重大的利益的一种合法行为。需注意，紧急避险与正当防卫的区别有：(1) 防范的危险不同。正当防卫所防范的危险只能是行为人的侵害行为，但紧急避险所防范的危险既可能是人的行为也可能是自然原因。(2) 针对的对象不同。正当防卫只能针对不法侵害行为人实施而不能针对第三人实施，但紧急避险既可能针对行为人实施也可能针对第三人实施。(3) 性质不同。正当防卫在传统民法理论中属于适法行为，而紧急避险则属于所谓的放任行为。(4) 行为人的注意义务不同。紧急避险人的注意义务要高于正当防卫人的注意义务，系因紧急避险是否成立要考虑法益权衡原则。(5) 责任不同。紧急避险如由自然原因引起，避险人需对受害人承担适当补偿责任，而正当防卫人则无此责任。另需注意，紧急避险超过必要的限度，是指采取紧急措施没有减轻损害或者紧急避险所造成的损害大于所保全的利益。《最高人民法院关于适用〈中华人民共和国民法典〉总则编若干问题的解释》第 33 条就认定紧急避险是否采取措施不当或者超过必要的限度时应考虑的因素也作了较为明确的规定。此外，2021年3月1日《最高人民法院关于深入推进社会主义核心价值观融入裁判文书释法说理的指导意见》要求强化运用社会主义核心价值观在裁判文书中的释法说理，并就应当运用的情形及案件类型作了规定，其中第4条（应当运用社会主义核心价值观释法说理的案件类型）第2项将涉及“紧急避险”并可能引发社会道德评价的案件明确纳入其中。

重要关联规定

《最高人民法院关于适用〈中华人民共和国民法典〉总则编若干问题的解释》

第三十二条 为了使国家利益、社会公共利益、本人或者他人的人身权利、财产权利以及其他合法权益免受正在发生的急迫危险，不得已而采取紧急措施的，应当认定为民法典第一百八十二条规定的紧急避险。

第三十三条 对于紧急避险是否采取措施不当或者超过必要的限度，人民法院应当综合危险的性质、急迫程度、避险行为所保护的权益以及造成的损害后果等因素判断。

经审理，紧急避险采取措施并无不当且没有超过必要限度的，人民法院应当认定紧急避险人不承担责任。紧急避险采取措施不当或者超过必要限度的，人民法院应当根据紧急避险人的过错程度、避险措施造成不应有的损害的原因力大小、紧急避险人是否为受益人等因素认定紧急避险人在造成的不应有的损害范围内承担相应的责任。

《最高人民法院关于深入推进社会主义核心价值观融入裁判文书释法说理的指导意见》

四、下列案件的裁判文书，应当强化运用社会主义核心价值观释法说理：

（一）涉及国家利益、重大公共利益，社会广泛关注的案件；

（二）涉及疫情防控、抢险救灾、英烈保护、见义勇为、正当防卫、紧急避险、助人为乐等，可能引发社会道德评价的案件；

（三）涉及老年人、妇女、儿童、残疾人等弱势群体以及特殊群体保护，诉讼各方存在较大争议且可能引发社会广泛关注的案件；

（四）涉及公序良俗、风俗习惯、权利平等、民族宗教等，诉讼各方存在较大争议且可能引发社会广泛关注的案件；

（五）涉及新情况、新问题，需要对法律规定、司法政策等进行深入阐释，引领社会风尚、树立价值导向的案件；

（六）其他应当强化运用社会主义核心价值观释法说理的案件。

实务问答

问：公交车司机为避免撞轧横穿公路的行人紧急刹车导致乘客受伤的行为是否属于紧急避险？

答：公交车司机紧急刹车是为了避免撞轧横穿公路的行为人，在当时的情形下，紧急刹车是避免车祸发生的唯一选择，因此其行为属于紧急避险，采取的措施并无不当，且未超过必要的限度，不应对乘客因此所受损害承担责任。其损害应由引起险情的人即违反交通规则横穿公路的行为人承担赔偿责任。[①]

第一百八十三条　【因保护他人民事权益受损时的责任承担与补偿】因保护他人民事权益使自己受到损害的，由侵权人承担民事责任，受益人可以给予适当补偿。没有侵权人、侵权人逃逸或者无力承担民事责任，受害人请求补偿的，受益人应当给予适当补偿。

要点提示

本条是关于因保护他人民事权益受损时的责任承担与补偿的规定。该条中的他人利益包括国家利益、社会公共利益和他人合法权益。正当防卫和紧急避险较之有所不同，二者所保护的权益既可以是行为人自身的权益也可以是他人的民事权益。但“见义勇为”中，只有为了保护他人的民事权益才构成见义勇为。本条出现两处“适当补偿”，但并未规定适当补偿的范围，具体案件确定范围时应考虑如下因素：（1）行为人与受益人双方的经济状况。因补偿责任具有伦理性，在确定其范围时，亦应将伦理和道德因素考虑在内，防止一方负担过重，造成新的失衡。（2）受益人的受益范围。受益范围不仅应考虑实际的获益数额，还应考虑受益人所受保护的民事权益位阶。（3）受益人对于损害的发生是否有过错。如果受益人对于危险的发生亦有过错，但又不构成侵权责任，此时则应考虑加重受益人的补偿义务。《最高人民法院关于适用〈中华人民共和国民法典〉总则编若干问题的解释》第 34 条对此也作了较为明确的规定。另需注意，2021 年 3 月 1 日《最高人民法院关于深入推进社会主义核心价值观融入裁判文书释法说理

---

① 《张某与刘某、曾某人身损害赔偿纠纷案》，载中国裁判文书网，http：//wenshuapp. court. gov. cn/website/wenshu/181107ANFZ0AXSK4/index. html? docId = 9e258b3duac68840c886e9ae69016e8973，2022 年 4 月 2 日访问。

的指导意见》要求强化运用社会主义核心价值观在裁判文书中的释法说理，并就应当运用的情形及案件类型作了规定，其中第4条（应当运用社会主义核心价值观释法说理的案件类型）第2项将涉及“见义勇为”并可能引发社会道德评价的案件明确纳入其中。

重要关联规定

《最高人民法院关于适用〈中华人民共和国民法典〉总则编若干问题的解释》

第三十四条 因保护他人民事权益使自己受到损害，受害人依据民法典第一百八十三条的规定请求受益人适当补偿的，人民法院可以根据受害人所受损失和已获赔偿的情况、受益人受益的多少及其经济条件等因素确定受益人承担的补偿数额。

《最高人民法院关于深入推进社会主义核心价值观融入裁判文书释法说理的指导意见》

四、下列案件的裁判文书，应当强化运用社会主义核心价值观释法说理：

（一）涉及国家利益、重大公共利益，社会广泛关注的案件；

（二）涉及疫情防控、抢险救灾、英烈保护、见义勇为、正当防卫、紧急避险、助人为乐等，可能引发社会道德评价的案件；

（三）涉及老年人、妇女、儿童、残疾人等弱势群体以及特殊群体保护，诉讼各方存在较大争议且可能引发社会广泛关注的案件；

（四）涉及公序良俗、风俗习惯、权利平等、民族宗教等，诉讼各方存在较大争议且可能引发社会广泛关注的案件；

（五）涉及新情况、新问题，需要对法律规定、司法政策等进行深入阐释，引领社会风尚、树立价值导向的案件；

（六）其他应当强化运用社会主义核心价值观释法说理的案件。

实务问答

问：对见义勇为行为人的补偿能否适用精神损害赔偿？

答：在有侵害人的情况下，见义勇为行为人所受到损害的填补，在该两方当事人之间贯彻的是过错归责原则，应由侵害人赔偿见义勇为行为人所受到的损失；受益人在此种情况下的补偿，其实是一种补充责任，它的确立是以侵害人的赔偿不足以弥补见义勇为行为人的损失为条件的，并不是必须补偿；对见义勇为人的补偿不适用精神损害赔偿。①

---

① 《朱某因其子制止他人财产遭受损害被刺身亡致家庭生活困难诉受益人吴某等补偿案》，载中国裁判文书网，http：//wenshuapp. court. gov. cn/website/wenshu/181106ANFS0BXSK4/index. html? docId=7849ab3va98848d4b867aace00de4332，2022年4月2日访问。

第一百八十四条　【紧急救助责任豁免】因自愿实施紧急救助行为造成受助人损害的，救助人不承担民事责任。

要点提示

本条是关于紧急救助责任豁免即紧急救助人不承担民事责任的规定。本条所谓的自愿，是指救助人无法定的义务或约定的义务。如有法定的义务或约定的义务，则不构成自愿。紧急救助制度可看作无因管理制度中的一项具体规则，即在紧急救助场合，成立无因管理，救助人有权请求被助人偿付必要费用。但在紧急救助过程中，救助人非因故意造成被助人损失的，不适用无因管理制度中管理人应承担侵权责任的规定，而应适用本条规定，免除救助人的侵权责任。需注意，立法过程中虽删除了“重大过失”的例外条款，但并不意味着救助人在救助过程中对受助人的一切损害均应免责。救助过程中救助人故意侵权的，仍需承担侵权责任。另外，2021 年 3 月 1 日《最高人民法院关于深入推进社会主义核心价值观融入裁判文书释法说理的指导意见》要求强化运用社会主义核心价值观在裁判文书中的释法说理，并就应当运用的情形及案件类型作了规定，其中第 4 条（应当运用社会主义核心价值观释法说理的案件类型）第 2 项将涉及“助人为乐”并可能引发社会道德评价的案件明确纳入其中。

重要关联规定

《最高人民法院关于深入推进社会主义核心价值观融入裁判文书释法说理的指导意见》

四、下列案件的裁判文书，应当强化运用社会主义核心价值观释法说理：

（一）涉及国家利益、重大公共利益，社会广泛关注的案件；

（二）涉及疫情防控、抢险救灾、英烈保护、见义勇为、正当防卫、紧急避险、助人为乐等，可能引发社会道德评价的案件；

（三）涉及老年人、妇女、儿童、残疾人等弱势群体以及特殊群体保护，诉讼各方存在较大争议且可能引发社会广泛关注的案件；

（四）涉及公序良俗、风俗习惯、权利平等、民族宗教等，诉讼各方存在较大争议且可能引发社会广泛关注的案件；

（五）涉及新情况、新问题，需要对法律规定、司法政策等进行深入阐释，引领社会风尚、树立价值导向的案件；

（六）其他应当强化运用社会主义核心价值观释法说理的案件。

第一百八十五条 【英烈人格利益保护】侵害英雄烈士等的姓名、肖像、名誉、荣誉，损害社会公共利益的，应当承担民事责任。

要点提示

本条是关于英烈人格利益保护的规定。当然，英烈也是死者，符合《民法典》第994条规定情形的，其近亲属有权依照《民法典》第994条（死者人格利益保护）请求行为人承担责任。本条的规定，则突出了英烈人格利益背后的公共利益，其规定具有鲜明的时代特色和社会背景，其规范目的意在为英雄烈士等的人格利益提供特别保护。需注意，在英烈没有近亲属或近亲属不提起诉讼的情况下，可由检察机关依法对侵害英雄烈士的姓名、肖像、名誉、荣誉，损害社会公共利益的行为向法院提起诉讼。另需注意，2021年3月1日《最高人民法院关于深入推进社会主义核心价值观融入裁判文书释法说理的指导意见》要求强化运用社会主义核心价值观在裁判文书中的释法说理，并就应当运用的情形及案件类型作了规定，其中第4条（应当运用社会主义核心价值观释法说理的案件类型）第2项将涉及“英烈保护”并可能引发社会道德评价的案件明确纳入其中。

重要关联规定

《最高人民法院关于确定民事侵权精神损害赔偿责任若干问题的解释》

第三条 死者的姓名、肖像、名誉、荣誉、隐私、遗体、遗骨等受到侵害，其近亲属向人民法院提起诉讼请求精神损害赔偿的，人民法院应当依法予以支持。

《最高人民法院关于适用〈中华人民共和国民法典〉时间效力的若干规定》

第六条 《中华人民共和国民法总则》施行前，侵害英雄烈士等的姓名、肖像、名誉、荣誉，损害社会公共利益引起的民事纠纷案件，适用民法典第一百八十五条的规定。

《最高人民法院、最高人民检察院关于检察公益诉讼案件适用法律若干问题的解释》

第十三条 人民检察院在履行职责中发现破坏生态环境和资源保护，食品药品安全领域侵害众多消费者合法权益，侵害英雄烈士等的姓名、肖像、名誉、荣誉等损害社会公共利益的行为，拟提起公益诉讼的，应当依法公告，公告期间为三十日。

公告期满，法律规定的机关和有关组织、英雄烈士等的近亲属不提起诉讼的，人民检察院可以向人民法院提起诉讼。

人民检察院办理侵害英雄烈士等的姓名、肖像、名誉、荣誉等的民事公益诉讼案件，也可以直接征询英雄烈士等的近亲属的意见。

《最高人民法院关于深入推进社会主义核心价值观融入裁判文书释法说理的指导意见》

四、下列案件的裁判文书，应当强化运用社会主义核心价值观释法说理：

（一）涉及国家利益、重大公共利益，社会广泛关注的案件；

（二）涉及疫情防控、抢险救灾、英烈保护、见义勇为、正当防卫、紧急避险、助人为乐等，可能引发社会道德评价的案件；

（三）涉及老年人、妇女、儿童、残疾人等弱势群体以及特殊群体保护，诉讼各方存在较大争议且可能引发社会广泛关注的案件；

（四）涉及公序良俗、风俗习惯、权利平等、民族宗教等，诉讼各方存在较大争议且可能引发社会广泛关注的案件；

（五）涉及新情况、新问题，需要对法律规定、司法政策等进行深入阐释，引领社会风尚、树立价值导向的案件；

（六）其他应当强化运用社会主义核心价值观释法说理的案件。

实务问答

问1：细节考据、观点争鸣等是否构成贬损、曲解英烈事迹的侵权事由？

答：对侵害英雄烈士名誉、荣誉等行为，英雄烈士的近亲属依法向人民法院提起诉讼的，人民法院应予受理。英雄烈士事迹和精神是中华民族的共同历史记忆和社会主义核心价值观的重要体现，英雄烈士的名誉、荣誉等受法律保护。人民法院在审理侵害英雄烈士名誉、荣誉等案件时，不仅要依法保护相关个人权益，还应发挥司法彰显公共价值功能，维护社会公共利益。任何组织和个人以细节考据、观点争鸣等名义对英雄烈士的事迹和精神进行污蔑和贬损，属于歪曲、丑化、亵渎、否定英雄烈士事迹和精神的行为，应当依法承担法律责任。①

问2：将雷锋姓名用于商业广告和营利宣传的行为，是否构成对英雄烈士人格利益的侵犯？

答：英雄烈士是一个国家和民族精神的体现，是引领社会风尚的标杆。加强对英烈姓名、名誉、荣誉等的法律保护，对于促进社会尊崇英烈、扬善抑恶、弘扬社会主义核心价值观意义重大。为了更好地弘扬英雄烈士精神，增强民族凝聚力，维护社会公共利益，《民法典》第185条对英雄烈士等的人格利益保护作出了特别规定。该案适用《民法典》的规定，认定将雷锋姓名用于商业广告和营利宣传，曲解了雷锋精神，

---

① 《葛某生诉洪某快名誉权、荣誉权纠纷案》，最高人民法院指导案例99号。

构成对雷锋同志人格利益的侵害，损害了社会公共利益，依法应当承担相应法律责任，为网络空间注入缅怀英烈、热爱英烈、敬仰英烈的法治正能量。英雄的事迹和精神是中华民族共同的历史记忆和精神财富，雷锋同志的姓名作为一种重要的人格利益，应当受到保护。某网络科技公司使用的“雷锋”文字具有特定意义，确系社会公众所广泛认知的雷锋同志之姓名。该公司明知雷锋同志的姓名具有特定的意义，仍擅自将其用于开展网络商业宣传，会让公众对“雷锋社群”等称谓产生误解，侵犯了英雄烈士的人格利益。将商业运作模式假“雷锋精神”之名进行推广，既曲解了“雷锋精神”，与社会公众的一般认知相背离，也损害了承载于其上的人民群众的特定感情，对营造积极健康的网络环境产生了负面影响，侵害了社会公共利益。故判决被告停止使用雷锋同志姓名的行为（包括停止使用“雷锋哥”微信公众号名称、“雷锋社群”名称、“雷锋会员”名称等），并在省内省级报刊向社会公众发表赔礼道歉的声明。①

第一百八十六条　【责任竞合】因当事人一方的违约行为，损害对方人身权益、财产权益的，受损害方有权选择请求其承担违约责任或者侵权责任。

要点提示

本条是关于责任竞合的规定。民事责任的竞合，主要是指侵权责任与违约责任的竞合。债权人选择违约责任或侵权责任，效果上可能会发生两种情形，即其损失因满足责任形式的构成要件而获得赔偿，或因不满足责任形式的构成要件而未能获得赔偿。在其损害得到赔偿的场合，则另一种请求权应归于消灭。但若选择的请求权因未能满足责任形式的要件而致该请求权未获实现，是否允许债权人行使另一种请求权？从实体法的角度看，应允许其选择另一种。需注意，这里有赔偿范围的不同。如违约责任原则上不承认精神损害赔偿。债权人先提起违约之诉获得赔偿后又提起侵权之诉请求精神损害赔偿，是否允许？这一问题不仅与实体法有关，也与程序法有关。实践中有两种做法：一种是如果法官在前诉中作出释明，则前诉败诉后又提起后诉的，违反一事不再理原则，法院不予受理或驳回起诉。另一种则是在前诉中法官未作释明，前诉败诉后又提起后诉的，法院仍予受理并作出判决。

---

① 《某区人民检察院诉某网络科技公司英雄烈士保护民事公益诉讼案》，参见《人民法院贯彻实施民法典典型案例（第一批）》之三。

重要关联规定

《最高人民法院关于审理著作权民事纠纷案件适用法律若干问题的解释》

第二十三条　出版者将著作权人交付出版的作品丢失、毁损致使出版合同不能履行的，著作权人有权依据民法典第一百八十六条、第二百三十八条、第一千一百八十四条等规定要求出版者承担相应的民事责任。

《最高人民法院关于审理旅游纠纷案件适用法律若干问题的规定》

第三条　因旅游经营者方面的同一原因造成旅游者人身损害、财产损失，旅游者选择请求旅游经营者承担违约责任或者侵权责任的，人民法院应当根据当事人选择的案由进行审理。

《最高人民法院关于审理使用人脸识别技术处理个人信息相关民事案件适用法律若干问题的规定》

第十二条　信息处理者违反约定处理自然人的人脸信息，该自然人请求其承担违约责任的，人民法院依法予以支持。该自然人请求信息处理者承担违约责任时，请求删除人脸信息的，人民法院依法予以支持；信息处理者以双方未对人脸信息的删除作出约定为由抗辩的，人民法院不予支持。

第一百八十七条　【民事责任优先】民事主体因同一行为应当承担民事责任、行政责任和刑事责任的，承担行政责任或者刑事责任不影响承担民事责任；民事主体的财产不足以支付的，优先用于承担民事责任。

要点提示

本条是关于民事责任优先的规定。本条确定民事责任优先的理由在于：（1）民事责任的功能在于填补受到损害的民事主体的损失，与公法上的刑事责任和行政责任相比，受害人的损失填补在伦理上具有优先性。（2）刑事责任、行政责任的功能在于惩罚，并通过惩罚达到预防犯罪、维护行政管理秩序的目的。而民事责任的功能在于填补损失，通过填补损失实现民事主体之间权利义务的平衡。相较于民事责任的损失填补，刑事责任、行政责任具有其他选择性且其财产罚在急迫性上明显弱于民事责任。（3）现代法治理念强调私权利的保护，强调公权力的根源来源于私权利，在两者发生冲突时，私权利优先是这一现代法治理念的体现。此外，关于民事责任优先的实现程序，当责任主体的责任财产不足以全部支付时，需在执行程序中作出制度安排。首先，在执行顺序上，应坚持民事责任在先原则。其次，在民事责任的认定后于行政责任、刑事责任的场合，如果民事责任因债务人无资产陷于执行不能时，应从之前已经执行的财产罚中予以扣除，用于赔偿债务人。

重要关联规定

《最高人民法院关于审理食品药品纠纷案件适用法律若干问题的规定》

第十四条 生产、销售的食品、药品存在质量问题，生产者与销售者需同时承担民事责任、行政责任和刑事责任，其财产不足以支付，当事人依照民法典等有关法律规定，请求食品、药品的生产者、销售者首先承担民事责任的，人民法院应予支持。

《最高人民法院关于审理生态环境侵权纠纷案件适用惩罚性赔偿的解释》

第十一条 侵权人因同一污染环境、破坏生态行为，应当承担包括惩罚性赔偿在内的民事责任、行政责任和刑事责任，其财产不足以支付的，应当优先用于承担民事责任。

侵权人因同一污染环境、破坏生态行为，应当承担包括惩罚性赔偿在内的民事责任，其财产不足以支付的，应当优先用于承担惩罚性赔偿以外的其他责任。

第九章　诉讼时效

第一百八十八条　【普通诉讼时效与最长诉讼时效期间】 向人民法院请求保护民事权利的诉讼时效期间为三年。法律另有规定的，依照其规定。

诉讼时效期间自权利人知道或者应当知道权利受到损害以及义务人之日起计算。法律另有规定的，依照其规定。但是，自权利受到损害之日起超过二十年的，人民法院不予保护，有特殊情况的，人民法院可以根据权利人的申请决定延长。

要点提示

本条是关于普通诉讼时效与最长诉讼时效期间的规定。诉讼时效，是指权利人在一定期间不行使权利，在该期间届满后义务人获得抗辩权。设立诉讼时效制度，旨在督促权利人及时行使权利、稳定生活秩序、维护法律秩序与交易安全。《民法典》将普通诉讼时效修改为 3 年，更有利于保护权利人利益。本条第 1 款中“法律另有规定的”的诉讼时效，主要指本法第 594 条规定的 4 年以及保险法就人寿保险规定的 5 年。需注意，本条第 2 款规定的 20 年的最长诉讼时效期间，不适用诉讼时效有关中止、中断的规定，只适用延长的规定。《最高人民法院关于适用〈中华人民共和国民法典〉总则编若干问题的解释》第 35 条对此有明确规定。而且其起算时间与普通诉讼时效不同，是自权利遭受损害之日起计算。此外，关于无民事行为能力人或者限制民事行为能力人的权利受到损害的诉讼时效起算时间，《最高人民法院关于适用〈中华人民共和国民法典〉总则编若干问题的解释》第 36 条、第 37 条作了相应规定。

重要关联规定

《最高人民法院关于适用〈中华人民共和国民法典〉总则编若干问题的解释》

第三十五条　民法典第一百八十八条第一款规定的三年诉讼时效期间，可以适用民法典有关诉讼时效中止、中断的规定，不适用延长的规定。该条第二款规定的二十年期间不适用中止、中断的规定。

第三十六条 无民事行为能力人或者限制民事行为能力人的权利受到损害的，诉讼时效期间自其法定代理人知道或者应当知道权利受到损害以及义务人之日起计算，但是法律另有规定的除外。

第三十七条 无民事行为能力人、限制民事行为能力人的权利受到原法定代理人损害，且在取得、恢复完全民事行为能力或者在原法定代理终止并确定新的法定代理人后，相应民事主体才知道或者应当知道权利受到损害的，有关请求权诉讼时效期间的计算适用民法典第一百八十八条第二款、本解释第三十六条的规定。

《最高人民法院关于审理民事案件适用诉讼时效制度若干问题的规定》

第四条 未约定履行期限的合同，依照民法典第五百一十条、第五百一十一条的规定，可以确定履行期限的，诉讼时效期间从履行期限届满之日起计算；不能确定履行期限的，诉讼时效期间从债权人要求债务人履行义务的宽限期届满之日起计算，但债务人在债权人第一次向其主张权利之时明确表示不履行义务的，诉讼时效期间从债务人明确表示不履行义务之日起计算。

第五条第二款 合同被撤销，返还财产、赔偿损失请求权的诉讼时效期间从合同被撤销之日起计算。

第六条 返还不当得利请求权的诉讼时效期间，从当事人一方知道或者应当知道不当得利事实及对方当事人之日起计算。

第七条 管理人因无因管理行为产生的给付必要管理费用、赔偿损失请求权的诉讼时效期间，从无因管理行为结束并且管理人知道或者应当知道本人之日起计算。

本人因不当无因管理行为产生的赔偿损失请求权的诉讼时效期间，从其知道或者应当知道管理人及损害事实之日起计算。

《最高人民法院关于审理证券市场虚假陈述侵权民事赔偿案件的若干规定》

第三十二条 当事人主张以揭露日或更正日起算诉讼时效的，人民法院应当予以支持。揭露日与更正日不一致的，以在先的为准。

对于虚假陈述责任人中的一人发生诉讼时效中断效力的事由，应当认定对其他连带责任人也发生诉讼时效中断的效力。

第三十三条 在诉讼时效期间内，部分投资者向人民法院提起人数不确定的普通代表人诉讼的，人民法院应当认定该起诉行为对所有具有同类诉讼请求的权利人发生时效中断的效果。

在普通代表人诉讼中，未向人民法院登记权利的投资者，其诉讼时效自权利登记期间届满后重新开始计算。向人民法院登记权利后申请撤回权利登记的投资者，其诉讼时效自撤回权利登记之次日重新开始计算。

投资者保护机构依照证券法第九十五条第三款的规定作为代表人参加诉讼后，投资者声明退出诉讼的，其诉讼时效自声明退出之次日起重新开始计算。

《最高人民法院关于审理侵犯专利权纠纷案件应用法律若干问题的解释（二）》

第二条 权利人在专利侵权诉讼中主张的权利要求被国务院专利行政部门宣告无效的，审理侵犯专利权纠纷案件的人民法院可以裁定驳回权利人基于该无效权利要求的起诉。

有证据证明宣告上述权利要求无效的决定被生效的行政判决撤销的，权利人可以另行起诉。

专利权人另行起诉的，诉讼时效期间从本条第二款所称行政判决书送达之日起计算。

《最高人民法院关于审理专利纠纷案件适用法律问题的若干规定》

第十七条 侵犯专利权的诉讼时效为三年，自专利权人或者利害关系人知道或者应当知道权利受到损害以及义务人之日起计算。权利人超过三年起诉的，如果侵权行为在起诉时仍在继续，在该项专利权有效期内，人民法院应当判决被告停止侵权行为，侵权损害赔偿数额应当自权利人向人民法院起诉之日起向前推算三年计算。

《最高人民法院关于审理商标民事纠纷案件适用法律若干问题的解释》

第十八条 侵犯注册商标专用权的诉讼时效为三年，自商标注册人或者利害权利人知道或者应当知道权利受到损害以及义务人之日起计算。商标注册人或者利害关系人超过三年起诉的，如果侵权行为在起诉时仍在持续，在该注册商标专用权有效期限内，人民法院应当判决被告停止侵权行为，侵权损害赔偿数额应当自权利人向人民法院起诉之日起向前推算三年计算。

《最高人民法院关于审理著作权民事纠纷案件适用法律若干问题的解释》

第二十七条 侵害著作权的诉讼时效为三年，自著作权人知道或者应当知道权利受到损害以及义务人之日起计算。权利人超过三年起诉的，如果侵权行为在起诉时仍在持续，在该著作权保护期内，人民法院应当判决被告停止侵权行为；侵权损害赔偿数额应当自权利人向人民法院起诉之日起向前推算三年计算。

《最高人民法院关于审理因垄断行为引发的民事纠纷案件应用法律若干问题的规定》

第十六条 因垄断行为产生的损害赔偿请求权诉讼时效期间，从原告知道或者应当知道权益受到损害以及义务人之日起计算。

原告向反垄断执法机构举报被诉垄断行为的，诉讼时效从其举报之日起中断。反垄断执法机构决定不立案、撤销案件或者决定终止调查的，诉讼时效期间从原告知道或者应当知道不立案、撤销案件或者终止调查之日起重新计算。反垄断执法机构调查后认定构成垄断行为的，诉讼时效期间从原告知道或者应当知道反垄断执法机构认定构成垄断行为的处理决定发生法律效力之日起重新计算。

原告知道或者应当知道权益受到损害以及义务人之日起超过三年，如果起诉时被诉垄断行为仍然持续，被告提出诉讼时效抗辩的，损害赔偿应当自原告向人民法院起诉之日起向前推算三年计算。自权利受到损害之日起超过二十年的，人民法院不予保护，有特殊情况的，人民法院可以根据权利人的申请决定延长。

《最高人民法院关于海上保险合同的保险人行使代位请求赔偿权利的诉讼时效期间起算日的批复》

依照《中华人民共和国海商法》及《最高人民法院关于审理海上保险纠纷案件若干问题的规定》关于保险人行使代位请求赔偿权利的相关规定，结合海事审判实践，海上保险合同的保险人行使代位请求赔偿权利的诉讼时效期间起算日，应按照《中华人民共和国海商法》第十三章规定的相关请求权之诉讼时效起算时间确定。

《最高人民法院关于债务人在约定的期限届满后未履行债务而出具没有还款日期的欠款条诉讼时效期间应从何时开始计算问题的批复》

双方当事人原约定，供方交货后，需方立即付款。需方收货后因无款可付，经供方同意写了没有还款日期的欠款条。根据民法典第一百九十五条的规定，应认定诉讼时效中断。如果供方在诉讼时效中断后一直未主张权利，诉讼时效期间则应从供方收到需方所写欠款条之日起重新计算。

《全国法院贯彻实施民法典工作会议纪要》

第五条第一款 民法典第一百八十八条第一款规定的普通诉讼时效期间，可以适用民法典有关诉讼时效中止、中断的规定，不适用延长的规定。民法典第一百八十八条第二款规定的“二十年”诉讼时效期间可以适用延长的规定，不适用中止、中断的规定。

《最高人民法院关于审理证券市场虚假陈述侵权民事赔偿案件的若干规定》

第三十二条第一款 当事人主张以揭露日或更正日起算诉讼时效的，人民法院应当予以支持。揭露日与更正日不一致的，以在先的为准。

实务问答

问：依据确权生效判决主张不当得利的，其诉讼时效期间起算时间如何确定？

答：《最高人民法院关于审理民事案件适用诉讼时效制度若干问题的规定》第6条规定：“ 返还不当得利请求权的诉讼时效期间，从当事人一方知道或者应当知道不当得利事实及对方当事人之日起计算。”就该案而言，房屋所有权确权纠纷中败诉一方依据该案生效判决向胜诉方主张其已支付的房屋所有权对价所发生的争议应当定性为不当得利纠纷。该案中，史某某于2013年以案涉房屋所有权人的身份起诉樊某某的弟弟樊某朝之后，樊某某便起诉请求确认其为案涉房屋的所有权人，此时双方对于案涉房屋的所有权归属仍存有争议，直至广东省广州市中级人民法院作出生效判决后，案涉房屋才确定归史某某所有。因此，樊某某知晓不当得利事实的时间应为该判决送达之日，即该不当得利纠纷诉讼时效应当从生效判决送达之日起算。①

第一百八十九条　【分期履行债务诉讼时效起算】 当事人约定同一债务分期履行的，诉讼时效期间自最后一期履行期限届满之日起计算。

要点提示

本条是关于分期履行债务诉讼时效起算的规定。分期履行债务的起算点，既包括请求给付每一笔分期履行债务的诉讼时效期间起算点，也包括请求给付全部债务的诉讼时效期间起算点。请求给付全部债务的诉讼时效起算点从最后履行期间起算在理论上和实务中并不存在争议，而请求给付每一笔分期履行债务的诉讼时效期间起算点，究竟是从每一期债务履行期限届满之日起算，还是从最后履行期限起算存在争议。应当说，对同一债务而言，其具有整体性和唯一性，故尽管因对整体债务分别约定了分期履行期限和数额，分期履行债务具有一定的独立性，但该独立性不足以否定整体性，整体性和唯一性是分期给付债务的根本特征。因此，请求履行全部债务每一笔分期履行债务请求权的诉讼时效期间从最后一期履行期限届满之日起算是其应有之义。

第一百九十条　【对法定代理人请求权的诉讼时效起算】 无民事行为能力人或者限制民事行为能力人对其法定代理人的请求权的诉讼时效期间，自该法定代理终止之日起计算。

---

① 《樊某某诉史某某不当得利纠纷案》，载中国裁判文书网，http://wenshuapp.court.gov.cn/website/wenshu/181107ANFZ0BXSU31/index.html?docId=a602fcc8cdf5438fjid463ae2400ce7c43，2022年4月2日访问。

要点提示

本条是关于对法定代理人请求权的诉讼时效起算的规定。本条规定的权利主体为无民事行为能力人或限制民事行为能力人，具体请求权行使可以由其本人取得完全民事行为能力后主张抑或由变更后的法定代理人代理行使。另需注意，关于年满16周岁以自己劳动收入为主要生活来源的未成年人视为完全民事行为能力的人，其与监护人之间因其已取得民事行为能力故已不存在法定代理关系。因此，对于16周岁以上的未成年人，自被视为完全民事行为能力人之日起，其与监护人之间的法定代理关系终止，其对于原法定代理人的请求权可以开始计算诉讼时效。

重要关联规定

《最高人民法院关于适用〈中华人民共和国民法典〉总则编若干问题的解释》

第三十六条 无民事行为能力人或者限制民事行为能力人的权利受到损害的，诉讼时效期间自其法定代理人知道或者应当知道权利受到损害以及义务人之日起计算，但是法律另有规定的除外。

第三十七条 无民事行为能力人、限制民事行为能力人的权利受到原法定代理人损害，且在取得、恢复完全民事行为能力或者在原法定代理终止并确定新的法定代理人后，相应民事主体才知道或者应当知道权利受到损害的，有关请求权诉讼时效期间的计算适用民法典第一百八十八条第二款、本解释第三十六条的规定。

第一百九十一条 【被侵权未成年人赔偿请求权的诉讼时效起算】 未成年人遭受性侵害的损害赔偿请求权的诉讼时效期间，自受害人年满十八周岁之日起计算。

要点提示

本条是关于被侵权未成年人赔偿请求权的诉讼时效起算的规定。本条是对诉讼时效起算的特殊规定，而非对权利形成时间的规定。通常情况下，损害事实的发生时间，就是侵权损害赔偿请求权的产生时间。诉讼时效起算的一般原则是“自权利人知道或者应当知道权利受到损害以及义务人之日起”计算，如上所述，鉴于未成年人性意识的缺乏及性侵害的隐蔽性，对未成年人遭受性侵害赋予本条规定的特殊时效利益，该起算点的特殊规定与实体请求权的形成无关，并非对请求权行使的限制。当未成年人或其法定代理人在受害人未满18周岁前，就性侵害主张损害赔偿的，该请求权不受本条诉讼时效特殊起算点规定的限制。此外，当存在其他时效障碍时，应适用对受害人更有利的保护方式。如受害人同时系不能辨认自己行为或者不能完全辨认自己行为的无民事行为能力人或限制民事行为能力人，即使该受害人年满18周岁，该时效的起算也不以年满18周岁为起点，而仍应以“权利人知道或者应当知道权利受侵害时起算”。

第一百九十二条　【诉讼时效届满的法律效果】 诉讼时效期间届满的，义务人可以提出不履行义务的抗辩。

诉讼时效期间届满后，义务人同意履行的，不得以诉讼时效期间届满为由抗辩；义务人已经自愿履行的，不得请求返还。

要点提示

本条是关于诉讼时效届满的法律效果的规定。诉讼时效届满的效力，目前倾向性观点为抗辩权发生说，即诉讼时效完成，义务人享有诉讼时效抗辩权，可拒绝履行义务。本条第1款即采用该学说进行了规定。采抗辩权发生说，法院不应主动审查诉讼时效期间是否经过问题，只有义务人提出诉讼时效抗辩时，人民法院才审查诉讼时效问题，即本法第193条规定的“人民法院不得主动适用诉讼时效的规定”。另需注意，诉讼时效届满后，权利人虽不能请求法律进行强制性保护，但并不否认其权利的存在。同理，《民法典》第419条规定的抵押权人在主债权诉讼时效期间未行使抵押权的，抵押权人丧失的是获得司法强制执行的权利，而抵押权本身并未消灭。上述情形下，若义务人放弃时效利益自愿履行的，权利人可以受领，不属不当得利。且时效届满后，义务人同意履行的，也不能再以时效届满为由进行抗辩。因此时义务人同意履行，属于对时效利益的放弃。

重要关联规定

《最高人民法院关于审理民事案件适用诉讼时效制度若干问题的规定》

第三条　当事人在一审期间未提出诉讼时效抗辩，在二审期间提出的，人民法院不予支持，但其基于新的证据能够证明对方当事人的请求权已过诉讼时效期间的情形除外。

当事人未按照前款规定提出诉讼时效抗辩，以诉讼时效期间届满为由申请再审或者提出再审抗辩的，人民法院不予支持。

第十九条 诉讼时效期间届满，当事人一方向对方当事人作出同意履行义务的意思表示或者自愿履行义务后，又以诉讼时效期间届满为由进行抗辩的，人民法院不予支持。

当事人双方就原债务达成新的协议，债权人主张义务人放弃诉讼时效抗辩权的，人民法院应予支持。

超过诉讼时效期间，贷款人向借款人发出催收到期贷款通知单，债务人在通知单上签字或者盖章，能够认定借款人同意履行诉讼时效期间已经届满的义务的，对于贷款人关于借款人放弃诉讼时效抗辩权的主张，人民法院应予支持。

《最高人民法院关于适用〈中华人民共和国民法典〉有关担保制度的解释》

第三十五条 保证人知道或者应当知道主债权诉讼时效期间届满仍然提供保证或者承担保证责任，又以诉讼时效期间届满为由拒绝承担保证责任或者请求返还财产的，人民法院不予支持；保证人承担保证责任后向债务人追偿的，人民法院不予支持，但是债务人放弃诉讼时效抗辩的除外。

实务问答

问：保险公司在诉讼时效期限届满后出具定损通知，能否视为同意履行义务？

答： 保险公司在接到报案后始终未就该起事故做出核定并按照法定期限通知被保险人或受益人，致使被保险人和受益人在诉讼时效期间内难以得知车辆损失能否得到理赔。在诉讼时效期间届满后，保险公司做出了定损通知而非拒赔通知，该定损通知应视为保险公司与被保险人、受益人协商赔偿数额的意思表示，属于在诉讼时效期间届满后，向对方当事人作出同意履行义务的意思表示。因此，保险公司在诉讼中提出的诉讼时效抗辩，不应支持。此外，保险公司提供的格式条款虽然约定了保险人核损定价不构成保险人对赔偿责任的承诺，但实践中保险公司可依据该条款故意拖延核损定价，导致诉讼时效经过，故该条款属于保险法规定的免除保险人依法应承担的义务的格式条款，为无效条款。①

第一百九十三条 【诉讼时效援引】 人民法院不得主动适用诉讼时效的规定。

---

① 程浩：《A单位与B单位、某保险公司财产保险合同纠纷案》，载《人民法院报》2018年7月12日。

要点提示

本条是关于诉讼时效援引的规定。首先，如前所述，诉讼时效采抗辩权发生说，法院不应主动审查诉讼时效期间是否经过问题。其次，诉讼时效制度作为民事实体法的重要组成部分，属私权范畴，时效适用或不适用并不损害公共利益，不属法院依职权介入的领域。最后，法院不主动适用诉讼时效是诚信原则的要求。诉讼时效届满的债权并不消灭，债务人愿意履行的，法院若主动适用诉讼时效意味着鼓励不诚信的行为，这不符合诚信原则精神。因而，只有义务人提出诉讼时效抗辩时，人民法院才审查诉讼时效问题，即本条规定的“人民法院不得主动适用诉讼时效的规定”。

重要关联规定

《最高人民法院关于审理民事案件适用诉讼时效制度若干问题的规定》

第二条 当事人未提出诉讼时效抗辩，人民法院不应对诉讼时效问题进行释明。

第一百九十四条 【诉讼时效中止】 在诉讼时效期间的最后六个月内，因下列障碍，不能行使请求权的，诉讼时效中止：

（一）不可抗力；

（二）无民事行为能力人或者限制民事行为能力人没有法定代理人，或者法定代理人死亡、丧失民事行为能力、丧失代理权；

（三）继承开始后未确定继承人或者遗产管理人；

（四）权利人被义务人或者其他人控制；

（五）其他导致权利人不能行使请求权的障碍。

自中止时效的原因消除之日起满六个月，诉讼时效期间届满。

要点提示

本条是关于诉讼时效中止的规定。需注意，《民法典》修改了原来的中止事由消除之后重新计算的规定，统一规定为再行计算六个月。如此，既能给权利人行使权利留下必要的准备时间，又不会造成诉讼过分拖延。需注意，并非发生不可抗力事由的所有情形均应中止诉讼时效。虽有不可抗力事由发生，但该事由没有发生在诉讼时效期间届满前六个月内，或者虽发生在诉讼时效期间届满前六个月内，但该事由并不影响权利人行使权利的，也不能适用诉讼时效中止的规定。此外，其他客观障碍事由发生在诉讼时效期间届满前六个月外，但持续到诉讼时效期间届满前六个月内，诉讼时效是否中止？根据诉讼时效中止的构成要件，客观障碍事由发生在诉讼时效期间届满前六个月外，诉讼时效并不中止，但其在诉讼时效期间届满前六个月内持续的期间，不应计入诉讼时效期间之内。

实务问答

问：被强制隔离戒毒致使不能行使请求权的，是否构成诉讼中止？

答：构成时效中止的关键在于是否客观上阻止权利人主张权利，即并非权利人主观上不想、不愿主张权利，而是客观上无法或不能主张权利。该案原告在伤残鉴定作出后不久，就因吸毒成瘾被强制隔离戒毒，暂且不论原告是否法律意识淡薄，是否认知“诉讼代理”“诉讼时效中止”等法律概念并去维护自己权益，原告在限制人身自由的情况下，就算原告主观上希望委托他人主张权利，但委托他人需要经过管理部门程序上的审批，其委托权等民事权利能否得到保障尚未可知。同时原告亦存在明显的困难，其因自身状况无法委托他人主张权利，其被采取的强制戒毒措施、方式及期限不确定，因吸毒造成的精神障碍状况不确定，是否具有委托他人代为诉讼的真实意思表示不确定，客观导致了原告不具有委托代理人主张权利的条件。因此，依社会普遍观念，不能期待被强制隔离戒毒人员委托代理人主张权利，否则过于苛责，是对原告附加了过高的义务。因此该案原告在强制隔离戒毒期间因客观障碍无法行使诉讼权利，属诉讼时效中止的情形。①

第一百九十五条　【诉讼时效中断】有下列情形之一的，诉讼时效中断，从中断、有关程序终结时起，诉讼时效期间重新计算：

（一）权利人向义务人提出履行请求；

（二）义务人同意履行义务；

（三）权利人提起诉讼或者申请仲裁；

（四）与提起诉讼或者申请仲裁具有同等效力的其他情形。

---

① 段玉林、李天全：《胡某诉某保险公司等机动车交通事故责任纠纷案》，载《人民法院报》2018 年 1 月 18 日。

要点提示

本条是关于诉讼时效中断的规定。诉讼时效中断，《民法通则》规定“从中断时起”重新计算。《民法典》则进一步根据中断事由是否具有持续性进行了不同规定，更加科学。本条第 1 项、第 2 项规定的情形不具有持续性，故从中断时起重新计算。而第 3 项、第 4 项规定的情形具有持续性，则从中断程序终结时起重新计算。此外，关于中断之后能否再次中断甚至多次中断的问题，《最高人民法院关于适用〈中华人民共和国民法典〉总则编若干问题的解释》第 38 条第 1 款对此给予了肯定回答。按照该条第 2 款的规定，权利人向义务人的代理人、财产代管人或者遗产管理人等提出履行请求的，可以认定为《民法典》第 195 条规定的诉讼时效中断。

重要关联规定

《最高人民法院关于适用〈中华人民共和国民法典〉总则编若干问题的解释》

第三十八条 诉讼时效依据民法典第一百九十五条的规定中断后，在新的诉讼时效期间内，再次出现第一百九十五条规定的中断事由，可以认定为诉讼时效再次中断。

权利人向义务人的代理人、财产代管人或者遗产管理人等提出履行请求的，可以认定为民法典第一百九十五条规定的诉讼时效中断。

《最高人民法院关于审理民事案件适用诉讼时效制度若干问题的规定》

第八条 具有下列情形之一的，应当认定为民法典第一百九十五条规定的“权利人向义务人提出履行请求”，产生诉讼时效中断的效力：

（一）当事人一方直接向对方当事人送交主张权利文书，对方当事人在文书上签名、盖章、按指印或者虽未签名、盖章、按指印但能够以其他方式证明该文书到达对方当事人的；

（二）当事人一方以发送信件或者数据电文方式主张权利，信件或者数据电文到达或者应当到达对方当事人的；

（三）当事人一方为金融机构，依照法律规定或者当事人约定从对方当事人账户中扣收欠款本息的；

（四）当事人一方下落不明，对方当事人在国家级或者下落不明的当事人一方住所地的省级有影响的媒体上刊登具有主张权利内容的公告的，但法律和司法解释另有特别规定的，适用其规定。

前款第（一）项情形中，对方当事人为法人或者其他组织的，签收人可以是其法定代表人、主要负责人、负责收发信件的部门或者被授权主体；对方当事人为自然人的，签收人可以是自然人本人、同住的具有完全行为能力的亲属或者被授权主体。

第九条 权利人对同一债权中的部分债权主张权利，诉讼时效中断的效力及于剩余债权，但权利人明确表示放弃剩余债权的情形除外。

第十条 当事人一方向人民法院提交起诉状或者口头起诉的，诉讼时效从提交起诉状或者口头起诉之日起中断。

第十一条 下列事项之一，人民法院应当认定与提起诉讼具有同等诉讼时效中断的效力：

（一）申请支付令；

（二）申请破产、申报破产债权；

（三）为主张权利而申请宣告义务人失踪或死亡；

（四）申请诉前财产保全、诉前临时禁令等诉前措施；

（五）申请强制执行；

（六）申请追加当事人或者被通知参加诉讼；

（七）在诉讼中主张抵销；

（八）其他与提起诉讼具有同等诉讼时效中断效力的事项。

第十二条 权利人向人民调解委员会以及其他依法有权解决相关民事纠纷的国家机关、事业单位、社会团体等社会组织提出保护相应民事权利的请求，诉讼时效从提出请求之日起中断。

第十三条 权利人向公安机关、人民检察院、人民法院报案或者控告，请求保护其民事权利的，诉讼时效从其报案或者控告之日起中断。

上述机关决定不立案、撤销案件、不起诉的，诉讼时效期间从权利人知道或者应当知道不立案、撤销案件或者不起诉之日起重新计算；刑事案件进入审理阶段，诉讼时效期间从刑事裁判文书生效之日起重新计算。

第十四条 义务人作出分期履行、部分履行、提供担保、请求延期履行、制定清偿债务计划等承诺或者行为的，应当认定为民法典第一百九十五条规定的“义务人同意履行义务”。

第十五条 对于连带债权人中的一人发生诉讼时效中断效力的事由，应当认定对其他连带债权人也发生诉讼时效中断的效力。

对于连带债务人中的一人发生诉讼时效中断效力的事由，应当认定对其他连带债务人也发生诉讼时效中断的效力。

第十六条 债权人提起代位权诉讼的，应当认定对债权人的债权和债务人的债权均发生诉讼时效中断的效力。

第十七条 债权转让的，应当认定诉讼时效从债权转让通知到达债务人之日起中断。

债务承担情形下，构成原债务人对债务承认的，应当认定诉讼时效从债务承担意思表示到达债权人之日起中断。

《最高人民法院关于审理因垄断行为引发的民事纠纷案件应用法律若干问题的规定》

第十六条第二款　原告向反垄断执法机构举报被诉垄断行为的，诉讼时效从其举报之日起中断。反垄断执法机构决定不立案、撤销案件或者决定终止调查的，诉讼时效期间从原告知道或者应当知道不立案、撤销案件或者终止调查之日起重新计算。反垄断执法机构调查后认定构成垄断行为的，诉讼时效期间从原告知道或者应当知道反垄断执法机构认定构成垄断行为的处理决定发生法律效力之日起重新计算。

《最高人民法院关于审理银行卡民事纠纷案件若干问题的规定》

第三条　具有下列情形之一的，应当认定发卡行对持卡人享有的债权请求权诉讼时效中断：

（一）发卡行按约定在持卡人账户中扣划透支款本息、违约金等；

（二）发卡行以向持卡人预留的电话号码、通讯地址、电子邮箱发送手机短信、书面信件、电子邮件等方式催收债权；

（三）发卡行以持卡人恶意透支存在犯罪嫌疑为由向公安机关报案；

（四）其他可以认定为诉讼时效中断的情形。

《全国法院贯彻实施民法典工作会议纪要》

第五条第二款　诉讼时效根据民法典第一百九十五条的规定中断后，在新的诉讼时效期间内，再次出现第一百九十五条规定的中断事由，可以认定诉讼时效再次中断。权利人向义务人的代理人、财产代管人或者遗产管理人主张权利的，可以认定诉讼时效中断。

《最高人民法院关于审理证券市场虚假陈述侵权民事赔偿案件的若干规定》

第三十二条第二款　对于虚假陈述责任人中的一人发生诉讼时效中断效力的事由，应当认定对其他连带责任人也发生诉讼时效中断的效力。

第三十三条　在诉讼时效期间内，部分投资者向人民法院提起人数不确定的普通代表人诉讼的，人民法院应当认定该起诉行为对所有具有同类诉讼请求的权利人发生时效中断的效果。

在普通代表人诉讼中，未向人民法院登记权利的投资者，其诉讼时效自权利登记期间届满后重新开始计算。向人民法院登记权利后申请撤回权利登记的投资者，其诉讼时效自撤回权利登记之次日重新开始计算。

投资者保护机构依照证券法第九十五条第三款的规定作为代表人参加诉讼后，投资者声明退出诉讼的，其诉讼时效自声明退出之次日起重新开始计算。

实务问答

问：劳动争议仲裁调解过程中的“让步性”意向，是否具有中断诉讼时效的效力？

答：用人单位在劳动仲裁委员会组织调解过程中愿意给予原告一定的赔偿，是属于在调解中的让步，依据《民事诉讼法》的规定不能以此作为诉求判决的依据，且双方因分歧较大未达成调解协议，并非诉讼时效中断的法定事由中当事人一方同意履行义务的情况，不具有中断诉讼时效的效力。[①]

第一百九十六条　【不适用诉讼时效的请求权】下列请求权不适用诉讼时效的规定：

（一）请求停止侵害、排除妨碍、消除危险；

（二）不动产物权和登记的动产物权的权利人请求返还财产；

（三）请求支付抚养费、赡养费或者扶养费；

（四）依法不适用诉讼时效的其他请求权。

要点提示

本条是关于不适用诉讼时效的请求权的规定。停止侵害、排除妨碍、消除危险，其构成都要求存在权益的妨害与危险，行为或状态处于现实持续中，对这种现实存在的妨害与危险无须考虑之前的事实状况，且此三类请求权对维持人身等权益至关重要，故不适用诉讼时效。另外，确认物权请求权、请求确认合同无效权二者不属于实体法上的请求权，也不适用诉讼时效。给付赡养费、抚养费、扶养费请求权虽具有交付财产的内容，但首先体现为身份利益上的请求权，尤为重要的是这关涉人的基本生存权利，涉及对弱势群体利益的保护，故不应适用诉讼时效。此外，基于共有关系产生的分割共有财产的请求权、请求撤销合同权也不适用诉讼时效，因二者本质为形成权，形成权不适用诉讼时效。

---

① 《张某诉某公司劳动争议案》，载中国裁判文书网，http：//wenshuapp. court. gov. cn/website/wenshu/181107ANFZ0ASXSK4/index. html？ docId＝cfcf8789cae0b4c36b2ecae2400aa3bfd，2022 年 4 月 2 日访问。

重要关联规定

《最高人民法院关于审理民事案件适用诉讼时效制度若干问题的规定》

第一条　当事人可以对债权请求权提出诉讼时效抗辩，但对下列债权请求权提出诉讼时效抗辩的，人民法院不予支持：

（一）支付存款本金及利息请求权；

（二）兑付国债、金融债券以及向不特定对象发行的企业债券本息请求权；

（三）基于投资关系产生的缴付出资请求权；

（四）其他依法不适用诉讼时效规定的债权请求权。

《最高人民法院关于适用〈中华人民共和国公司法〉若干问题的规定（三）》

第十九条　公司股东未履行或者未全面履行出资义务或者抽逃出资，公司或者其他股东请求其向公司全面履行出资义务或者返还出资，被告股东以诉讼时效为由进行抗辩的，人民法院不予支持。

公司债权人的债权未过诉讼时效期间，其依照本规定第十三条第二款、第十四条第二款的规定请求未履行或者未全面履行出资义务或者抽逃出资的股东承担赔偿责任，被告股东以出资义务或者返还出资义务超过诉讼时效期间为由进行抗辩的，人民法院不予支持。

实务问答

问：房屋买受人请求开发商的办证请求权是否适用诉讼时效？

答：买受人请求出卖人支付逾期办证违约金，从合同约定或者法定期限届满之日起计算诉讼时效期间。而物权变动是指所有权过户、抵押权发生等物权变动事实，不动产物权变动模式为“债权合意+登记生效主义”。双方订立商品房买卖合同的目的是发生商品房物权变动，在此过程中，登记显然属于物权行为，买受人依据合同享有的办证请求权应为物权请求权，因而不适用诉讼时效。即便逾期办证违约金因超过诉讼时效而未获法院支持，买受人仍然可以请求开发商继续履行办证义务。①

第一百九十七条　【诉讼时效法定】诉讼时效的期间、计算方法以及中止、中断的事由由法律规定，当事人约定无效。

当事人对诉讼时效利益的预先放弃无效。

---

① 林金文：《梁某诉某房地产开发公司商品房销售合同纠纷案》，载《人民司法·案例》2018年第35期。

要点提示

本条是关于诉讼时效法定的规定。诉讼时效法定性包括两个方面内容：（1）诉讼时效的期间、计算方法以及中止、中断的事由由法律规定，当事人约定无效；（2）当事人对诉讼时效利益的预先放弃无效。需注意，当事人不能预先放弃诉讼时效利益，并非意味着诉讼时效利益不能事后放弃。诉讼时效利益事后放弃实质为诉讼时效抗辩权的放弃。根据自治原则，当事人有权在法律规定范围内处分其权利，选择是否放弃诉讼时效利益。

第一百九十八条　【仲裁时效准用】法律对仲裁时效有规定的，依照其规定；没有规定的，适用诉讼时效的规定。

要点提示

本条是关于仲裁时效准用的规定。仲裁与诉讼二者虽然在具体案件的管辖主体、程序方面存在不同，但在制度本质、功能作用方面是一致的，都属于为稳定市场交易秩序而规定的法定期间。为此，有了本条规定。关于本条的适用，需注意两点：（1）有关法律对于仲裁时效有规定的，优先适用该法律规定；（2）有关法律对仲裁时效没有具体规定的，适用诉讼时效的一般规定，包括时效起算、中止、中断和延长的内容。此外，仲裁时效也具法定性，当事人不得约定排除，也不能放弃时效利益。

第一百九十九条　【除斥期间不适用诉讼时效】法律规定或者当事人约定的撤销权、解除权等权利的存续期间，除法律另有规定外，自权利人知道或者应当知道权利产生之日起计算，不适用有关诉讼时效中止、中断和延长的规定。存续期间届满，撤销权、解除权等权利消灭。

要点提示

本条是关于除斥期间不适用诉讼时效的规定。除斥期间为不变期间，其与诉讼时效区别主要在于：（1）适用范围不同。诉讼时效主要适用于债权请求权，而除斥期间主要适用于形成权，请求权的范围远大于形成权。（2）法律效果不同。诉讼时效届满，请求权变为自然债，实体权利本身不消灭；而除斥期间届满，实体权利本身消灭。（3）期间是否中止、中断、延长不同。诉讼时效可因法定事由而中止、中断、延长，而除斥期间为不变期间。另需注意，法院不能主动适用诉讼时效，但应主动适用除斥期间审查权利状态。诉讼时效届满后，相对人可以放弃时效利益；而除斥期间届满，相对人不得放弃利益。

重要关联规定

《最高人民法院关于审理民事案件适用诉讼时效制度若干问题的规定》

第五条第一款　享有撤销权的当事人一方请求撤销合同的，应适用民法典关于除斥期间的规定。对方当事人对撤销合同请求权提出诉讼时效抗辩的，人民法院不予支持。

《最高人民法院关于审理买卖合同纠纷案件适用法律问题的解释》

第十二条　人民法院具体认定民法典第六百二十一条第二款规定的“合理期限”时，应当综合当事人之间的交易性质、交易目的、交易方式、交易习惯、标的物的种类、数量、性质、安装和使用情况、瑕疵的性质、买受人应尽的合理注意义务、检验方法和难易程度、买受人或者检验人所处的具体环境、自身技能以及其他合理因素，依据诚实信用原则进行判断。

民法典第六百二十一条第二款规定的“二年”是最长的合理期限。该期限为不变期间，不适用诉讼时效中止、中断或者延长的规定。

第十章 期间计算

第二百条 【期间计算单位】民法所称的期间按照公历年、月、日、小时计算。

要点提示

本条是关于期间计算单位的规定。期间是一种重要的法律事实，是民事法律关系发生、变更、终止的依据，它包括期日与期间两种。期日是指某个特定时间点，如上午9时、中午12点、2020年1月1日等。期间则是指某一期日至另一期日的时间段，如3小时、2个月、1年等。需注意，本条虽明确了以公历年、月、日、小时作为期间的计算单位，但并未排除当事人约定其他单位的可能性。依照本法第204条的规定，当事人也可以另行约定以“星期”“分”“秒”等作为计算期间的单位。

第二百零一条 【期间起算】按照年、月、日计算期间的，开始的当日不计入，自下一日开始计算。

按照小时计算期间的，自法律规定或者当事人约定的时间开始计算。

要点提示

本条是关于期间起算的规定。关于期间起算，本条进行了区别规定：（1）按照年、月、日计算的，明确开始当日不计入，自下一日开始计算；（2）按照小时计算的，则规定自法律规定或者当事人约定的时间开始计算，尊重当事人的意思自治。

第二百零二条 【期间结束】 按照年、月计算期间的，到期月的对应日为期间的最后一日；没有对应日的，月末日为期间的最后一日。

要点提示

本条是关于期间结束的规定。关于期间结束，由于存在闰年情形，且平年中每月天数也不一致，因此《民法典》将原先的“一个月为三十日，一年为三百六十五日”的硬性规定，调整为“对应日”，没有对应日的以月末日为最后一日，使期间的计算更加精确、灵活且容易把握，也符合正常人对时间观念的一般性认知。

第二百零三条 【期间结束日顺延与末日结束点】 期间的最后一日是法定休假日的，以法定休假日结束的次日为期间的最后一日。

期间的最后一日的截止时间为二十四时；有业务时间的，停止业务活动的时间为截止时间。

要点提示

本条是关于期间结束日顺延与末日结束点的规定。关于期间计算终结规则（法定休假日顺延与末日结束点），《民法典》将“星期日”“法定休假日”“实际休假日”等概念统一为“法定休假日”，将“变通”情形统一为“法定休假日结束的次日”，涵盖了每周双休制度、节假日调休制度等节假日制度的发展变化情形，表述更加准确、易于理解，同时也为将来节假日制度的进一步演变适当预留法律适用的弹性，有利于确保法律的稳定性。实践中，法定休假日的具体日期，以每年国家正式公布的放假办法为准。期间末日结束点需精确到具体时点。《民法典》延续了《民法通则》的规定，将该时点确定为结束日的24时。同时，考虑到一些民事活动需要与政府机关、金融机构等民事主体相互配合进行，而此类民事主体开展业务活动亦有各自具体的时间段，故在此情形下，期间结束的具体时点应当为该民事主体业务活动时间停止时。

第二百零四条 【期间计算除外规定】期间的计算方法依照本法的规定，但是法律另有规定或者当事人另有约定的除外。

要点提示

本条是关于期间计算除外规定的规定。期间计算规则对于法律关系的影响仅与当事人自身有关，法律没有必要作出强制性规定。因此《民法典》关于期间计算的规定属于任意规范，当事人完全可以自行约定期间。

图书在版编目（CIP）数据

民法典总则编及司法解释对照解读与实务问答 / 杜月秋，孙政编著 . —北京：中国法制出版社，2022. 4
（法律人核心素养丛书）
ISBN 978-7-5216-2610-0

Ⅰ. ①民… Ⅱ. ①杜…②孙… Ⅲ. ①民法-法典-法律解释-中国 Ⅳ. ①D923. 05

中国版本图书馆 CIP 数据核字（2022）第 058501 号

策划编辑：陈兴　谢雯
责任编辑：孙静　　封面设计：李宁

民法典总则编及司法解释对照解读与实务问答
MINFADIAN ZONGZEBIAN JI SIFA JIESHI DUIZHAO JIEDU YU SHIWU WENDA

编著/杜月秋，孙政
经销/新华书店
印刷/三河市紫恒印装有限公司
开本/730 毫米×1030 毫米　16 开　　印张/ 20　字数/ 284 千
版次/2022 年 4 月第 1 版　　2022 年 4 月第 1 次印刷

中国法制出版社出版
书号 ISBN 978-7-5216-2610-0　　定价：69. 00 元

北京市西城区西便门西里甲 16 号西便门办公区
邮政编码：100053　　传真：010-63141600
网址：http：//www. zgfzs. com　　**编辑部电话：010-63141787**
市场营销部电话：010-63141612　　**印务部电话：010-63141606**

（如有印装质量问题，请与本社印务部联系。）